中华经典研读丛书

论语对译与新解

周金声　注译

图书在版编目（CIP）数据

论语对译与新解 / 周金声译. --北京：华文出版社，2014.9（2023.6重印）
ISBN 978-7-5075-4235-6

Ⅰ. ①论… Ⅱ. ①周… Ⅲ. ①儒家②《论语》-译文
Ⅳ. ①B222.24

中国版本图书馆 CIP 数据核字（2014）第 207846 号

论语对译与新解

著　　者：周金声
责任编辑：潘　婕
出版发行：华文出版社
地　　址：北京市西城区广外大街 305 号 8 区 2 号楼
邮政编码：100055
网　　址：http://www.hwcbs.cn
电　　话：总 编 室 010-58336239　发 行 部 010-58336202 58336212
　　　　　责任编辑 010-63429159
经　　销：新华书店
印　　刷：永清县晔盛亚胶印有限公司
开　　本：787mm × 960mm　1/16
印　　张：15
字　　数：180 千字
版　　次：2014 年 9 月第 1 次
印　　次：2023 年 6 月第 2 次
标准书号：978-7-5075-4235-6
定　　价：38.00元

版权所有，侵权必究

序　言

人文教育从经典导读出发

武汉大学国学院院长、博士生导师
孔子与儒学研究中心主任　**郭齐勇**

应哈佛大学的邀请，1998年1月至7月我曾到该校做访问学者，所见所闻使我受到很多触动与启发。之后，作为访问学者和客座教授，我还考察过日本关西大学、德国特里尔大学等国外高校。我发现，目前发达国家都将人文素质的培养作为终身教育的主要内容，一些知名高校更是将导读东西方的古代经典作为培育学生的重要途径。相比之下，国内通识教育与文科课程体系有许多亟待改进与提高之处。

一、哈佛大学等国外著名高校的通识教育

哈佛大学的传统是重视通识教育，重视人文精神的培育。哈佛的理念是：最佳教育是开放式、创造性教育，它不仅应有助于学生在专业领域内具有原创性的思想与能力，而且要创造条件让学生善于深思熟虑，有理想目标和洞察力，成为具有自由人格的、完美的、成功的人。哈佛本科生在校四年中，除在一个主要领域

中学习外，也进行跨学科专业的学习。该校不少教授强调人文学习的重要性，主张理解、吸收不同的价值观念。大学本科生必修8—10门的“核心课程”。核心课程的主要领域有：外国文化、历史研究、文学与艺术、道德思考、科学与社会分析，并需修习英文写作、数理统计及外国语文。在“道德思考”领域，该校请不同的专家讲授与不同的宗教、文化传统相关的伦理道德课程，让学生们选修一种。例如，杜维明教授的“儒家伦理”课，每次都有300多位学生选修。杜教授只上大课，并定期主持助教会。该校规定，每20名学生必须配一名助教，助教参加学生的讨论(每周一次)，引导学生读书，批阅他们的读书报告。有的哈佛教授认为，任何复杂的文明必须发展社会资本，这个社会资本是看不见的。不能以浅短的目光看待我们教育的效果，最佳的教育不能以美元来衡量。有的教授认为，不能只重视经济资本，还要发展文化人。这就要考虑文化传承、心灵积习。除了智力教育、科技方法之外，还要培育伦理素养、人生智慧、精神价值、文化能力、道德信念，等等。要培育公众知识分子，关心社会，参与政治，批评当下，指引未来，为社会提供价值指导。

一个西方人，不管从事什么行业，在他经受的家庭、社会、学校教育中，至少诵读过、学习过荷马史诗，柏拉图或亚里士多德等人的希腊哲学，西塞罗等人的罗马政论，莎士比亚的文学作品等。这都是视为当然的，是他们的人文修养的基本功。

法国的小学、中学的国文教育，注重本土文化思想的训练，中学生即开始学笛卡尔、马勒伯郎士的哲学，孟德斯鸠、卢梭的政治学等。法国对所有大学生的国文教育，重视古典语言，希腊、罗马的典籍及有关宗教、历史、哲学、伦理、政治、经济等古典著作的阅读。现代欧美大多数知识分子，当然主要是科技知识分子，在成长过程中反复受到上述古典的教育，浸润于其中。

斯坦福大学明确以博雅教育作为大学教育目标，该校要求学生不局限于一个专业，要有广博的知识与修养，要“均匀”，即接触不同学科，同时了解不同文化的经典、观念与价值。该校规定学生在下列九个领域中选修十一门课（每一门至少 3 学分）：1. 文化、观念及价值；2. 世界文化；3. 美国文化（以上为文化核心课程）；4. 数理科学；5. 自然科学；6. 科技及应用科学（以上为科学核心课程）；7. 文学及艺术；8. 哲学、社会及宗教思想；9. 社会及行为科学（以上为人文及社会科学核心课程）。以上每一领域中的课程，基本上是经典导读，其课程名称为：荷马的《奥德赛》或《伊利亚特》，柏拉图的《理想国》，亚里士多德的《伦理学》，《圣经》，奥古斯丁的《忏悔录》，中国的《论语》《道德经》或《孟子》《庄子》选读，但丁的《神曲》，卢梭的《社会契约论》，莎士比亚的《哈姆雷特》，牛顿著作选，达尔文著作选或《物种起源》，马克思的《共产党宣言》或恩格斯的《家庭、私有制与国家之起源》，黑格尔的《精神现象学》，培根的《新工具》，笛卡尔的《方法论》，《古兰经》，《艺术史》及《世界文明》等。

芝加哥大学的通识教育是非常有名的。该校大学生毕业学分的获得有一半以上来自涵盖六个领域（人文类、外国语文类、数理科学类、自然科学类、社会科学类、文明研究类）的通识课程，名为共同核心课程，学生必修 21 门课，分量很重（以上有关斯坦福大学与芝加哥大学的情况，详见黄俊杰著：《大学通识教育的理念与实践》，台湾通识教育学会，1999 年版）。

二、通识教育的课程设置应当着眼于吸引学生阅读经典

近年来，我国各大学都在推行通识教育。十多年前叫素质教育，现在已接受通识教育的说法。北京大学在数学与自然科学、社会科学、哲学与心理学、历史学、语言文学与艺术五个领域内开设系列课程，作为全校学生的素质教育通选课，同时鼓励学生选修不同院系的专业课程。复旦大学成立了通识教育研究中心。该校将全校课程分为综合教育、文理基础教育和专业教育三大板块，其中综合教育板块中有人文学与艺术、社会科学与行为科学、自然科学与数学三大组，其意图是促进跨学科交流和综合训练，方便低年级学生选修。

武汉大学为推行通识教育，在部分公共选修课中，挑选出更带有普遍性的51门为“通识教育指导选修课”，每门2学分。此外，还有约200门“通识教育任意选修课”，每门2~3学分。学校规定大学生需修满不少于12学分的通识课程，在人文学、社会科学、数学与自然科学、中华文明与外国文明、跨学科领域中，每个领域至少选修2个学分。获人文学与社会科学类学位的学生，在数学与自然科学领域至少修满4个学分，获自然科学类学位，在人文学与社会科学类至少修满4个学分。学生选修与本专业重复或相近的课程，不计入通识学分。跨领域的课程修习则均承认学分。最近学校还进一步开放，请老师们申报1个学分（18学时）的通识课程，便于校内外专家集中授课。现已开出90门此类课程。

武汉大学各院系学生可以自由地选修各院系主要面向本院系学生开设的必修、选修课，例如我的主讲课程即为哲学系开的必

修课“中国哲学史”和为国学班开的必修课“四书”，每次都有十多位其他院系的学生选课或旁听。多年来武大推行主辅修或双学位制，有多种模式，有的利用双休日开课，有的“跟班走”，促进学生打破学科限制，优化知识结构，现在每年约十分之一的大学生（近 700 名）获得双学位。此外还办有跨学科的试验班，如国学、中西比较哲学、世界历史、人文科学、数理金融、数理经济、材料科学等。学校的人文氛围很浓厚，每年主办的各种人文讲座 350 多场，讲者来自世界各地，吸引了众多学子。文科教育自身的课程设置也注意到增加原著经典的分量，例如国学试验班、中西比较哲学试验班在教学模式上，力求直接采用原典原著。

三、我国人文与通识教育亟待改进之处：应将文化的经典导读作为核心，引导学生直接与本专业和相邻专业的经典相沟通

我国人文教育的成就斐然，但仍存在不少需要改进的问题。通识课程和文科各专业教育的毛病是通论、概论、通史、专史之类的课程太多，东西方原著经典导读的课程太少。古今中外的学术经典具有深长久远的滋润作用，给人以创造性的和不断反刍的精神空间，是永不枯竭的源头活水。马克思曾经说过，希腊艺术、史诗或莎士比亚的价值是超越时空的，在一定意义上说，那是一种规范和不可企及的范本。同样的，各民族前现代文明中大量的文学、艺术、宗教、哲学、道德、伦理、历史等经典，西方近现代政治学、法律学、社会学、人类学、经济学、哲学、历史学、文学等经典，都是非常宝贵的资源。问题是我们的学生不会读书，不会读原典。我们需要想一些办法，按不同层次的学生的程度，

引导他们直接与本专业和相邻专业的经典相沟通。这比读那些三次转手、四次转手的编著或拼凑的教材要意味深长得多。概论加通史的模式，是以否定东西方人文传统和不相信师生们能读懂、能分析与能理解原著经典为前提的。我们习惯于硬性地、填鸭式地喂养学生，养成学生学习的被动、怠惰，特别是思想的懒惰。长此以往，就丧失了原创性与思想的能力，只会人云亦云。

大学通识教育中的人文教育面临来自现代化、全球化、功利化的时风的挑战与压力。由于幼儿教育、中小学教育片面地膨胀科技知识与过早地分科，使大学教育对象的东西方人文素养十分薄弱，特别是传统人文知识与人文精神之修养十分欠缺。我们目前的大学人文教育，再怎么努力，也难以弥补我们的学生从儿童、少年到青年理当受到的中国与世界的文化与文明的教育。在西化日甚一日的背景下，本土化的人文资源的发掘、传承、参与、创造、转化的工作尤显重要。中国大中小学生理应接受中华民族传统文化的最起码的教育，例如修习“四书”及《老子》《庄子》《左传》《史记》《诗经》《楚辞》等。“四书”理当是中国文化最基本的教材，其中饱含中华民族基本的价值理念与做人、做事的依据，是立身行世之本，安身立命之道。其中的仁爱忠恕，即“己欲立而立人，己欲达而达人”“己所不欲，勿施于人”“老吾老以及人之老，幼吾幼以及人之幼”等思想，一直到今天，仍然是全人类文明中光辉而宝贵的精神财富。

就取得全社会普遍的族群认同与伦理共识而言，就和谐社会的建构与可持续发展而言，幼儿与中小学教育中的中国文化教育是基础的基础。因此，全社会都应当重视对幼儿、小学生和中学生加强中华民族人文知识与人文精神的教育。不然，大学人文教育就根本没有办法做好。此外，中学文理分科的问题，作为高考的附属物，似应有更加合理的解决方案。同样的，我国应当为民族传统文化的承传立法，或者说，应当在法律上规定，必须对幼儿与中小学学生进行传统语言与文化的教育，维护民族语言与文化的纯洁与尊严。必须改变目前青少年学英语的时间、精力大大超过学习国语的状况。

目前大学生的必修课中，六或七门政治课共 14 或 16 学分，计算机基础与应用一门课 6 学分，以上课程的实际效果甚差，建议砍掉一半，拿出 10 学分来，用来作通识教育的核心课程。通识教育的课不是开得越多越好，在诸多通识课中，要形成一些以经典导读为内容的核心课程，建议学习"四书"等数种中国文化的基本经典和一种西方文化的经典并作为核心课程（绝不要用中西文化概论等课程来代替）。傅斯年先生当台湾大学校长时，全校学生在大一时必修一个学期的《孟子》，一个学期的《史记》(选)，增强历史感，培育健全人格与浩然正气，这个经验值得借鉴。否则，光靠选修几门比较空泛的概论课或听几场演讲，仍不能弥补大学生的人文素养方面的缺憾。

我们要引导学生学得大智大慧，克服目光短浅、处事功利化、人格虚无化、精神平面化的弊病，改善他们的知识结构。从督导学生研读中华经典入手，是行之有效的途径。

（此文是本人在《中国教育报》2006 年 5 月 18 日发表的随笔。欣闻周金声教授立志推动国学经典普及教育，编写出《〈论语〉对译与新解》研读本，特做了个别修改，作为代序。）

嚴謹務實

守正出新

袁行霈題

二〇一三年秋

前　言

中华圣经　终身修行

加拿大人氏、美国著名哲学家、汉学家安乐哲教授说："中国在经济上和政治上都取得了巨大的成功，可惜中国文化对大多数人来说仍然是个谜，而且至今没有登上世界主流文化舞台。但我们万不可低估这笔巨大的文化财富，在未来的十年，中国哲学和中国文化将产生出我们前所未见的影响力。"他呼吁"中国要想办法把儒学思想传播到国外，要让中国传统思想讲自己的话"。（安乐哲：儒学，为我们提供更好的世界图景，光明日报2008-06-24）这就对每一位中国学人提出了一个神圣的使命。我们理当从自己做起，从当下做起，先做好一个文化经典的研读者，继而做好一个传播者。

我国自古就有读经修身的优良教育传统，而近百年来美国高等教育倡导读经典的实践也证明，研读经典对提升青年学子文化修养具有重要意义。"五四"之后，儒家经典在中国渐被冷落，"文革"之后经典阅读更是日渐式微，并且人们对孔子和《论语》误解颇多，严重影响了国民对中华民族的"伦理共识"和"文化认同"。值得欣喜的是，2014 年 3 月 26 日，教育部正式颁布了《完善中华优秀传统文化教育指导纲要》，明确要求中华优秀文化经典进入各学段的课堂。这对于弘扬中华优秀经典文化，重振中华民族自觉性和自信心无疑如一声春雷。从学习心理学和历史经验来看，文化概论只能起到了解一般知识的作用，要使青年学子真正理解和深悟中华文化精髓，还必须通过诵读经典，再到研读经典，悟行经典，才能真正收获浸润生命、涤荡灵魂、立德树人的实效。

《论语》记载了孔子与弟子或当时的政治家、学者们的对话，共同讨论和体验天道人事，平易亲切，恬淡中寓意深长，既可浅出启蒙又可深入修行，是中国人最具代表性而且最有普世价值的经典，每一个中国家庭都应该常备一部，每一位中国人都应该常读，终身研修和力行。诚如朱熹所说："读《论语》，以立其根本。"（《朱子语类》卷第十四）为此，我们主张对《论语》学习要从小抓起，小学阶段认知了解，重在诵背；中学阶段品读全篇，涵泳章句；大学阶段研读全书，探究义理。同时，必须将体悟与力行贯穿其中。

《义务教育语文课程标准》主张"继承我国语文教育的优良传统，注重读书、积累和感悟""积极倡导自主、合作、探究的学习方式"，配合必修课开设"文化论著导读"选修课，"鼓励自主阅读、自由表达，充分激发他们的问题意识和进取精神"，培养正确解读和批判继承传统文化的能力。《完善中华优秀传统文化教育指导纲要》要求"大学阶段，以提高学生对中华优秀传统文化的自主学习和探究能力为重点，培养学生的文化创新意识，增强学生传承弘扬中华优秀传统文化的责任感和使命感"。有必要通过开设"名著研读"课程和组织国学社团活动等方式，让学生体验探究的过程，学习探究的方法，提升探究能力，使学生通过探究领悟经典的精髓。

近几年，我们通过经典导读讲座、督导学生诵读经典活动培养了学生对经典的学习兴趣，又在汉语国际教育专业和英语专业本科生以及研究生中开设“中华经典研读”课程，指导学生重点对《论语》《道德经》《大学》《中庸》等经典进行探究性学习，在参阅大量资料、借鉴前人研究成果的基础上，通过研讨和实践体悟，使学生对这些经典有了较深入的理解，产生了不少新见解。实践证明，诵读是启门，研读是登堂，体悟践行是入室的过程。

为了帮助更多的青年学子研习，尽快入门而登堂，我们编写出这部《〈论语〉对译与新解》奉献给社会，有意识地将注音、对译和简释结合起来，以适应各学段的需求，坚持吾师袁行霈先生一贯倡导的“严谨务实，守正出新”的治学原则，汲取学术界最新研究成果，对历来有歧义的部分原文经过反复研讨，进行了有理有据的新探新解（后附《对〈论语〉句的新解与释译》，以为探究性学习的示范），还在每一篇之后附录学术界有不同解读的值得思辨的问题及其案例，以引发研读者的深入思考和探究。希望此书能为广大读者研读《论语》起到铺路搭桥的作用，从而实现卡西尔所倡导的，将“对过去的新的理解”化为“对未来的新的展望”。

周金声

2014 年 5 月 4 日—8 月 10 日

志道據德　依仁游藝

祖述堯舜
憲章文武
德侔天地
道冠古今
删述六經
垂憲萬世

大成至聖先師孔子行教像

凡　例

1. 本书参考杨伯峻《论语译注》等公认权威版本所整理编排的论语原文为底本，适当进行了新的标点和断句。

2. 用现代汉语拼音为原文进行注音。在依据训诂资料基础上尽可能反映出普通话统读字音和变调规律。

3. 参考朱熹《论语集注》、程树德《论语集释》、钱穆《论语新解》、杨伯峻《论语译注》、辜鸿铭《辜鸿铭讲论语》、南怀瑾《论语别裁》、李泽厚《论语今读》、金池《〈论语〉译注新旧对照100例》等版本进行新译新解。遵循“信、达、雅”的原则，以直译为主，尊重原文意，努力做到语言简洁明了，尽可能减少添加臆断之意，基本做到句句对译，以便读者对照阅读。

4. 对容易产生歧义和少见的字词进行注释。注释力求简明扼要，前后不重复。

5. 在每一篇适当引录学术界讨论的热点问题，理出不同的观点，提出值得思考的问题，引述名家创新见解，启发读者深思和探究。

入平仲學
世傳孔子七
歲入晏平仲
學按平仲治
東阿意或孔
子蒙學之時
嘗入平仲所
設之鄉學也

目　录

导　言……………………………………………………………1
1. 学而篇…………………………………………………………21
2. 为政篇…………………………………………………………28
3. 八佾篇…………………………………………………………36
4. 里仁篇…………………………………………………………46
5. 公冶长篇………………………………………………………53
6. 雍也篇…………………………………………………………63
7. 述而篇…………………………………………………………73
8. 泰伯篇…………………………………………………………85
9. 子罕篇…………………………………………………………90
10. 乡党篇 ………………………………………………………99
11. 先进篇………………………………………………………108
12. 颜渊篇………………………………………………………119
13. 子路篇………………………………………………………129
14. 宪问篇………………………………………………………139
15. 卫灵公篇……………………………………………………154
16. 季氏篇………………………………………………………164
17. 阳货篇………………………………………………………172
18. 微子篇………………………………………………………183
19. 子张篇………………………………………………………190
20. 尧曰篇………………………………………………………199
附　录…………………………………………………………203

导 言

——几个重要概念内涵解读

孔子是轴心时代最伟大的思想家之一，他创立的儒家学派长期在中国思想文化领域居于主导地位，被尊为“至圣先师”、“万世师表”。在西方，孔子也备受推崇，被评价为“影响人类历史进程的”五大名人之一。[①]1988年7月1日，法国《堪培拉日报》刊登了75位诺贝尔奖获得者发出的联名倡议：“如果人类要在21世纪生存下去，必须要回到2500年前，从中国孔子那里寻找智慧！”[②]

传承孔子智慧和儒家文化的最重要的著作就是《论语》。春秋战国时代，孔子周游列国，创办私学，不仅广泛传播自己的学说，还培养了三千弟子，七十二贤人，播下了儒家文化的良种，奠定了中华文化的核心价值基础。汉之后，更加发扬光大，影响百代。他的思想积淀于中华民族的文化心理，浸润了华夏子孙的血液和灵魂；也渗透到了国体制度文化，有半部《论语》治天下的佳话；还远播海外，“己所不欲，勿施于人”“大同”“和谐”的理念被世

---

① 美国著名学者麦克·哈特《影响人类历史进程的100名人排行榜》排前十名的是：1.穆罕默德，2.牛顿，3.耶稣基督，4.释迦牟尼，5.孔子，6.保罗，7.蔡伦，8.古登堡，9.哥伦布，10.阿尔伯特·爱因斯坦。

② 姜城：《那一个孔子》，中国华侨出版社，2007年。

界广泛接受[①]；滋润了各行各业及其各个阶层，“论语+算盘”成为许多企业长盛不衰的法宝[②]……《论语》被誉为“两千多年来影响着中华民族精神面貌的最伟大的书”，[③]是中华国人思想的总源泉，支配着中国人的内外生活，[④]还被日本学者尊为“至高无上宇宙第一书”。[⑤]

那么，应怎样来学习《论语》呢？程颐说：“颐自十七八读论语，当时已晓文义。读之愈久，但觉意味深长。”“凡看文字，须先晓其文义，然后可以求其意。未有不晓文义而见其意者也。”这说明要读懂《论语》思想，首先要明白其字句文义，然后“且须熟读玩味。须将圣人言语切已，不可只作一场话说。……虽孔孟复生，不过以此教人。若能于语孟中深求玩味，将来涵养成甚生气质！”[⑥]因此，我们就一起从解读几个核心概念入手，来领悟释译《论语》全文吧。

一、《论语》的命名

班固《汉书·艺文志》说：“《论语》者，孔子应答弟子、

---

① 法国1793年宪法所附《人权和公民权宣言》以及法国1795年宪法所附《人和公民的权利和义务宣言》都写入了“己所不欲，勿施于人”，分别定义为自由的道德界限和公民义务的原则。迪鲁瓦在其著作《黄金律——一条普世道德箴言的历史》中指出，第一个把“己所不欲，勿施于人”这条箴言所表述的思想称作“道德黄金律”（Golden Rule of moral）的人，是英国神学家托马斯·杰克逊（Thomas Jackson, 1579—1640）。(《中华读书报》2012年06月13日第10版，许明龙《“己所不欲，勿施于人”与道德黄金律》)

② 日本企业之父涩泽荣一著《论语与算盘》，九州出版社，2012年。

③ 汤一介语。见雷原编著《论语：中国人的圣经》，北京大学出版社，2007年。

④ 梁启超语。见郭启勇《试谈中小学国学教育》，《语文建设》2014年第1期，第8页。

⑤ 日·金谷治著《孔子学说在日本的传播》，于时化译，《孔子研究》1987年，第1期。

⑥ 《中华古典精华文库·论语集注（朱熹）》卷一。

时人及弟子相与言而接闻于夫夫子之语也。当时弟子各有所记，夫子既卒，门人相与辑而论纂，故谓之《论语》。”

《文选·辨命论注》引《傅子》也说：

“昔仲尼既没，仲弓之徒追论夫子之言，谓之《论语》。”

杨伯峻先生在引述了以上两段话后，指出：（1）“论语”的“论”是“论纂”的意思，“论语”的“语”是“语言”的意思。“论语”就是把“接闻于夫子之语”“论纂”起来的意思。（2）“论语”的名字是当时就有的，不是后来别人给它的。①

这种观点被学术界普遍接受。但是，“论纂”是什么意思呢？《辞海》解释“纂”为“编纂”。宋黄庭坚《代司马丞相进表》：“论纂皆有依凭，总而成书为《稽古録》。”说明这个编纂是要依据可靠的资料编辑成书，而不是道听途说资料的汇编。那么这里的“论”的含义是什么呢？《汉语大字典》、《辞海》释：通“伦”。伦次，条理义。又通“抡”。选择义。也都认为其基本意义是“议论，分析，说明事理”。何异孙《十一经问对》说：“《论语》有弟子记夫子之言者，有夫子答弟子问，有弟子自相答者，又有时人相言者，有臣对君问者，有师弟子对大夫之问者，皆所以讨论文义，故谓之《论语》。”他认为《论语》是“讨论文义”的书。唐代陆德明的《经典释文》第二十四卷上：“论如字纶也，轮也，理也，次也，撰也，答述也。”包含讨论梳理的意思。东汉经学家刘熙《释名·释典艺》：“《论语》，记孔子与弟子所语之言也。论，伦也，有伦理也。”作为两代学生借助回忆、收集与孔子的对话、教学讨论的言行的神圣之书，不可能听到多少

① 杨伯峻：《论语译注·导言》，中华书局，1980年。

回忆出多少就汇编多少，一定需要甄别、挑选和编排才能完成。刘向《别录》就说过：“《鲁论语》二十篇，皆孔子弟子记诸善言也。”“记诸善言”就是指有意识挑选记录好的言语。怎样甄别和挑选呢？自然离不开编辑者即骨干学生的讨论分析，最后做出选择编排才能成书。所以，根据以上分析，我们认为“论纂”就是“讨论选择编排”的意思。因此，所谓《论语》就是“孔子弟子经过讨论选择和编排孔子与弟子的言语的书”。

二、仁

在《论语》中使用最多的概念是“仁”，达 109 次。从文字学角度看，“仁”本义是会意字，“从人从二”，表示人与人之间的关系。《六书正讹》说：“元，从二从人。仁则从人从二。在天为元，在人为仁。人所以灵于万物者，仁也。”孔子十分看重这个字，反复使用，成为他思想体系中的核心概念。因为《论语》赋予“仁”极其丰富的内涵和显著的地位，使之成为中国伦理学中的核心范畴。有学者认为在孔子眼中“仁是一种内在的力量和自我认识，它把一个取之不竭的群体的创造性表现之源象征化了”。[①]所以，其含义远远超过了该字的原意。我们考察整个《论语》，虽在不同的语境中含义有所不同，但基本意义比较接近，一般包含这样几个意思：

1. 仁爱，仁人

“樊迟问‘仁’。子曰：‘爱人。’”（颜渊 12.22）“爱人”是孔子对“仁”最直接明确的解释。由此可以将仁与爱连用表示仁爱，或者将爱与人联系起来表示有仁爱心的人，可简称仁人。例如“子

① 杜维明：《孔子〈论语〉中的仁》，载《东西方哲学》，1981 年第 31 期。

曰：‘不仁者不可以久处约，不可以长处乐。仁者安仁，知者利仁。’”（里仁 4.2）其中的“仁者”显然就指有仁爱之心的人，即仁人。有时候在《论语》中，就直接以“仁”指代人，比如：“人之过也，各于其党。观过，斯知仁矣。”（里仁 4.7）意思是说：“人的所谓过错，都基于各自的类型。观察他的过错，由此可推断他是哪种人了。”

2. 仁德

仁爱被儒家视为做人追求的基本德行或最高美德，所以自然会将仁与德结合起来。在《论语》中许多地方都可将“仁”字理解为“仁德”，或表示对人品的品评褒奖，或指追求所达到的德行境界。“颜渊问‘仁’。子曰：‘克己复礼，为仁。一日克己复礼，天下归仁焉。为仁由己，而由人乎哉？’”（颜渊 12.1），意思是说：“颜渊问怎样做才能达到仁德。孔子说：‘克制自己使言行符合礼就是仁德。如果人每天都能克己复礼，那么天下就会趋向仁德了。力行仁德全在自己，怎么能靠别人呢？’”就是阐述修行仁德的道理的。因为仁心向善，讲求公正，所以也常可将仁与义并列，称仁义。“子曰：‘志士仁人，无求生以害仁，有杀身以成仁。’”（卫灵公 15.9）这里的“仁”就主要是“仁义”的含义。

3. 仁道

实践仁德和推行仁义的根本途径、原则与策略，就是仁道。“有子曰：‘君子务本，本立而道生。孝弟也者，其为仁之本与！’”（学而 1.2）这里的“仁”与“道”互文见义，就是“仁道”的意思。“子曰：‘如有王者，必世而后仁。’”（子路 13.12）意思是说：“假若有圣君出现，也定要三十年才能使仁道遍行天下。”这里的“仁”就不仅仅是少数人修“仁德”、“仁义”的问题，而是整个天下实行“仁道”的问题。

孔子创造性地以“仁”释“礼”，认为“礼”当植根于人的仁爱之心，应该是人的仁爱之心的外在表现。“人而不仁，如礼何？人而不仁，如乐何？”（八佾 3.3）没有“仁”，就不会有什么“礼”，要复兴“礼”，当从“仁”入手。在孔子思想中，“礼”是立身之基，“仁”是修德之本。互为表里，相辅相成。

三、道

“道”的古文字“[illegible]”、“[illegible]”，形象是人在道路中行走，突出人首，以表示人观察和选择途径，由此引申出做人做事的规矩和规律。在《论语》中使用“道”字有 88 次之多，仅次于“仁”和“君子”使用的频率。可见孔子很重视这个概念。而且，赋予这个概念的含义也最为丰富。纵观《论语》中出现的“道”的情况，概括其含义大约有这样几种类别：

1. 表示对人和事物根本性的认知

“君子务本，本立而道生。”（学而 1.2）就明确强调道与本的关系，认为道是做人做事根本性的东西，甚至在《公冶长 5.13》“夫子之言性与天道，不可得而闻也”中称之为“天道”，并且与“性”并提，还声称“不可得而闻也”，说明在孔子和孔子弟子心中有一种“道”是反映事物和人性本质性的东西，有时只可意会难以言传，姑且称之为“天道”。这种“道”在现代汉语语境下可以理解为“本质、本性、人性、真理、根本规律”。在孔子心中，真正的学者就应该立志于对这种本质的探究和根本性问题的认知，甚至“朝闻道，夕死可矣”。（里仁 4.8）如果不专心探究真理，反而以粗衣淡饭为耻辱，就不值得同他讨论了——“士志于道，而耻恶衣恶食者，未足与议也。”（里仁 4.9）

在对具体事物的认知方面也体现了孔子重视人性本质的特点。比如叶公告诉孔子说：我们乡里有个秉直率真的人，他的父亲偷了羊，儿子去证明此事。而孔子说：我们乡里的正直人和你讲的正直人不一样：父称自己错替儿子隐，儿称己错为父亲隐。——人的真率本性就在其中啊。（子路 13.18）这说明孔子十分看重人性本色，认为人首先珍爱私人亲情，然后才尊奉公德，这样的“直在其中矣”才是天性天道的表现，才是最可信最真实的。

在《论语》中，这种认知是与“命”、“天命”连在一起的，也就是说，这种“道”或“天道”的本质含义是与生俱来的，是反映天地根本规律的。“子曰：‘道之将行也与，命也；道之将废也与，命也。公伯寮其如命何！’”（宪问 14.36）甚至“不知命，无以为君子也”。（尧曰 20.3）因为“君子有三畏：畏天命，畏大人，畏圣人之言。小人不知天命而不畏也”。（季氏 16.8）他自己到了五十岁才真正认知了天命，所谓“吾十有五而志于学，三十而立，四十而不惑，五十而知天命，六十而耳顺，七十而从心所欲，不逾矩”。（为政 2.4）所以，这类“道”的内涵，是对天地人性和本质规律的体认，相当于现代汉语所说的“天理”、“真理”。

2. 对社会现象、政治状态的评价和主张，可理解为“道义”，“正义”

这一类“道”主要针对社会现状而言，常常与“有、无”结合，表示对社会或国家政治是否遵循孔子认为的正常原则运行的，用现代汉语表达就是有无“道义”或是否“正义”。“君子食无求饱，居无求安，敏于事而慎于言，就有道而正焉。”（学而 1.14）意思说：“君子饮食不贪求美味足饱，居住不贪求安逸享乐，做事勤劳敏捷，说话小心谨慎，自觉依照道义来端正自己。”“天下之无道也久已。”（八佾 3.24）子曰：“邦有道，危言危行；邦无道，危行言孙。”（宪问 14.3）“邦有道，不废；邦无道，免於刑戮。”（公冶长第五 5.2）“天下有道则见，无道则隐。”（泰伯 8.13）“邦有道，谷；邦无道，谷，耻也。”（宪问 14.1）其中的“道”都是指“正义”和“道义”，“有道”就是政治清明，司法公正，“无道”就是天下丧失道义，政治黑暗，司法不公。

3. 对人生、国家、社会、天下的理想和理念

孔子主张：“志于道，据于德，依于仁，游于艺。”（述而 7.6）意思是：“立志于理想追求，据守于道德修为，依靠仁义来立身，畅游于礼乐射御书数等技艺。”子夏也说：“百工居肆以成其事，君子学以致其道。”（子张 19.7）意思是：“各种工匠在作坊里成就自己的事业，君子则通过学问来实践自己的理想。”而且，孔子认为要实现理想就要积极入世，在现实中努力拼搏，见善从之，力行仁义。孔子曰：“见善如不及，见不善如探汤。吾见其人矣，吾闻其语矣。隐居以求其志，行义以达其道。吾闻其语矣，未见其人也。”（季氏 16.11）意思是：“看见良善像赶不上似的追求，看见邪恶像手探沸汤一样立刻避弃。我见过这样的人，也听到过这类话。以隐居来保全自己的志向，力行仁义来通达自己的理想。我听到过这种话，却没有见到过这样的人。”认为既想避世保身，又想实现理想是不可能的，只能是自欺欺人。进而表示，如果自己的主张推行不了，理想无法实现，就乘木筏子到海外去，即“道不行，乘桴浮于海”，（公冶长 5.7）再不侈谈理想。无论对于一个政体而言还是对一个人而言，都可能存在“道不同，不相为谋”（卫灵公 15.40）的情况，也就是“所持理念不同，无法相互谋略”。这里的“道”用形象比喻说法可以翻译成“根本道路”，但实质是指不同的人所持的“理念”不同，所以无法沟通和合作。

4. 正确的方法或准则

子曰：“富与贵，是人之所欲也；不以其道得之，不处也。”（里仁 4.5）这里的“道”很明显是指“正当的方法和途径”。由此可以引申出做人做事的言行“准则”。子曰：“父在，观其志；父没，观其行；三年无改于父之道，可谓孝矣。”（学而 1.11）意思是：“父亲在世时，要观察他的志向；父亲去世后，要考察他的行为；如果三年后还不改变其父亲教导的准则，可以称得上孝子了。”“君子所贵乎道者三”，（泰伯 8.4）也是说“君子做人的准则重在三点”。孔子曾经评价子产说，他“有君子之道四焉”，（公冶长 5.16）也是指子产有合乎君子准则的四种品行。

对于个体来说如何做是言行准则或方式方法问题，而对于一个国家或群体来说，就是“治理”“统治”“领导”或“引导”的问题了。也属于方法和途径的范畴。比如“道千乘之国，敬事而信，节用而爱人，使民以时”，（学而 1.5）这里的“道”就是“治理”或“统治”的意思。而“道之以政，齐之以刑，民免而无耻”（为政 2.3）中的“道”可以理解为“领导”或“引导”。

5. 某种思想体系或学说

子曰：“参乎！吾道一以贯之。”曾子曰：“唯。”子出，门人问曰：“何谓也？”曾子曰：“夫子之道，忠恕而已矣。”（里仁 4.15）这里的“道”是指孔子的学说或思想体系，孔子自认为自己的学说有一个核心思想贯穿始终，这就是曾子解说的“忠恕”观念和处世态度，认为这是实现“仁”的根本途径。或许真正做到“忠恕”很不容易，所以，冉求曰：“非不说子之道，力不足也。”子曰：“力不足者，中道而废。今女画。”（雍也 6.12）冉求表示说：

“我不是不喜欢您的学说，是我的能力不够呀。”孔子说：“如果真是能力不够，走到半路才停下。现在你却先给自己划上了止步线。”子夏闻之曰：“君子之道，焉可诬也？”（子张 19.12）子夏明确表示：“君子的学说怎么可以曲解遗漏呢？”

四、君　子

《说文》：“君，尊也。从尹，发号，古文象君坐形。故从口。”将“君”定义为“尊”，意为高位。“尹”，表示治事；“口”，表示发布命令。整字意思是：地位高的人发号施令，治理国家。“君子”一词广见于先秦典籍，主要指有地位的人，如《春秋左传·襄公九年》：“君子劳心，小人劳力，先王之制也。”《诗经·谷风之什·大东》：“君子所履，小人所视。”孔颖达《诗经正义》曰：“此言君子、小人，在位与民庶相对。君子则引其道，小人则供其役。”这里的君子、小人，是指不同地位和身份的人。还有多种意思：1. 称有才德的人。“博文强识而让，敦善行而不怠，谓之君子。”（《礼记·曲礼》）2. 称情郎。“风雨如晦，鸡鸣不已。既见君子，云胡不喜！”（《诗经·风雨》）3. 妻称夫。“未见君子，忧心忡忡。”（《诗经·召南·草虫》）4. 指男子。“关关雎鸠，在河之洲。窈窕淑女，君子好逑。”（《诗经·周南》）5. 在上位者。“彼君子兮，不素餐兮。”（《诗经·伐檀》）6. 对人的尊称。《周易·乾》：“九三，君子终日乾乾，夕惕若，厉无咎。”

在先秦典籍中的“君子”侧重人的外在地位和身份，而在孔子观念里，君子一词则侧重于道德品质的属性，具有德性上的意义。在《论语》中有多种对不同层次的人的称谓，如“圣人”“贤人”“成人”（朱熹注：全人）“仁者”“善人”“士”“大人”

"小人"等，"君子"是其中的一种。郭齐勇先生这样划分：

理想的至上境界：圣人（超越于贤人人格，理想的仁人与成人）——天道层

现实的理想境界：贤人（超越于君子人格，现实的仁人与成人）——人道层

现实的道德境界：君子（超越于自然人的道德人）——人道层①

《论语》中提到"君子"多达 107 次，与"仁"相当，可见孔子对"君子"十分重视。或许在孔子看来，"圣人"是理想人，境界太高，一般人终生都达不到，"贤人"和"成人"是现实中可以见到的较少的人格榜样，所以要"见贤思齐"，而"君子"是现实人，所有人经过努力可以修成的完美人格。所以孔子特别倡导"君子"这样的人生楷模，可以说是孔子心中践行和呈现"仁"的化身，是人间现实的道德模范。他感叹说："圣人吾不得而见之矣！得见君子者，斯可矣。"（述而 7.25）"仁者"和"贤者"大约是"君子"的另一种表述，侧重指某一类型的君子。在孔子和学生们的眼中及其口中，"君子"几乎是现实生活中人格完美的人，具备多种美好的素质、才能和修养。但是在不同的语境中，对不同的人的评述，所赞美的君子的美德侧重点有所不同，大致包含这样几种情况：

1. 内在德行修为好的仁者

孔子在阐述君子时提出了三个最基本的标准："君子道者三，我无能焉：仁者不忧，知者不惑，勇者不惧。"子贡曰："夫子自道也。"（宪问 14.28）孔子将仁、知、勇当作君子之德，自觉从这

① 郭齐勇：《中国儒学之精神》，复旦大学出版社，2013 年 5 月，第 267 页。

三方面严格要求和修炼自己，所以子贡说这三条正是说的先生自己。《中庸》曰："知、仁、勇三者，天下之达德也。"司马牛问什么是"君子"。子曰："君子不忧不惧。"曰："不忧不惧，斯谓之君子矣乎？"子曰："内省不疚，夫何忧何惧？"（颜渊12.4）特别强调自我内心修炼而至无愧。孔子又补充说："君子义以为质，礼以行之，孙以出之，信以成之。君子哉！"（卫灵公15.18）正好是针对以上三条互为表里的，可以说是指出修德的途径和方法。对此子路不是很理解，问："君子尚勇乎？"子曰："君子义以为上。君子有勇而无义为乱，小人有勇而无义为盗。"（阳货17.23）君子也尚勇，但勇的前提必须是仁、是义，是事业的正当性。"仁者必有勇，勇者不必有仁"（宪问14.4），"见义不为，无勇也"（为政2.24），进一步申明无义而有勇可能作乱，也可能成为强盗。所以说内在修为是君子的根本德性。

孔子表示："圣人吾不得而见之矣，得见君子者，斯可矣"，"善人吾不得而见之矣，得见有恒者，斯可矣。"（述而7.26）这里孔子建立了人内在修为的层级，即圣人—君子—善人—有恒者，将君子置于圣人与善人之间，更可见内在德行的修为对君子评定的重要性。

先从志士做起，"富而可求也，虽执鞭之士，吾亦为之。如不可求，从吾所好。"（述而7.12）"不可求"之事，也就是不义之举。"不义而富且贵，于我如浮云。"（述而7.16）违背义的事情，即使再有利也不应当做。"志士仁人，无求生以害仁，有杀身以成仁。"（卫灵公15.9）君子的精神追求是担道行义。子贡问孔子："伯夷、叔齐何人也？"孔子曰："古之贤人也。"又问："怨乎？"对曰："求仁而得仁，又何怨？"（述而7.15）君子无所怨，君子应当把维护自己的精神追求，当成最高的追求，甚至可以为此而不惜牺牲一切。“富与贵，是人之所欲也，不以其道得之，不处也；贫与贱，是人之所恶也，不以其道得之，不去也。君子去仁，恶乎成名？君子无终食之间违仁，造次必于是，颠沛必于是。”（里仁 4.5）追求富与贵，无可非议，但不能因为追求富贵而伤害仁义。一个人，如果能够真正懂得这个道理，并且一刻也离不开仁德，无论急忙仓促时还是困顿流离时都坚守仁德，那么他就从志士修成了仁人君子。孔子称赞颜渊就是认为他达到了这种境界：“贤哉回也！一箪食，一瓢饮，在陋巷，人不堪其忧，回也不改其乐。贤哉回也！”（雍也 6.11）他不只是“乐在其中”，而是“不改其乐”；也就是说非以贫为乐，而是虽贫也不改变仁德志向；不但处贫能保持快乐，而且为自己虽处贫、处逆却不改志向而乐。这里赞美的是一种乐观豁达的精神，一种身处贫困而不怨、身处逆境而不改志向的贤人君子的精神。

2. 有理想追求，有担当的人

孔子曰：“君子义以为上。”（阳货 17.23）“君子之仕也，行其义也。”（微子 18.7）认为君子应担道行义，以张扬仁义为己任。《中庸》曰：“义者，宜也。”董仲舒释：“义之法在正我，不在正人。”（《春秋繁露·仁义法》）表明道义所担当的是不计后果的正义性，是当下无条件的“见义勇为”。孔子曰：“见义不为，无勇也。”（为政 2.24）君子的精神追求就是修仁行义，对此义无反顾。“君子之于天下也，无适也，无莫也，义之与比。”（里仁 4.10）君子做事的基本价值尺度就是义，就是只问行为本身正当与否，不考虑其他的个人得失。如果与道义理想无关，即使是定有可观可取的小技艺，只要可能会制约远大理想的，君子也不会去做的——“虽小道，必有可观者焉；致远恐泥，是以君子不为也。”（子张 19.4）“君子是行‘义’的人，是‘礼’的具体体现，是个人和社会—政治秩序的榜样。”①

3. 好学习且能身体力行的人

“君子食无求饱，居无求安；敏于事而慎于言，就有道而正焉，可谓好学也已矣。”（学而 1.14）君子首先是一种好学习会学习的人。子夏曰：“百工居肆以成其事，君子学以致其道。”（子张 19.7）君子与各种在作坊里成就自己事业的工匠不同，君子是通过学问来实践自己的理想的，所以君子总是广泛地学习文化典籍，用礼节来约束自己，也就不会离经叛道了——“君子博学于文，约之于礼，亦可以弗畔矣夫。”（雍也 6.27）正如孔子所评价的：“君子病无能焉，不病人之不己知也。”（卫灵公 15.19）君子只怕自己没有才能，不怕别人不知道自己。君子又是实事求是、言而能行的人。“子贡问君子。子曰：‘先行其言而后从之。’”（为政 2.13）子曰：“君子耻其言而过其行。”（宪问 14.28）孔子一向认为“力行近于仁”，总是强调身体力行、言行一致，甚至更加重视行动实践，可操作性。子曰：“知（智）及之，仁不能守之，虽得之，必失之。知（智）及之，仁能守之，不庄以莅（立）之，则民不敬。知（智）及之，仁能守之，庄以莅之，动之不以礼，未善也。”（卫灵公 15.33）孔子说：“智慧达到了职位要求，若不能坚守仁德，即使得到了职位，也一定会失去。智慧达到了要求，还能坚守仁德，但若不用庄严的态度治理，那么百姓也不会敬重你。智慧达到要求了，还能坚守仁德，又能庄严的对待，却不按礼制行动，还是不够完美的。”

---

① ［美］郝大维、安乐哲：《孔子哲学思微》，江苏人民出版社 2012 年，141 页。

4. 有气度、有风度、有风范的人

成为仁人君子，固然应以仁义为根本，但是仅有内在的品德还不够，还须有外在的文采。要内外兼修，“质胜文则野，文胜质则史。文质彬彬，然后君子。”（雍也 6.18）孔子说：“志于道，据于德，依于仁，游于艺。”（述而 7.6）内在修养使人获得气度，能够做到“人不知而不愠”，通过游艺的修炼就会成为更加有风度的君子。“君子无所争，必也射乎！揖让而升，下而饮。其争也君子。”（八佾 3.7）——君子没有什么可与别人争的事情。如果有的话，那就是射箭比赛。即使比赛也是先相互作揖谦让，然后上场比试，赛后举杯共饮。竞争也不失君子的风范，就会成为真正受尊敬的人。

要成为时刻受尊敬的人，就要自重，善学习，守忠信，择交友，能改过。子曰：“君子，不重则不威，学则不固。主忠信，无友不如己者。过，则勿惮改。”（学而 1.8）还要生活简朴，慎言敏行。为此，孔子还专门提出了“君子有九思：视思明，听思聪，色思温，貌思恭，言思忠，事思敬，疑思问，忿思难，见得思义。”（季氏 16.10）指出君子要在九个方面时刻思忖：看要思忖看清楚；听要思忖听明白；脸色要思忖温和；容貌要思忖谦恭；言谈要思忖忠诚；办事要思忖谨严；遇疑虑要思忖询问；愤怒时要思忖后患，获利时要思忖道义。

5. 有身份地位的人

《论语》中也保留了当时社会称“君子”的常用含义，例如：“君子不以绀緅饰，红紫不以为亵服。君子正其衣冠，尊其瞻视，俨然人望而畏之，斯不亦威而不猛乎？”（乡党 10.6）这里的“君子”就是指朝中有地位的大臣。子夏曰：“君子有三变：望之俨然，即之也温，听其言也厉。”（子张 19.9）子贡曰：“君子之过也，如日月之食焉：过也，人皆见之；更也，人皆仰之。”（子张 19.21）也是指公众视野中的有身份和地位的人。有时，“君臣子弟”也会简称为君子，比如：“先进于礼乐，野人也；后进于礼乐，君子也。如用之，则吾从先进。”（先进 11.01）“君子而不仁者有矣夫，未有小人而仁者也。”（宪问 14.6）意思是：“有地位的人中会有不仁德的人吧，品行低劣的人不会有仁德的情怀。”这些“君子”显然是指有身份或地位的人，主要不是以品德来判断的。

五、小　人

在先秦典籍中早就有“小人”的概念，而且含义很丰富：1. 平民百姓，指被统治者。如《书·无逸》：“生则逸，不知稼穑之艰难，不闻小人之劳，惟耽乐之从。”2. 男子对地位高于己者自称的谦词。如《左传·隐公元年》：“小人有母，皆尝小人之食矣，未尝君之羹。” 3. 人格卑鄙的人。陈昉《颍川语小》卷下：“君子小人之目，始于大禹 誓师之辞，曰‘君子在野，小人在位’，盖谓废仁哲任奸佞也。”4. 老师对学生的称呼。《孔子家语·观周》：“孔子既读斯文也，顾谓弟子曰：‘小人识之，此言实而中，情而信。’”

《论语》中使用“小人”并不多，只有 24 次。含义有中性的，也有贬义的，大概指这样几种人：

1. 胸无大志、识见浅狭的人

“樊迟请学稼。子曰：‘吾不如老农。’请学为圃。子曰：‘吾不如老圃。’樊迟出。子曰：‘小人哉！樊须也。’”（子路 13.4）金王若虚《〈论语〉辨惑二》：“其曰硁硁小人、小人樊须 ，从其小体为小人之类，此谓所见浅狭，对大人而言耳。”其实也就是指相对胸怀大志的人而言的目光短浅的人。

2. 普通人

子贡问曰：“何如斯可谓之士矣？”子曰：“行己有耻，使于四方，不辱君命，可谓士矣。”曰：“敢问其次？”曰：“宗族称孝焉，乡党称弟焉。”曰：“敢问其次？”曰：“言必信，行必果，硁硁然，小人哉！抑亦可以为次矣。”（子路 13.20）这段对话是孔子给子贡分析士人等级的，认为真正称得上“士”的人，也就是第一等的士人是“行己有耻，使于四方，不辱君命”的人。第二等的士人是“宗族中称得上孝的人，乡里称得上悌的人”。第三等的士人，孔子认为是“说到做到，执行果决，像石头一样的普通人”。还专门声明这类人“也可以说是次一等的‘士’呀”。最后子贡特地提出：“今之从政者何如？”子曰：“噫！斗筲之人，何足算也！”——“唉！这班器量狭小的人，又算得了什么呢？”在孔子看来当时从政的许多人才是品行低劣的人。很明显，在《论语》中的“小人”概念未必都是贬义的。

即使在与君子相对中的“小人”概念也未必都是指品行低劣、心胸狭小的人，也常常是指普通人。如：

子曰：“君子上达；小人下达。”（宪问 14.23）

子曰：“君子求诸己；小人求诸人。”（卫灵公 15.21）

子曰：“君子不可小知，而可大受也；小人不可大受，而可小知也。”（卫灵公 15.34）意思是：“君子不耍小聪明却可担当重大使命；普通人不能担当大任务却善于表现小聪明。”“昔者偃也闻诸夫子曰：‘君子学道则爱人，小人学道则易使也。’”（阳货 17.4）意思是：“君子学习了礼乐就能爱人，普通人学习了礼乐就容易被领导。”“君子喻于义，小人喻于利。”（里仁 4.16）君子做事，以义为准则，只问此事当做不当做；普通人做事，则以利为准则，总是计较做此事对自己有多大好处。所以对不同的人要采取不同的沟通策略。

3. 对儿童的称谓，小孩子

子曰：“唯女子与小人为难养也，近之则不孙，远之则怨。”（阳货 17.25）朱熹集注：“此小人亦谓仆隶下人也。”认为指下层“仆隶”，并不是指品行低劣之人。我们则认为就是指小孩子，意思说：“只有你们几个小子和小孩子一样难教养呀，讲浅近点就不谦逊了，讲深远点就报怨。”表现出孔子批评学生时亲切爱嗔的神态和口吻，很有个性。这正好可与《孔子家语·观周》的对话互证。《公冶长 5.22》中孔子就以“吾党之小子”（我同乡的弟子）称呼他的学生，与“女子”义类似。

这种把儿童称为“小人”的情况其实很普遍，一直沿用到现代，如把儿童爱看的连环画称为“小人书”，某些方言也将儿童称为小人，如上海话中将小男孩就称呼为“小人（nīn）”。

4. 品行低劣的人

子曰：“君子而不仁者有矣夫，未有小人而仁者也。”（宪问 14.6）这里的“小人”明显指品行低劣的没有仁爱之心的人。

《论语》中直接贬斥“小人”的地方并不多，主要将小人与君子对举谈论，是为了通过对照，彰显君子的品质。比如：“君子周而不比，小人比而不周。”（为政 2.14）认为君子能够坚持原则，以忠义维护团结，而小人不讲忠义，只以私利相勾结。“君子和而不同，小人同而不和。”（子路 13.23）和而不同，是对于不同意见，既有赞成，也有反对；同而不和，则是一味赞同，没有主见，因人而取言，内心未必认同，表现虚伪。“君子坦荡荡，小人长戚戚。”（述而 7.37）君子少私欲偏狭，所以胸怀坦荡；小人做事斤斤计较，所以总是患得患失。“君子成人之美，不成人之恶，小人反是。”（颜渊 12.16）君子总是善于帮助他人，看到他人成功，总是感到高兴；小人则嫉贤妒能，唯恐他人超过自己，所以喜欢在背后捣鬼。“君子固穷，小人穷斯滥矣。”（卫灵公 15.2）君子在自己的志向不能实现时，仍然能够固守志向；小人一旦身处困境，则有可能胡作非为。这里的“小人”的特点主要是极端自私、虚伪、嫉妒、缺乏爱心、心胸偏狭。但还没有后来中国文化中对“小人”含义评价的那么不堪。

唐人李德裕专门写了《小人论》，说：“世所谓小人者，便辟巧佞，翻覆难信，此小人常态，不足惧也；以怨报德，此其甚者也；背本忘义，抑又次之……”历数小人的恶劣，逐渐形成了对道德品质低劣、心胸偏狭阴暗之人的专门贬称，常指那种喜欢搬弄是非、挑拨离间、心理阴暗、隔岸观火、落井下石、以怨报德之类的人。这种人不要说无法与君子相比，就是与普通人都无法相比，是人们最讨厌最不屑的恶人。所以，现代汉语中的“小人”概念完全是贬义的，在现代社会中对人的评价一般不轻易用“小人”这个概念。

周金声

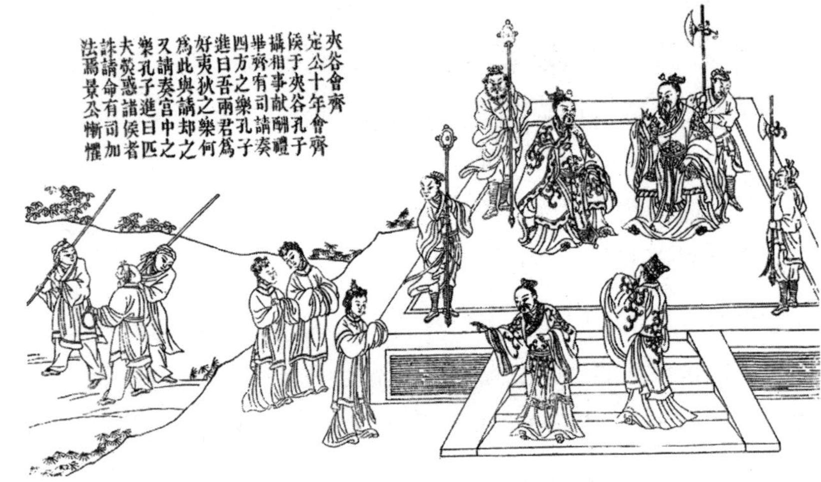
夾谷會齊
定公十年會齊
侯于夾谷孔子
攝相事獻酬禮
畢齊有司請奏
四方之樂孔子
進曰吾兩君爲
好夷狄之樂何
爲此與請却之
又請奏宮中之
樂孔子進曰匹
夫熒惑諸侯者
誅請命有司加
法焉景公慚懼

1. 学而篇

zǐ yuē xué ér shí xí zhī bú yì yuè hū

1.1 子[①]曰："学而时习[②]之，不亦说[③]乎？

孔子说："学习了知识时常练习而会用，不是很愉悦的吗？

yǒu péng zì yuǎn fāng lái bú yì lè hū rén bù zhī ér bù yùn

有朋自远方来，不亦乐乎？人不知而不愠[④]，

有朋友从远方来访，不是很快乐的吗？别人不理解我我却不埋怨，

bú yì jūn zǐ hū

不亦君子乎？"

不正是君子的风度吗？"

①子：夫子，对有学问、有道德的人的尊称，相当于"先生"。《论语》中对孔夫子尊称"子"。②时：经常，常常，或及时、适时。习：本意是实习，练习，表示在实践中掌握运用。③亦：语助词，表示加强语气。说：同"悦"。④愠：怒，怨恨。

yǒu zǐ yuē qí wéi rén yě xiào tì ér hào fàn

1.2 有子[①]曰："其为人也孝弟[②]，而好犯

有子说："一个人如果孝顺父母、敬爱兄长，却喜欢触犯

shàng zhě xiān yǐ bù hào fàn shàng ér hào zuò luàn zhě

上者，鲜[③]矣；不好犯上，而好作乱者，

地位高于自己的人，是很少见的；不喜欢以下犯上，却喜欢造反作乱，

wèi zhī yǒu yě jūn zǐ wù běn běn lì ér

未之有也。君子务本，本立而

这种人从未见过。君子致力于生命本性的完善，根本树立了

dào shēng xiào tì yě zhě qí wéi rén zhī běn yú

道[④]生。孝弟也者，其为仁之本与[⑤]！"

仁道就会自然生成。孝顺父母敬爱兄长，就是实践仁道的本源呐！"

①有子：孔子的学生，姓有名若，外貌似孔子。②弟：同“悌”，善事兄长。③鲜：少。④道：与下文的“仁”互文，指仁道，做人为善之根本道理。⑤仁：会意字，本义为二人和睦的样子，“亲也”，“爱人”。后成为儒家学说的核心道德范畴。与：欤，语气词。

zǐ yuē qiǎo yán lìng sè xiǎn yǐ rén
1.3 子曰：“巧言①令色②，鲜矣仁！”

孔子说：“喜欢花言巧语好装腔作势的人，内在的仁德是不会多的。”

①言：花巧的语言。②令色：伪善的面貌。

zēng zǐ yuē wú rì sān xǐng wú shēn wèi rén móu ér bù
1.4 曾子①曰：“吾日三省②吾身：为人谋而不

曾子说：“我每天都要从三方面反省自己：为人办事是否

zhōng hū yǔ péng you jiāo ér bú xìn hū
忠乎？与朋友交而不信③乎？

忠实完成了承诺呢？同朋友交往做到坦诚守信了吗？

chuán ér bù xí hū
传而不习乎？”

所传授的知识是否实践领悟了呢？

①曾子：孔子的学生，姓曾名参，后世称其为“宗圣”。②省：内省，自我反省。③信：诚信。

zǐ yuē dào qiān shèng zhī guó jìng shì ér xìn
1.5 子曰：“道①千乘②之国，敬事而信，

孔子说：“治理拥有千辆兵车的大国，应该敬奉职责而又恪守信用，

jié yòng ér ài rén shǐ mín yǐ shí
节用而爱人，使③民以时④。”

节约开支并爱护臣民，要根据农时征用民力。”

①道：治理。②千乘：四匹马拉的兵车。③使：役使。④时：农闲时期。

zǐ yuē dì zǐ rù zé xiào chū zé tì
1.6 子曰：“弟子①入②则孝，出则悌，

孔子说：“作为年轻晚辈，在家要孝顺父母，出门要尊敬兄长；

jǐn ér xìn fàn ài zhòng ér qīn rén

谨而信，泛爱众，而亲仁③。

言行谨慎而又诚实守信，广泛与众人和睦交往，主动亲近德高望重的人。

xíng yǒu yú lì zé yǐ xué wén

行有余力，则以学文④。”

躬行这些后有剩余精力，就用来读书。”

①弟子：为人子弟者。②入：在家庭。③仁：有仁德的人。④文：经典文献。

zǐ xià yuē xián xián yì sè shì fù mǔ néng jié qí lì

1.7 子夏①曰：“贤②贤③易④色；事父母，能竭其力；

子夏说：“一个人如果尊崇贤德超过爱美色；侍奉父母，能尽心竭力；

shì jūn néng zhì qí shēn yǔ péng you jiāo yán ér yǒu xìn suī yuē wèi

事君，能致⑤其身；与朋友交，言而有信，虽曰未

服侍君主，能奉身尽职；同朋友交往能言而有信，即使他自谦没

xué wú bì wèi zhī xué yǐ

学，吾必谓之学矣。”

进过学堂，我一定认为他确有真学问。”

①子夏：孔门“十哲”之一，姓卜名商，擅长文学。②贤：尊重。③贤：贤德之人。④易：改变，轻视，引申为超越。⑤致：送达，奉献。

zǐ yuē jūn zǐ bù zhòng zé bù wēi xué zé bú gù

1.8 子曰：“君子，不重则不威，学则不固。

孔子说：“做君子，不自重就没有威严，学习就不会固守鄙陋。

zhǔ zhōng xìn wú yǒu bù rú jǐ zhě

主忠信，无友不如己者。

要主动力行忠信，不要跟品行不如自己的人交友。

guò zé wù dàn gǎi

过，则勿惮改。”

有了过错，就不要怕改正。”

zēng zǐ yuē shèn zhōng zhuī yuǎn mín dé

1.9 曾子曰：“慎终，追远，民德

曾子说：“谨慎为亡者送终，追念远逝的先人，这样民风道德

guī hòu yǐ
归厚矣。”
就会趋于敦厚了。”

zǐ qín wèn yú zǐ gòng yuē fū zǐ zhì yú shì bāng yě bì wén
1.10 子禽①问于子贡②曰：“夫子至于是邦也，必闻
子禽问子贡说：“老师每到一个国家，总是预先听到
qí zhèng qiú zhī yú yì yǔ zhī yú zǐ gòng yuē
其政，求之与？抑③与之与？”子贡曰：
那个国家的政事，这是求得的呢？还是别人主动告诉他的？”
fū zǐ wēn liáng gōng jiǎn ràng
“夫子温、良、恭、俭、让，
子贡说：“老师做人温和而善良，恭敬而节制得体、谦让而又端庄，
yǐ dé zhī fū zǐ zhī qiú zhī yě
以得之。夫子之求之也，
所以总能获得必要的信息。老师获得信息的方法，
qí zhū yì hū rén zhī qiú zhī yú
其诸异乎人之求之与！”
大概总不同于普通人吧！”

①子禽：姓陈名亢。②子贡：孔门“十哲”之一，姓端木名赐，字子贡，擅长雄辩和理财。③抑：连词。

zǐ yuē fù zài guān qí zhì fù mò
1.11 子曰：“父在，观其志；父没①，
孔子说：“父亲在世时，要观察他的志向；父亲去世后，
guān qí xíng sān nián wú gǎi yú fù zhī dào
观其行；三年无改于父之道，
要考察他的行为；如果三年后还不改变其父亲教导的准则，
kě wèi xiào yǐ
可谓孝矣。”
可以称得上孝子了。”

①没：同“殁”，死亡。

yǒu zǐ yuē lǐ zhī yòng hé wéi guì xiān wáng zhī dào

1.12 有子曰：“礼①之用，和②为贵。先王之道，

有子说：“礼的运用，以和谐为贵。古代明君治理国家的可贵之处

sī wéi měi xiǎo dà yóu zhī yǒu suǒ bù xíng

斯③为美；小大由之。有所不行，

就在这里；小事大事都应该遵循这条法则。但有行不通的地方，

zhī hé ér hé bù yǐ lǐ jié zhī

知和而和，不以礼节④之，

一味为和谐而求和谐，不懂得用一定的礼规来加以节制，

yì bù kě xíng yě

亦不可行也。”

也是不可行的。”

①礼：仪态、规范、准则、制度。②和：恰到好处。③斯：这。④节：节制。

yǒu zǐ yuē xìn jìn yú yì yán kě fù yě

1.13 有子曰：“信近①于义②，言可复③也。

有子说：“守诚信要符合义，这样的话才能兑现。

gōng jìn yú lǐ yuǎn chǐ rǔ yě

恭近于礼，远耻辱也。

恭敬要符合于礼，这样做才能远离耻辱。

yīn bù shī qí qīn yì kě zōng yě

因④不失其亲，亦可宗也。”

遵循礼义就不会失去亲人，也可获得世代尊奉。”

①近：切近，符合。②义：公正合宜。③复：践言。④因：依靠，凭借。

zǐ yuē jūn zǐ shí wú qíu bǎo jū wú qíu ān

1.14 子曰：“君子食无求饱，居无求安，

孔子说：“君子饮食不贪求美味足饱，居住不贪求安逸享乐，

mǐn yú shì ér shèn yú yán jìu yǒu dào ér zhèng yān

敏于事而慎于言，就①有道而正②焉，

做事勤劳敏捷，说话小心谨慎，自觉依照道义来端正自己，

kě wèi hào xué yě yǐ

可谓好学也已。"

这可称得上是善于学习的啊。"

①就：靠近。②正：匡正，端正。

zǐ gòng yuē pín ér wú chǎn fù ér wú jiāo hé rú

1.15 子贡曰："贫而无谄①，富而无骄，何如？"

子贡问："贫穷而不谄媚，富有而不骄傲自大，如此为人怎么样？"

zǐ yuē kě yě wèi ruò pín ér lè fù ér hào

子曰："可也，未若贫而乐，富而好

孔子说："可以啊，但不如贫穷依然安乐，富裕却好

lǐ zhě yě zǐ gòng yuē shī yún rú qiē rú cuō

礼者也。"子贡曰："《诗》云：'如切如磋②，

礼的人。"子贡说："《诗经》说：'好像切割骨器，又像打磨象牙，

rú zhuó rú mó qí sī zhī wèi yú zǐ yuē

如琢③如磨'，其斯之谓与？"子曰：

好像刻石，又像磨玉'，大概说的就是这种修德吧？"孔子道：

cì yě shǐ kě yǔ yán shī yǐ yǐ gào zhū wǎng

"赐也，始可与言诗已矣，告诸往④

"赐呀，现在可以同你讨论《诗经》了，告诉你以往的事，

ér zhī lái zhě

而知来⑤者。"

你能推知未来了。"

①谄：巴结，阿谀。②磋：打磨。③琢：雕刻。加工象牙、玉石材料，须经切、磋、刻、磨等工序，比喻精益求精。④往：过去的事情。⑤来：未来的事。

zǐ yuē bú huàn rén zhī bù jǐ zhī huàn bù zhī rén yě

1.16 子曰："不患人之不己知，患不知人也。"

孔子说："不怕别人不了解自己；怕的是自己不了解别人。"

思辨·探究·体悟

1.《论语》这部书是怎么产生的？产生的时代有何特点？“论语”名称的含义是什么？历代是怎样评价孔子和这部书的？

2. 孔子与《论语》、儒学是怎样的关系？有人认为儒学和《论语》是“半宗教半哲学”，有人认为《论语》是中国人的《圣经》，你怎么看？

3. 1.1 子曰：“学而时习之，不亦说乎？有朋自远方来，不亦乐乎？人不知而不愠，不亦君子乎？”怎么理解其中的“习”和“知”字更恰切？通常这样翻译：“学习中时时加以温习，不是很愉快吗？有朋友从远方来，不是很快乐吗？别人虽不了解我,但我不怨恨，这不是正人君子吗？”这样翻译准确吗？

4. 怎么理解“仁”？孔子认为“仁”的根本是什么？“仁”有哪些具体表现？修仁道的起点是什么？《论语》中的“仁爱”思想与基督教主张的“爱人如己”有何异同？

5. 孔子认为君子“无友不如己者”是讲择友的标准吗？他真正的言外之意是指什么？对做人和修己有何启发？

6. 孔子认为怎样做算是“好学”者？请从这一篇对话中概括出好学和会学者的特点及其表现。

7. 宋代朱熹说：“此为书之首篇，故所记多务本之意，乃入道之门，积德之基，学者之先务也。”请仔细阅读这一部分内容，体会这段话的意义。

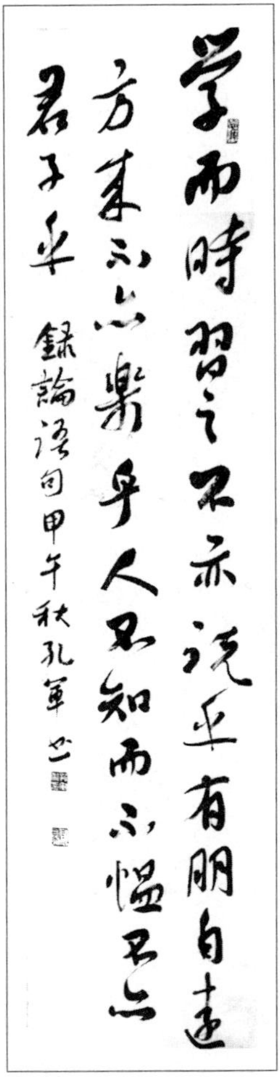

2. 为政篇

zǐ yuē wéi zhèng yǐ dé bì rú běi chén

2.1 子曰："为政以德，譬如北辰①，

孔子说："依靠道德教化来治理国政，管理者就会像北极星一样，

jū qí suǒ ér zhòng xīng gǒng zhī

居其所而众星共②之。"

稳居其位，所有的星辰都环绕着它运转。"

①北辰：北极星，古人认为北极星不动，而其他星辰环绕着它转动。
②共：拱，环绕。

zǐ yuē shī sān bǎi yì yán yǐ bì zhī

2.2 子曰："《诗》三百，一言以蔽之，

孔子说："《诗经》三百余篇，可以用其中的一句话来概括，

yuē sī wú xié

曰：'思无邪'①。"

就是'思想纯正'。"

①思无邪：见《诗经·鲁颂·駉篇》。

zǐ yuē dǎo zhī yǐ zhèng qí zhī yǐ xíng

2.3 子曰："道①之以政，齐②之以刑，

孔子说："如果只用政令领导百姓，只用刑律来治理人们，

mín miǎn ér wú chǐ dào zhī yǐ dé

民免③而无耻；道之以德，

民众就只会为避免罪罚暂时安分而没有羞耻心。如果用道德来引导，

qí zhī yǐ lǐ yǒu chǐ qiě gé

齐之以礼，有耻且格④。"

用礼来规范，民众不但会有廉耻心，而且能自觉归正。"

①道：同"导"，引导，领导。②齐：整治。③免：免罪。④格：至正、品格、标准。

zǐ yuē wú shí yòu wǔ ér zhì yú xué sān shí
2.4 子曰："吾十有[1]五而志于学，三十
孔子说："我十五岁时有志于真才实学；三十岁时形成符合规
ér lì sì shí ér bú huò
而立[2]，四十而不惑[3]，
范的安身立命的能力；四十岁时能通达事理不再犹疑迷惑；
wǔ shí ér zhī tiān mìng liù shí ér ěr shùn
五十而知天命[4]，六十而耳顺，
五十岁时参透了天命；六十岁时能够听进领会任何见解；
qī shí ér cóng xīn suǒ yù bú yù jǔ
七十而从心所欲，不踰矩。"
七十岁后纵然随心所欲，也不会逾越规矩。"

①有：又。②立："立于礼"，"不知礼，无以立。"③惑：迷乱不定。④天命：古指上天的意志，或上天赋予人的命运。现代叫做自然规律。

mèng yì zǐ wèn xiào zǐ yuē wú wéi
2.5 孟懿子[1]问孝。子曰："无违。"
孟懿子向孔子讨教什么是孝。孔子说："不要违心背礼。"
fán chí yù zǐ gào zhī yuē mèng sūn wèn xiào yú wǒ wǒ duì yuē
樊迟[2]御[3]，子告之曰："孟孙问孝于我，我对曰，
一天樊迟为孔子驾车，孔子告诉他说："孟孙向我问孝道，我答复说：
wú wéi chí yuē hé wèi yě zǐ yuē shēng
无违。"迟曰："何谓也？"子曰："生，
'不要违心背礼。'"樊迟问："所指的是什么呢？"孔子说："父母活着时，
shì zhī yǐ lǐ sǐ zàng zhī yǐ lǐ jì zhī yǐ lǐ
事之以礼；死，葬之以礼，祭之以礼。"
要按照礼侍奉他们；去世了，要依礼安葬他们，祭祀他们。"

①孟懿子：鲁国的大夫。②樊迟：孔子的学生，姓樊名须。③御：驾车。

mèng wǔ bó wèn xiào zǐ yuē fù mǔ
2.6 孟武伯①问孝。子曰：“父母，
孟武伯向孔子请教什么是孝。孔子回答：“对父母，
wéi qí jí zhī yōu
唯其疾之忧。”
要特别分担他们疾病的忧患。”

①孟武伯：孟懿子的儿子。

zǐ yóu wèn xiào zǐ yuē jīn zhī xiào zhě
2.7 子游①问孝。子曰：“今之孝者，
子游问什么是孝。孔子说：“当今所谓的孝，
shì wèi néng yǎng zhì yú quǎn mǎ jiē néng yǒu yǎng
是谓能养。至于犬马，皆能有养；
认为就是能够赡养父母。对狗和马也都能给予饲养；
bú jìng hé yǐ bié hū
不敬，何以别乎？”
若对父母不敬重，那与饲养狗和马有何区别呢？”

①子游：孔子的学生，姓言名偃。

zǐ xià wèn xiào zǐ yuē sè nán
2.8 子夏问孝。子曰：“色①难，
子夏问什么是孝。孔子说：“如果晚辈脸色难看，
yǒu shì dì zǐ fú qí láo yǒu jiǔ shí xiān shēng zhuàn
有事弟子②服其劳；有酒食，先生③馔，
只是做到有事年轻人效劳，有酒食让年长者先吃，
céng shì yǐ wéi xiào hū
曾④是以为孝乎？”
这样就能认为是孝了么？”

①色：容颜神情。②弟子：子弟，年轻者。③先生：年长者。④曾：竟。

zǐ yuē wú yǔ huí yán zhōng rì bù wéi
2.9 子曰：“吾与回①言终日，不违，
孔子说：“我与颜回交谈一整天，他始终没有违忤或质疑我的意见，

rú yú tuì ér xǐng qí sī yì zú yǐ fā
如愚。退而省其私②**，亦足以发，**
像个迟钝的人。事后考察他私下的言行，却能充分发挥所闻所学，
huí yě bù yú
回也不愚。"
可见颜回并不愚蠢。"

①回：孔子最得意的学生，"十哲"之一，姓颜名回，字渊。②私：私下的言行。

zǐ yuē qí suǒ yǐ guān qí suǒ yóu
2.10 子曰："其所以①**，观其所由**②**，**
孔子说："看一个人所结交的朋友；考查他的言行所为；
chá qí suǒ ān rén yān sōu zāi
察其所安③**。人焉廋**④**哉？**
体察他的情趣动机。那么，这个人还能隐藏到哪里呢？
rén yān sōu zāi
人焉廋哉？"
还能隐藏到哪里呢？"

①以：与，交朋友。②由：方式，途径。③安：安放心灵。④焉：何处。廋：隐蔽，藏匿。

zǐ yuē wēn gù ér zhī xīn kě yǐ wéi shī yǐ
2.11 子曰："温故而知新，可以为师矣。"
孔子说："既懂得温习以往的知识，又会探究新领域，可视作治学的楷模了。"

zǐ yuē jūn zǐ bú qì
2.12 子曰："君子不器①**。"**
孔子说："君子不会将自己视作一个器皿。"

①器：《易传》："形而上者谓之道，形而下者谓之器"。

zǐ gòng wèn jūn zǐ zǐ yuē xiān xíng qí yán
2.13 子贡问君子。子曰："先行其言
子贡问怎样做才能成为君子。孔子道："先按照想说的去做，

ér hòu cóng zhī
而后从之。"
之后再将经验阐发出来。"

zǐ yuē jūn zǐ zhōu ér bú bì xiǎo rén bì ér bù zhōu
2.14 子曰："君子周①而不比②，小人比而不周。"
孔子说："君子讲团结而不是勾结；小人好勾结而不会团结。"

①周：以忠义维护团结。②比：以私利相勾结。

zǐ yuē xué ér bù sī zé wǎng sī ér
2.15 子曰："学而不思则罔①，思而
孔子说："只学习不思考就会迷惑被蒙蔽；只思考不学习
bù xué zé dài
不学则殆②。"
就会偏狭陷入困乏。"

①罔：迷惘，蒙蔽。②殆：困乏，思维枯竭，偏狭危殆。

zǐ yuē gōng hū yì duān sī hài yě yǐ
2.16 子曰："攻乎①异端②，斯害也已。"
孔子说："专心致力于非正道的学问，那是有害的呀。"

①攻乎：专力于。②异端：非正道学问。

zǐ yuē yóu huì rǔ zhī zhī hū zhī zhī wéi zhī zhī
2.17 子曰："由①！诲女②知之乎？知之为知之，
孔子说："仲由！教导你的道理明白了吗？明白了就说明白了，
bù zhī wéi bù zhī shì zhì yě
不知为不知，是知③也。"
不明白就说不明白，这才是聪明的表现。"

①由：孔门"十哲"之一，姓仲名由，字子路。②女：汝，你。③知：智，聪明。

zǐ zhāng xué gān lù zǐ yuē duō wén
2.18 子张①学干禄②。子曰："多闻
子张向孔子讨教求官得禄的方法。孔子说："多听，

quē yí shèn yán qí yú zé guǎ yóu
阙疑③，慎言其余，则寡尤④；
有疑惑的地方存心不论，谨慎阐述有把握的部分，就能减少失误。
duō jiàn quē dài shèn xíng qí yú zé
多见阙殆⑤，慎行其余，则
多看，发现不妥的事情存心借鉴，慎重对待其余事物，就能减少
guǎ huǐ yán guǎ yóu xíng guǎ huǐ lù zài qí zhōng yǐ
寡悔。言寡尤，行寡悔，禄在其中矣。”
懊悔。言语少过失，行为少后悔，官禄自在其中了。”

①子张：孔子的学生，姓颛名孙师。②干禄：谋求官职薪俸。③阙疑：存疑。④尤：过失，责怨。⑤殆：不妥当。

āi gōng wèn yuē hé wéi zé mín fú kǒng zǐ duì yuē
2.19 哀公①问曰：“何为则民服？”孔子对曰：
鲁哀公问孔子：“如何做才能使百姓信服呢？”孔子答道：
jǔ zhí cuò zhū wǎng zé mín fú jǔ wǎng
“举直错②诸枉③，则民服；举枉
“举用正直的人，废弃邪曲小人，百姓就信服了；举用邪曲小人，
cuò zhū zhí zé mín bù fú
错诸直，则民不服。”
废弃正直的人，百姓就不会信服。”

①哀公：鲁国君主，姓姬名将。②错：废弃。③枉：邪曲。

jì kāng zǐ wèn shǐ mín jìng zhōng yǐ quàn rú zhī hé
2.20 季康子①问：“使民敬、忠以劝②，如之何？”
季康子问孔子：“要使人民敬顺、忠诚和勤勉，该怎么做呢？”
zǐ yuē lín zhī yǐ zhuāng zé jìng xiào cí zé zhōng
子曰：“临之以庄③，则敬；孝慈④，则忠；
孔子说：“庄重地对待人民，人民就会敬顺；力行孝慈，百姓就会忠诚；
jǔ shàn ér jiào bù néng zé quàn
举善而教不能，则劝。”
提拔好人教育乏能者，百姓就会努力共勉了。”

①季康子：哀公时的鲁国权臣，姓姬名肥。②劝：努力。③庄：严肃，端

重。④孝慈：爱护弱小。

huò wèi kǒng zǐ yuē zǐ xī bú wéi zhèng zǐ yuē
2.21 或谓孔子曰：“子奚不为政？”子曰：
有人问孔子：“你为什么不出仕从政呢？”孔子说：
shū yún xiào hū wéi xiào yǒu yú xiōng dì shī yú
“《书》云：‘孝乎惟孝，友于兄弟，施[1]于
“《尚书》中说：‘孝呀唯有孝，既能友爱兄弟，又可影响
yǒu zhèng shì yì wéi zhèng xī qí wéi wéi zhèng
有政。’是亦为政，奚其为为政？”
政治。’这也是一种从政方式，为什么非要做官才算参与政治呢？”

①施：延及。

zǐ yuē rén ér wú xìn bú zhī qí kě yě
2.22 子曰：“人而无信，不知其可也。
孔子说：“一个人如果没有信用，不知道他能够做成什么啊！
dà chē wú ní xiǎo chē wú yuè qí hé yǐ xíng zhī zāi
大车无輗[1]，小车无軏[2]，其何以行之哉？”
如同大车没有輗，小车没有軏一样，怎么能够行走呢？”

①輗：大车套牛横木上的锁键。②軏：小车驾马横木上的锁键。

zǐ zhāng wèn shí shì kě zhī yě zǐ yuē yīn yīn
2.23 子张问：“十世[1]可知也？”子曰：“殷因[2]
子张问：“以后的十代情况能预知吗？”孔子说：“殷朝承袭
yú xià lǐ suǒ sǔn yì kě zhī yě
于夏礼，所损[3]益[4]，可知也；
夏朝的礼仪制度，其所废所增，是可以知道的；
zhōu yīn yú yīn lǐ suǒ sǔn yì kě zhī yě
周因于殷礼，所损益，可知也。
周朝沿袭殷朝的礼仪制度，其所废所增的，也可以知道。
qí huò jì zhōu zhě suī bǎi shì kě zhī yě
其或继周者，虽百世，可知也。”
那么，若有继承周朝的礼制者，即使经历百代，也是可以预知的。”

①世：朝代。②因：沿袭。③损：废除。④益：增加。

zǐ yuē fēi qí guǐ ér jì zhī chǎn yě

2.24 子 曰：“非 其 鬼 而 祭 之，谄 也；

孔子说：“不是自己信奉的鬼神却去祭祀，这是谄媚；

jiàn yì bù wéi wú yǒng yě

见 义 不 为，无 勇 也。”

遇见正义的事情不去做，这是丧勇德呀。”

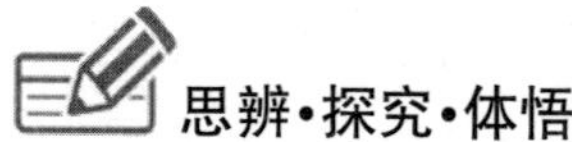

思辨·探究·体悟

1.“以德治国”要做到哪些才能落实？“以法治国”与之有何区别？二者是怎样的关系？

2. 请查阅关于孔子的生平事迹和成长奋斗史，撰写一篇《孔子成长的启示》演讲稿，做出 PPT，面对众人进行演讲。或者编辑一段微动画，播放给同学观赏。

3.“孝”是以血缘关系为纽带的一种晚辈对长辈的伦理道德。“色难”有多种解读，你怎么理解？尽孝最大的责任是什么？怎样做才是真正的尽孝？ 请寻找几首中外关于父母亲情的歌词，分析其中的文化内涵，并用心学唱。建议选择一种合适的方式向你父母表达你的一份孝心。

4. 子曰：“温故而知新，可以为师矣。”其中的“而”字可以表示“因果、递进、并列”三种关系。杨伯峻译：“在温习旧知识时，能有新体会、新发现，就可以做老师了。”是基于温习以往已有知识进而获取新知的递进的认知关系。李泽厚译：“温习过去，以知道未来，这样便可以做老师了。”强调温习旧知识的目的是为了知道未来、提高新知。你认为怎样理解这句话更好？

5. 请从《论语》中找出涉及“学”、“思”、“习”的文句，比较分析，谈一谈三者之间的关系，体悟孔子对学习的认识和要求。

6.“知之为知之，不知为不知，是知也。”这句话怎么理解才是合适的？对学习者而言和对教学者而言都对吗？

7.“信”是儒家文化道德修养中的重要范畴之一。请找出《论语》中谈到“信”的所有文句，分析“信”的本质、意义和类型。

3. 八佾篇

kǒng zǐ wèi jì shì bā yì wǔ yú tíng

3.1 孔子谓季氏[①]，“八佾[②]舞于庭，

孔子评论季氏说：“他居然用天子规格的八组乐队在自家庭院里表演，

shì kě rěn shú bù kě rěn yě

是可忍，孰不可忍也？”

像这样的事都可以容忍，那还有什么不能容忍呢？”

①季氏：季孙氏，鲁国权臣，姓姬名意如。②八佾：古乐舞行列，一行八人为一佾，周礼规定只有天子才能用八佾。

sān jiā zhě yǐ yōng chè

3.2 三家[①]者以《雍》[②]彻[③]。

三桓家族以天子专用的《雍》诗做祭祖的结束乐曲。

zǐ yuē xiàng wéi bì gōng tiān zǐ mù mù

子曰：“‘相维辟公[④]，天子穆穆’，

孔子评说：“《雍》诗描述‘诸侯相互维持助祭，天子主祭威严肃穆’，

xī qǔ yú sān jiā zhī táng

奚取于三家之堂？”

这样的内容怎能用在三家大夫的庙堂里呢？”

①三家：孟孙、叔孙、季孙，鲁桓公后代，史称“三桓”。②《雍》：《诗经·周颂》中天子祭礼时专用篇章。③彻：撤去祭品。④公：诸侯。

zǐ yuē rén ér bù rén rú lǐ hé

3.3 子曰：“人而不仁，如礼何？

孔子说：“人丧失了仁爱之心，再好的礼仪技巧有何用？

rén ér bù rén rú yuè hé

人而不仁，如乐何？”

人丧失了仁爱之心，再美妙的音乐有何用？”

lín fàng wèn lǐ zhī běn zǐ yuē dà zāi wèn

3.4 林放①问礼之本。子曰：“大哉问！

林放问什么是礼的根本。孔子回答说：“这个问题意义重大！

lǐ yǔ qí shē yě nìng jiǎn sāng yǔ qí yì yě

礼，与其奢也，宁俭；丧，与其易②也，

礼节仪式，与其铺张奢侈，宁可简朴节俭；治丧，与其隆重周备，

nìng qī

宁戚。”

不如真正悲伤。”

①林放：鲁国人，字子丘。②易：办理周到。

zǐ yuē yí dí zhī yǒu jūn bù rú zhū xià

3.5 子曰：“夷①狄②之有君，不如诸夏

孔子说：“文化落后的夷狄都尊奉君主，不像中原诸国

zhī wú yě

之亡③也。”

视天子如同没有。”

①夷：东部少数民族。②狄：北部少数民族。③亡：同“无”。

jì shì lǚ yú tài shān zǐ wèi rǎn yǒu

3.6 季氏旅①于泰山，子谓冉有②

季孙氏打算去做只有天子才有资格做的祭祀泰山仪式。

yuē rǔ fú néng jiù yú duì yuē bù néng

曰：“女弗能救③与？”对曰：“不能。”

孔子对冉有说：“你不能劝阻他吗？”冉有回答说：“不能。”

zǐ yuē wū hū zēng wèi tài shān bù rú lín fàng hū

子曰：“呜呼！曾④谓泰山不如林放乎？”

孔子说：“唉嗨！难道说祭泰山者还不如普通人林放懂礼吗？”

①旅：祭山仪式。②冉有：孔门高徒，姓冉名求，字子有。③救：劝阻。

④曾：竟然。

zǐ yuē jūn zǐ wú suǒ zhēng bì yě
3.7 子曰："君子无所争，必也
孔子说："君子没有什么可与别人争的事情。如果有的话，

shè hū yī ràng ér shēng xià ér yǐn
射①乎！揖②让而升③，下而饮，
那就是射箭比赛了！先相互作揖谦让，然后上场比试，赛后举杯共饮。

qí zhēng yě jūn zǐ
其争也君子。"
竞争也不失君子的风范。"

①射：射箭。②揖：拱手行礼。③升：上场比赛。

zǐ xià wèn yuē qiǎo xiào qiàn xī měi mù pàn xī
3.8 子夏问曰："'巧笑倩①兮，美目盼②兮，
子夏问孔子："'娇巧的脸庞笑得美啊，顾盼的双眸黑又亮啊，

sù yǐ wéi xuàn xī hé wèi yě zǐ yuē
素③以为绚④兮。'何谓也？"子曰：
白绢上的花卉色彩绚啊。'这诗有什么含义呢？"孔子回答说：

huì shì hòu sù yuē lǐ
"绘⑤事后素。"曰："礼
"先要有素白底子，然后才好绘画。"子夏说："那么，是不是说

hòu hū zǐ yuē qǐ yú zhě shāng yě
后乎？"子曰："起予⑥者商也，
人有仁心后才能践行礼呢？"孔子说："能阐发我见的人数你卜商啊，

shǐ kě yǔ yán shī yǐ yǐ
始可与言诗已矣。"
现在可以同你谈《诗》了。"

①倩：笑得好看。②盼：眼睛黑白分明。③素：白色的生绢。④绚：色彩华丽。⑤绘：绘画。⑥予：我。

zǐ yuē xià lǐ wú néng yán zhī qǐ bù zú zhēng yě
3.9 子曰："夏礼吾能言之，杞①不足征②也；
孔子说："夏朝的礼，我能说出来，但是它的后代杞国不足为证；

yīn lǐ wú néng yán zhī sòng bù zú zhēng yě
殷礼吾能言之，宋不足征也。
殷朝的礼，我能说出来，但它的后代宋国不足以为证。
wén xiàn bù zú gù yě
文献③不足故也。
因为关于它们的文字资料和熟悉夏殷礼的贤者不足的缘故。
zú zé wú néng zhēng zhī yǐ
足，则吾能征之矣。”
如果足够的话，我就可以用它们来作印证了。”

①杞：春秋时国名，是夏禹的后裔。②征：证明。③文献：文，指历史典籍；献，指贤人。

zǐ yuē dì zì jì guàn ér wǎng zhě
3.10 子曰：“禘①自既灌②而往者，
孔子说：“行禘礼的仪式，从第一次献酒以后，
wú bú yù guān zhī yǐ
吾不欲观之矣。”
我就不想再看了。”

①禘：古代只有天子才可以举行的祭祀祖先的非常隆重的典礼。②灌：禘礼中第一次献酒。

huò wèn dì zhī shuō zǐ yuē bù zhī yě zhī qí
3.11 或①问禘之说，子曰：“不知也。知其
有人问孔子关于举行禘祭的规则。孔子说：“我不知道。知道
shuō zhě zhī yú tiān xià yě qí rú zhì zhū sī hū
说者之于天下也，其如示②诸斯③乎！”
这种规则的人，对治理天下，就会像把东西摆在这里一样容易吧！”
zhǐ qí zhǎng
指其掌。
一边说着，一边指着他的手掌。

①或：有人。②示：同“置”，置放之意。③斯：代指后面的“掌”。

jì rú zài, jì shén rú shén zài。 zǐ yuē:

3.12 祭如在，祭神如神在。子曰：

祭祀祖先就像祖先真在面前，祭神就像神真在那里。孔子说：

wú bú yù jì, rú bú jì。

“吾不与[1]祭，如不祭。”

“我如果不能诚心亲自祭祀，就像没有祭祀一样。”

①与：参与。

wáng sūn jiǎ wèn yuē: yǔ qí mèi yú ào, nìng mèi yú zào,

3.13 王孙贾[1]问曰：“与其媚于奥[2]，宁媚于灶[3]，

王孙贾问道：“所谓‘与其奉承奥神，不如奉承灶神’，

hé wèi yě? zǐ yuē: bù rán。 huò zuì yú tiān,

何谓也？”子曰：“不然。获罪于天，

这话是什么意思？”孔子说：“不是这样的。如果冒犯了天，

wú suǒ dǎo yě。

无所祷也。”

那就没有地方可以祷告了。”

①王孙贾：卫国大夫。②奥：古时祭主神或尊者居坐的房屋西南角。③灶：灶神。

zǐ yuē: zhōu jiàn yú èr dài, yù yù hū wén zāi,

3.14 子曰：“周监[1]于二代[2]，郁郁[3]乎文[4]哉，

孔子说：“周朝借鉴了夏、商二代的文明，它的礼仪制度是多

wú cóng zhōu。

吾从周。”

么丰富鼎盛啊。我遵崇周朝。”

①监：同“鉴”。②二代：夏代和商代。③郁郁：丰富、繁盛。④文：礼乐制度。

zǐ rù tài miào, měi shì wèn。 huò yuē: shú wèi zōu rén zhī zǐ

3.15 子入太庙[1]，每事问。或曰：“孰谓鄹[2]人之子

孔子到了太庙，每件事都要问。有人说：“谁说孔丘这个人

zhī lǐ hū rù tài miào měi shì wèn
知礼乎？入太庙，每事问。”
懂得礼呀，他到了太庙里，什么事都要问别人。”

zǐ wén zhī yuē shì lǐ yě
子闻之，曰：“是礼也。”
孔子听到此话后说：“这就是礼呀！”

①太庙：鲁祭周公庙。②鄹：孔子的父亲做过鄹的邑宰。

zǐ yuē shè bù zhǔ pí wèi lì bù tóng kē
3.16 子曰：“射不主皮①，为力不同科②，
孔子说：“射艺主要不在穿透靶子而在中的，因为各人发力不同。

gǔ zhī dào yě
古之道也。”
是自古以来的规则。”

①皮：皮革制作的靶。②科：等级。

zǐ gòng yù qù gù shuò zhī xì yáng zǐ yuē
3.17 子贡欲去①告朔②之饩③羊。子曰：
子贡想要省去每月初一进行的告朔祭祀用的羊。孔子说：

cì yě ěr ài qí yáng wǒ ài qí lǐ
“赐也！尔爱④其羊，我爱其礼。”
“赐呀，你珍惜的是那只羊，我珍惜的是那种礼呀！”

①去：取消。②告朔：古代一种祭祀礼仪。③饩：生肉。④爱：珍惜。

zǐ yuē shì jūn jìn lǐ rén yǐ wéi chǎn yě
3.18 子曰：“事君尽礼，人以为谄也。”
孔子说：“事奉君上应当尽心依礼，人却误以为这是谄媚啊。”

dìng gōng wèn jūn shǐ chén chén shì jūn rú zhī hé
3.19 定公问：“君使臣，臣事君，如之何？”
鲁定公问孔子：“君主任用臣子，臣子事奉君主，各应该怎样呢？”

kǒng zǐ duì yuē jūn shǐ chén yǐ lǐ chén shì jūn yǐ zhōng
孔子对曰："君使臣以礼，臣事君以忠。"
孔子回答说："君主当以礼节善使臣子，臣子当以忠诚事奉君主。"

zǐ yuē guān jū lè ér bù yín āi ér bù shāng
3.20 子曰："《关雎》，乐而不淫[1]，哀而不伤。"

孔子说："《诗经·关雎》这篇诗，快乐而不放纵，忧愁而不悲伤。"

①淫：过度，无节制。

āi gōng wèn shè yú zǎi wǒ zǎi wǒ duì yuē
3.21 哀公问社[1]于宰我[2]，宰我对曰：
鲁哀公问宰我土地神的神庙应该用什么树木建造，宰我回答：
xià hòu shì yǐ sōng yīn rén yǐ bǎi zhōu rén yǐ lì yuē
"夏后氏以松，殷人以柏，周人以栗，曰：
"夏朝用松树，商朝用柏树，周朝用栗子树。用栗子树的意思是说：
shǐ mín zhàn lì zǐ wén zhī yuē chéng shì bù shuō
使民战栗[3]。"子闻之，曰："成事不说[4]，
使老百姓战栗。" 孔子听到后说："已经做过的事不用解释了，
suì shì bú jiàn jì wǎng bú jiù
遂[5]事不谏[6]，既往不咎[7]。"
已经完成的事不用再去劝阻了，已经过去的事也不必再追究了。"

①社：土地神，土神庙。②宰我：孔门"十哲"之一，姓宰名予，字子我。③战栗：恐惧发抖。④说：解释。⑤遂：完成。⑥谏：劝阻。⑦咎：归罪，责备。

zǐ yuē guǎn zhòng zhī qì xiǎo zāi huò yuē guǎn zhòng
3.22 子曰："管仲之器[1]小哉！"或曰："管仲

孔子说："管仲这个人的器量真是狭小呀！"有人说："管仲
jiǎn hū yuē guǎn shì yǒu sān guī guān shì bú shè
俭[2]乎？"曰："管氏有三归[3]，官事不摄[4]，
节俭吗？"孔子说："他有三处豪宅府第，各宅都设有多名管事一人一职，
yān dé jiǎn rán zé guǎn zhòng zhī lǐ hū yuē
焉得俭？""然则管仲知礼乎？"曰：
怎么谈得上节俭呢？"人又问："那么管仲知礼吗？"孔子回答：

bāng jūn shù sè mén guǎn shì yì shù sè mén bāng jūn wéi liǎng jūn zhī hǎo

“邦君树塞门⑤，管氏亦树塞门；邦君为两君之好

“国君宫殿兴建照壁，管仲豪宅门口也建照壁；国君同别国国君举行宴

yǒu fǎn diàn guǎn shì yì yǒu fǎn diàn guǎn shì ér zhī lǐ

有反坫⑥，管氏亦有反坫。管氏而知礼，

会时特制安放酒杯的设备，管仲也有这样的设备。如果说管仲知礼，

shú bù zhī lǐ

孰不知礼？”

那还有谁不知礼呢？”

①器：器量。②俭：节俭。③三归：三处府邸。④摄：兼任。⑤塞门：在大门口筑的短墙，相当于照壁。⑥坫：坫土筑的国宴特用平台。

zǐ yù lǔ tài shī yuè yuē yuè qí kě zhī yě

3.23 子语鲁大师①乐，曰：“乐其可知也：

孔子与鲁国乐官谈论音乐演奏，孔子说：“音乐演奏的规律是不难明白的：

shǐ zuò xī rú yě zòng zhī chún rú yě

始作，翕②如也；从③之，纯④如也，

开始，和旋齐奏，热烈繁美；接着展开，旋律和谐纯净；

jiǎo rú yě yì rú yě yǐ chéng

皦⑤如也，绎⑥如也，以成。”

中间节奏明晰有致；最后余音袅袅，自然告成。”

①大师：乐官名。②翕：聚合。③从：放纵。④纯：和谐纯净。⑤皦：音节分明。⑥绎：连续不断。

yí fēng rén qǐng jiàn yuē jūn zǐ zhī zhì yú sī yě

3.24 仪封人①请见，曰：“君子之至于斯也，

仪地区的长官请求见孔子，长官说：“凡是君子到这里来，

wú wèi cháng bù dé jiàn yě cóng zhě jiàn zhī

吾未尝不得见也。”从者见之。

我从没有不得见面的。”孔子的随从学生引他见了孔子。

chū yuē èr sān zǐ hé huàn yú sàng hū

出曰：“二三子何患于丧②乎？

他出来后对孔子的学生们说：“你们几位何必担心没事做呢？

tiān xià zhī wú dào yě jiǔ yǐ tiān jiāng yǐ fū zǐ wéi mù duó
天下之无道也久矣，天将以夫子为木铎[③]。”
天下丧失道义已经很久了，上天必将以孔先生作为警醒世人的木铎的。”

①仪封人：镇守仪地的官员。②丧：失去。③木铎：天子发布政令时用的木舌铜铃。

zǐ wèi sháo jìn měi yǐ yòu jìn
3.25 子谓韶[①]：“尽美矣，又尽
孔子讲到“韶”这一乐舞时说：“形式美极了，内容协调
shàn yě wèi wǔ jìn měi yǐ
善也。”谓武[②]：“尽美矣，
也达到了极致。”谈到“武”这一乐舞时说：“形式很美，
wèi jìn shàn yě
未尽善也。”
内容协调上尚未达到最高境界。”

①韶：相传古代歌颂虞舜的一种乐舞。②武：相传歌颂周武王的一种乐舞。

zǐ yuē jū shàng bù kuān wéi lǐ bú jìng
3.26 子曰：“居上[①]不宽[②]，为礼不敬，
孔子说：“居上位却不能宽厚待人，行礼时却不庄严敬重，
lín sāng bù āi wú hé yǐ guān zhī zāi
临丧不哀，吾何以观之哉？”
遭逢丧事也不悲哀，我怎么能看得下去这种样子呢？”

①居上：居于高地位的人。②宽：宽厚。

思辨·探究·体悟

1. 本篇重点谈“礼”，涉及礼制、礼仪、礼之源流、礼与乐、内仁外礼的关系等问题。请查阅相关资料，综合撰写一篇关于探讨“礼”的本质和规范的文章。

2. “礼之用，和为贵”的“礼”指“礼貌”还是“礼仪”？怎么理解

“和”字的内涵?

3. 是“有礼走遍天下”，还是“有理走遍天下”？为什么？请举例阐述。

4. 孔子一方面否定管仲“知礼”，另一方面又肯定管仲在维护天下一统方面的贡献，肯定他为“仁者”，如何理解孔子的仁爱观?

5. 在儒家文化中“礼”与“敬”与“乐”是怎样的关系？对现代生活有何启示?

6. 尝试从文字学角度考察“知”、“智”，结合《论语》与之相关的阐述分析其意义。

7. “仁”与“礼”、 “礼”与“法”是什么关系？怎样看待传统“礼制”与现代“法制”？

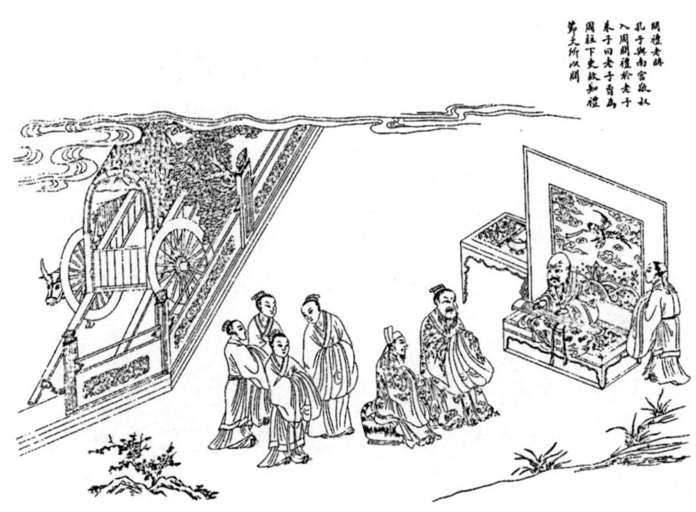

4. 里仁篇

zǐ yuē lǐ rén wéi měi zé bù
4.1 子曰：“里①仁为美。择不

孔子说：“选择与仁人相处能获得和美的结果。不选择与

chǔ rén yān dé zhì
处仁，焉得知？”

仁人相处，怎么算得上明智呢？”

①里：居住，可引申为选邻择友。

zǐ yuē bù rén zhě bù kě yǐ jiǔ chǔ yuē bù kě yǐ
4.2 子曰：“不仁者不可以久处约①，不可以

孔子说：“不仁的人不可能久处穷困中，也不可能

cháng chǔ lè rén zhě ān rén zhì zhě lì rén
长处乐。仁者安仁，知者利仁。”

长享安乐。有仁爱心的人安于仁道，有智慧的人懂得运用仁道。”

①约：穷困。

zǐ yuē wéi rén zhě néng hào rén
4.3 子曰：“唯仁者能好人，

孔子说：“只有无私心的仁人才能真正懂得喜欢什么人，

néng wù rén
能恶人。”

憎恶什么人。”

zǐ yuē gǒu zhì yú rén yǐ wú è yě
4.4 子曰：“苟志于仁矣，无恶也。”

孔子说：“如果立志于修仁，就会远离邪恶。”

zǐ yuē fù yǔ guì shì rén zhī suǒ yù yě bù yǐ qí dào dé zhī
4.5 子曰：“富与贵，是人之所欲也；不以其道得之，
孔子说：“富和贵，这是人人所企盼的；不用正当的方法得到它，
bù chǔ yě pín yǔ jiàn shì rén zhī suǒ wù yě bù yǐ qí dào
不处也。贫与贱，是人之所恶也；不以其道
我是不会享有的。穷困和低贱，是人人所厌恶的；不用正当的方法
dé zhī bú qù yě jūn zǐ qù rén wū hū chéng míng
得之，不去也。君子去仁，恶[1]乎成名？
摆脱贫贱，我宁愿不摆脱。君子若抛弃仁德，还称得上君子吗？
jūn zǐ wú zhōng shí zhī jiān wéi rén zào cì bì yú shì diān pèi bì yú shì
君子无终食之间违仁，造次必于是，颠沛必于是。”
君子一刻也离不开仁德，急忙仓促时定是这样，困顿流离时也是这样。”

①恶：疑问词。

zǐ yuē wǒ wèi jiàn hào rén zhě wù bù rén zhě
4.6 子曰：“我未见好仁者，恶不仁者。
孔子说：“我不曾见到过真正喜好仁德或憎恶不仁的人。
hào rén zhě wú yǐ shàng zhī wù bù rén zhě qí wéi rén yǐ
好仁者，无以尚之；恶不仁者，其为仁矣，
果真喜好仁的人，他心中就没有什么东西高于仁；果真憎恶不仁，
bù shǐ bù rén zhě jiā hū qí shēn yǒu néng
不使不仁者加乎其身。有能
他就是仁人了，因为他会拒绝不仁的东西沾染到自己身上。真有
yī rì yòng qí lì yú rén yǐ hū wǒ wèi jiàn lì bù zú zhě
一日用其力于仁矣乎？我未见力不足者。
整日力行于仁的人吗？我没见过力量不够的。
gài yǒu zhī yǐ wǒ wèi zhī jiàn yě
盖[1]有之矣，我未之见也。”
大概真有吧，可我未曾见过呀。”

①盖：大概。

zǐ yuē rén zhī guò yě gè yú qí dǎng guān guò
4.7 子曰：“人之过也，各于其党[1]。观过，
孔子说：“人的所谓过错，都基于各自的类型。观察他的过错，

sī zhī rén yǐ
斯知仁②矣。”
由此可推断他是哪种人了。”

①党：类别。②仁：同“人”。

zǐ yuē zhāo wén dào xī sǐ kě yǐ
4.8 子曰：“朝闻道，夕死可矣。”
孔子说：“早晨闻知真理，晚上死去都值啊。”

zǐ yuē shì zhì yú dào ér chǐ è yī è shí zhě
4.9 子曰：“士志于道，而耻恶衣恶食者，
孔子说：“立志于追求真理的读书人，却以粗衣淡饭为耻，
wèi zú yǔ yì yě
未足与议也。”
就不值得同他讨论了。”

zǐ yuē jūn zǐ zhī yú tiān xià yě wú shì yě
4.10 子曰：“君子之于天下也，无适①也，
孔子说：“君子对于天下的事情，既不倾心肯定什么，
wú mò yě yì zhī yǔ bǐ
无莫也，义之与比②。”
也不轻易否定什么，只以是否符合正义的标准来判断。”

①适：偏爱。②比：靠拢。

zǐ yuē jūn zǐ huái dé xiǎo rén huái tǔ jūn zǐ huái xíng
4.11 子曰：“君子怀德，小人怀土①；君子怀刑②，
孔子说：“君子更关心道德，小人只关心财产；君子更关心规矩，
xiǎo rén huái huì
小人怀惠③。”
小人只关心私利。”

①土：土地，引申为家产。②刑：法纪。③惠：私利。

zǐ yuē fàng yú lì ér xíng duō yuàn

4.12 子曰："放[①]于利而行，多怨。"

孔子说："做事只考虑利益，会招致很多怨恨。"

①放：依据。

zǐ yuē néng yǐ lǐ ràng wéi guó hū hé yǒu

4.13 子曰："能以礼让为[①]国乎？何有？

孔子说："能够用礼制与谦让来治理国家吗？有什么问题吗？

bù néng yǐ lǐ ràng wéi guó rú lǐ hé

不能以礼让为国，如礼何？"

如果不能用礼制与谦让治理国家，那要礼做什么呢？"

①为：治理。

zǐ yuē bú huàn wú wèi huàn suǒ yǐ lì

4.14 子曰："不患无位，患所以立。

孔子说："不要担心没有职位，要担心自己凭什么立足此位；

bú huàn mò jǐ zhī qiú wéi kě zhī yě

不患莫己知，求为可知也。"

不要担心没有人理解自己，要去寻求让人理解的做法。"

zǐ yuē shēn hū wú dào yì yǐ guàn zhī zēng zǐ yuē

4.15 子曰："参乎！吾道一以贯之。"曾子曰：

孔子说："参呀！我的学说贯穿着一个中心思想。"曾子说：

wéi zǐ chū mén rén wèn yuē hé wèi yě

"唯。"子出。门人问曰："何谓也？"

"的确如此。"孔子走出去后，同学问曾子道："指的是什么？"

zēng zǐ yuē fū zǐ zhī dào zhōng shù ér yǐ yǐ

曾子曰："夫子之道，忠[①]恕[②]而已矣。"

曾子回答："贯通老师学说的核心，不过是'忠'和'恕'罢了。"

①忠：尽心竭力。②恕：将心比心。

zǐ yuē jūn zǐ yù yú yì xiǎo rén yù yú lì

4.16 子曰："君子①喻于义，小人喻于利。"

孔子说："君子为了义而勤劳，小人为了利而勤劳。"

①喻：通"愉"，勤劳义。

zǐ yuē jiàn xián sī qí yān jiàn bù xián ér

4.17 子曰："见贤思齐焉，见不贤而

孔子说："看见贤能的人就努力向他看齐，看见不好的人就要

nèi zì xǐng yě

内自省也。"

自觉对照反省自己。"

zǐ yuē shì fù mǔ jī jiàn jiàn zhì

4.18 子曰："事父母几①谏。见志

孔子说："侍奉父母，对他们的缺点要委婉劝阻。自己的意见

bù cóng yòu jìng bù wéi láo ér bú yuàn

不从，又敬不违，劳而不怨。"

没被采纳，仍然要恭敬而不违逆，尽心操劳而不埋怨。"

①几：轻微，委婉。

zǐ yuē fù mǔ zài bù yuǎn yóu

4.19 子曰："父母在，不远游。

孔子说："父母在时，不出远门，如果要出远门，

yóu bì yǒu fāng

游必有方。"

必须告知他们自己所去的地方。"

zǐ yuē sān nián wú gǎi yú fù zhī dào

4.20 子曰："三年无改于父之道，

孔子说："如果三年还不改变其父亲教导的准则，

kě wèi xiào yǐ

可谓孝矣。"

可以称得上孝子了。"

zǐ yuē fù mǔ zhī nián bù kě bù zhī yě yì zé yǐ

4.21 子曰：“父母之年，不可不知也。一则以

孔子说：“父母的年纪不能不时时记在心呀。一方面为他们得享

xǐ yì zé yǐ jù

喜，一则以惧。”

高寿而欢喜，另一方面为他们日渐年迈而担忧。”

zǐ yuē gǔ zhě yán zhī bù chū chǐ gōng zhī bú dài yě

4.22 子曰：“古者言之不出，耻躬之不逮①也。”

孔子说：“古人的诺言不轻易出口，唯恐自己不能践行而蒙受羞耻。”

①逮：赶上。

zǐ yuē yǐ yuē shī zhī zhě xiǎn yǐ

4.23 子曰：“以约失之者鲜矣。”

孔子说：“因为对自己约束而犯错的是很少见的。”

zǐ yuē jūn zǐ yù nè yú yán ér mǐn yú xíng

4.24 子曰：“君子欲讷①于言而敏于行。”

孔子说：“君子说话要谨慎迟缓，做事要敏捷勤奋。”

①讷：语言迟钝。

zǐ yuē dé bù gū bì yǒu lín

4.25 子曰：“德不孤，必有邻。”

孔子说：“有道德的人不会孤单，一定会有人亲近。”

zǐ yóu yuē shì jūn shuò sī rǔ yǐ péng you shuò

4.26 子游曰：“事君数①，斯辱矣；朋友数，

子游说：“侍奉君主过多劝谏，就会招致羞辱；对待朋友过分唠叨，

sī shū yǐ

斯疏矣。”

就会导致疏远。”

①数：屡次，频繁。

思辨·探究·体悟

1.本篇较为集中地记载了孔子的仁学思想，着重谈了对仁者特点、追求、风度的评价。请从中概括出仁者的表现、特点和风格。

2. 本篇阐述了孔子对财富与贫穷的看法，请选用孔子的原话分析孔子的财富观。

3. 子曰：“朝闻道，夕死可矣。”表现了孔子轻生死吗？请对照 2.5 子曰：“生，事之以礼；死，葬之以礼，祭之以礼。”分析这句话的真正含义。

4. 对“君子喻于义，小人喻于利”有多种解释，请查阅、比较，谈一谈对你做人做事有何启发？

5. 怎么领悟曾子概括孔子“一以贯之”的“道”是“忠恕而已矣”？请阐述“忠恕”的心理特征。

6.“见贤思齐”与“内自省也”是一种什么心态？对个人修为有何意义？

7. 孔子认为“君子欲讷于言而敏于行”，对现代人才来说可取吗？为什么？

8.《论语》和《道德经》都有关于“道”的命题，尝试比较一下二者有何异同。

5. 公冶长篇

zǐ wèi gōng yě cháng kě qì yě suī zài léi xiè

5.1 子谓公冶长①：“可妻也。虽在缧绁②

孔子评论公冶长说：“可以把女儿嫁给他。他虽然正遭受牢狱

zhī zhōng fēi qí zuì yě yǐ qí zǐ qì zhī

之中，非其罪也。”以其子③妻之。

之难，但这并不是他的罪过呀。”于是，孔子就把自己的女儿嫁给了他。

①公冶长：姓公冶名芝，字子长。孔子的学生、女婿。②缧绁：牢狱。③子：儿女，此指女儿。

zǐ wèi nán róng bāng yǒu dào bú fèi bāng wú dào

5.2 子谓南容①：“邦有道，不废②；邦无道，

孔子评论南容说：“国家政治清明，他不会被废弃；国家政治黑暗，

miǎn yú xíng lù yǐ qí xiōng zhī zǐ qì zhī

免于刑戮③。”以其兄之子妻之。

他也不至于遭刑罚。”于是，孔子就把自己的侄女嫁给了他。

①南容：姓南宫名括，字子容。孔子的学生。②废：废置，不任用。③刑戮：刑罚。

zǐ wèi zǐ jiàn jūn zǐ zāi ruò rén lǔ wú

5.3 子谓子贱①：“君子哉若人！鲁无

孔子评论子贱说：“真正的君子呀就像这个人！如果说鲁国没有

jūn zǐ zhě sī yān qǔ sī

君子者，斯焉取斯？”

真君子，那么他从哪里学得君子的品德的呢？”

①子贱：姓宓名不齐，字子贱。孔子的学生。

zǐ gòng wèn yuē cì yě hé rú zǐ yuē rǔ qì yě

5.4 子贡问曰："赐也何如？"子曰："女，器也。"

子贡问孔子："我这个人怎么样？"孔子说："你呀，像一个有用的器具。"

yuē hé qì yě yuē hú liǎn yě

曰："何器也？"曰："瑚琏[1]也。"

子贡又问："哪种器具呢？"孔子说："庙堂里的瑚琏吧。"

①瑚琏：古代祭祀时盛粮食用的贵重器具。

huòyuē yōng yě rén ér bú nìng zǐ yuē yān yòng nìng

5.5 或曰："雍[1]也仁而不佞[2]。"子曰："焉用佞？

有人说："冉雍有仁德而不善言辞。"孔子说："巧言善辩有何用呢？

yù rén yǐ kǒu jǐ lǚ zēng yú rén bù zhī qí rén

御人以口给[3]，屡憎于人。不知其仁，

总是伶牙利齿地与人辩论，常会招人憎恶。不懂得为仁之道，

yān yòng nìng

焉用佞？"

巧言善辩有何用呢？"

①雍：孔子"十哲"之一，姓冉名雍，字仲弓。②佞：巧言善辩。③给：口才敏捷。

zǐ shǐ qī diāo kāi shì duì yuē wú sī zhī wèi

5.6 子使漆雕开[1]仕。对曰："吾斯之未

孔子让漆雕开去做官。漆雕开回答说："我对做官这件事还没

néng xìn zǐ yuè

能信。"子说。

有信心。"孔子满意地笑了。

①漆雕开：孔门德行高的学生，姓漆雕名开，字子开。

zǐ yuē dào bù xíng chéng fú fú yú hǎi

5.7 子曰："道不行，乘桴[1]浮于海。

孔子说："我的主张推行不了，就乘木筏子到海外去。

cóng wǒ zhě qí yóu yú zǐ lù wén zhī xǐ zǐ yuē

从[2]我者，其由与？"子路闻之喜。子曰：

跟从我的人大概是仲由吧？"子路听了喜形于色。孔子说：

yóu yě hào yǒng guò wǒ wú suǒ qǔ cái
“由也好勇过我，无所取材。”
“仲由啊，你好勇超过了我，但缺乏其他可取的才能。”

①桴：木筏子。②从：跟随。

mèng wǔ bó wèn zǐ lù rén hū zǐ yuē
5.8 孟武伯[①]问：“子路仁乎？”子曰：
孟武伯问孔子：“子路做到仁了吗？”孔子说：
bù zhī yě yòu wèn zǐ yuē yóu yě qiān shèng
“不知也。”又问。子曰：“由也，千乘
“说不上呀。”孟武伯又问。孔子说：“仲由嘛，在拥有一千辆兵
zhī guó kě shǐ zhì qí fù yě bù zhī qí rén yě
之国，可使治其赋[②]也，不知其仁也。”
车的国家里，可以让他负责军政工作，但不知道他是否能做到仁。”
qiú yě hé rú zǐ yuē qiú yě
“求也何如？”子曰：“求也，
孟武伯又问：“冉求这个人怎么样？”孔子说：“冉求啊，
qiān shì zhī yì bǎi shèng zhī jiā kě shǐ wéi zhī zǎi yě
千室之邑，百乘之家，可使为之宰[③]也，
可以让他在一个有千户人家的都邑，或者在有百辆兵车的封地做官长，
bù zhī qí rén yě chì yě hé rú zǐ yuē
不知其仁也。”“赤[④]也何如？”子曰：
但也不知道他是否能做到仁。”“公西赤又怎么样呢？”孔子说：
chì yě shù dài lì yú cháo kě shǐ yǔ bīn kè yán yě
“赤也，束带立于朝，可使与宾客言也，
“公西赤嘛，可让他穿着礼服站在朝堂，与宾客交流，
bù zhī qí rén yě
不知其仁也。”
我也不知道他是否能做到仁。”

①孟武伯：姓仲孙名彘。②赋：军政事务。③宰：古官名。④赤：孔子的学生公西华，姓公西名赤，字子华。

zǐ wèi zǐ gòng yuē rǔ yǔ huí yě shú yù duì yuē
5.9 子谓子贡曰：“女与回也孰愈[1]？”对曰：
孔子对子贡说：“你和颜回相比谁更强一些呢？”子贡回答说：
cì yě hé gǎn wàng huí huí yě wén yī yǐ zhī shí cì yě wén yī
“赐也何敢望回？回也闻一以知十，赐也闻一
“我怎么敢和颜回相比呢？颜回呀能闻一知十，我呢，只能闻一
yǐ zhī èr zǐ yuē fú rú yě wú yǔ rǔ fú rú yě
以知二。”子曰：“弗如也；吾与女弗如也。”
知二。”孔子说：“是不如他呀。我和你都不如他呀。”

①愈：胜过。

zǎi yǔ zhòu qǐn zǐ yuē xiǔ mù bù kě diāo yě fèn tǔ zhī qiáng
5.10 宰予昼寝。子曰：“朽木不可雕也，粪土之墙
宰予白天睡觉。孔子说：“腐朽的木头无法雕刻，粪土垒的墙壁
bù kě wū yě yú yǔ yǔ hé zhū zǐ yuē shǐ wú yú rén yě
不可杇[1]也；于予与何诛[2]？”子曰：“始吾于人也，
无法粉刷；对宰予这个人还能责备什么呢？”孔子又说：“起初我对人，
tīng qí yán ér xìn qí xíng jīn wú yú rén yě tīng qí yán ér guān
听其言而信其行；今吾于人也，听其言而观
听他的话便相信他的行为；现在我对人，听他的话还要观察他的
qí xíng yú yǔ yǔ gǎi shì
其行。于予与改是。”
行为。通过宰予我改变了对人的看法。”

①杇：粉刷。②诛：批评。

zǐ yuē wú wèi jiàn gāng zhě huò duì yuē shēn chéng
5.11 子曰：“吾未见刚者。”或对曰：“申枨。”
孔子说：“我没有见过刚正的人。”有人回答说：“申枨就是。”
zǐ yuē chéng yě yù yān dé gāng
子曰：“枨也欲，焉得刚？”
孔子说：“申枨啊欲望多，怎么能够刚正呢？”

zǐ gòng yuē wǒ bú yù rén zhī jiā zhū wǒ yě wú yì yù wú

5.12 子贡曰："我不欲人之加诸我也，吾亦欲无

子贡说："我不愿意别人强加给我什么，我也不愿强

jiā zhū rén zǐ yuē cì yě fēi ěr suǒ jí yě

加诸人。"子曰："赐也，非尔所及也。"

加给别人什么。"孔子说："赐呀，这境界不是你力所能及的啊。"

zǐ gòng yuē fū zǐ zhī wén zhāng kě dé ér wén yě

5.13 子贡曰："夫子之文章，可得而闻也；

子贡说："老师传授的礼乐诗书知识，依靠耳闻目睹便能够获得；

fū zi zhī yán xìng yǔ tiān dào bù kě dé ér wén yě

夫子之言性与天道，不可得而闻也。"

老师谈论的人性和天道，依靠耳闻目睹则难以获得。"

zǐ lù yǒu wén wèi zhī néng xíng wéi kǒng yǒu wén

5.14 子路有闻，未之能行，唯恐有闻。

子路听到一条道理，但还没能躬行实践，只怕再听到新的道理。

zǐ gòng wèn yuē kǒng wén zǐ hé yǐ wèi zhī wén yě zǐ yuē

5.15 子贡问曰："孔文子①何以谓之'文'也？"子曰：

子贡问道："为什么给孔文子一个'文'的谥号呢？"孔子说：

mǐn ér hào xué bù chǐ xià wèn

"敏而好学，不耻下问，

"他聪敏勤勉而又好学，不以向比他地位低下的人请教为耻，

shì yǐ wèi zhī wén yě

是以谓之'文'也。"

所以给他谥号叫'文'。"

①孔文子：卫国大夫仲孙圉。

zǐ wèi zǐ chǎn yǒu jūn zǐ zhī dào sì yān qí xíng jǐ yě gōng

5.16 子谓子产①有君子之道四焉：其行己也恭，

孔子评论子产说他有合乎君子风范的四种品行：行为律己常谨慎，

qí shì shàng yě jìng qí yǎng mín yě huì qí shǐ mín yě yì

其事上也敬，其养民也惠，其使民也义。

对待上级持敬重，养护百姓讲实惠，使用民力合义理。

①子产：郑国外交家，姓公孙名侨。

zǐ yuē yàn píng zhòng shàn yǔ rén jiāo jiǔ ér jìng zhī

5.17 子曰：“晏平仲[1]善与人交，久而敬之。”

孔子说：“晏平仲善与人交往，相识再久他依然对对方保持尊敬的态度。”

①晏平仲：齐国著名政治家晏婴。

zǐ yuē zāng wén zhòng jū cài shān jié

5.18 子曰：“臧文仲居蔡[1]，山节[2]

孔子说：“臧文仲将蔡龟安居在斗拱雕成山形短柱且画有花草

zǎo zhuō hé rú qí zhì yě

藻棁[3]，何如其知也！”

的宗庙般的屋子中，这是一种怎样的智慧呢？”

①蔡：蔡产名龟的代称。②节：柱上的斗拱。③棁：房梁上的短柱。

zǐ zhāng wèn yuē lìng yǐn zǐ wén sān shì wéi lìng yǐn wú xǐ sè

5.19 子张问曰：“令尹子文三仕[1]为令尹，无喜色；

子张问孔子说：“令尹子文三次做楚国宰相，不见他喜形于色；

sān yǐ zhī wú yùn sè jiù lìng yǐn zhī zhèng bì yǐ gào

三已[2]之，无愠色。旧令尹之政，必以告

三次被罢免，也没有显出怨恨的样子。每一回还一定把自己任上的政务告诉

xīn lìng yǐn hé rú zǐ yuē zhōng yǐ yuē

新令尹。何如？”子曰：“忠矣。”曰：

给接任的令尹。这个人怎么样？”孔子说：“这是忠诚职守呀。”子张问：

rén yǐ hū yuē wèi zhī yān dé rén

“仁矣乎？”曰：“未知。焉得仁？”

“算得上仁了吗？”孔子说：“不知道。能算得上仁吗？”

cuī zǐ shì qí jūn chén wén zǐ yǒu mǎ shí shèng qì ér wéi zhī

“崔子弑齐君，陈文子有马十乘，弃而违[3]之。

“崔杼杀了君主齐庄公，家有十辆马车的富豪陈文子，因此舍弃并离开了齐国。

zhì yú tā bāng zé yuē yóu wú dà fū cuī zǐ yě
至于他邦，则曰：‘犹吾大夫崔子也。’
到了其他国家，他说：‘这里的执政者和我们的大夫崔子差不多。’
wéi zhī zhī yì bāng zé yòu yuē yóu wú dà fū
违之。之一邦，则又曰：‘犹吾大夫
就离开了。到了另一个国家，又说：‘这里的执政者和我们的大夫
cuī zǐ yě wéi zhī hé rú zǐ yuē qīng yǐ
崔子也。’违之，何如？”子曰：“清④矣。”
崔子也差不多。’又离开了。这个人怎么样？”孔子说：“可算得上清高了。”
yuē rén yǐ hū yuē wèi zhī yān dé rén
曰：“仁矣乎？”曰：“未知，焉得仁？”
子张说：“可算作仁吗？”孔子说：“不知道。能算得上仁吗？”

①仕：出仕做官。②已：停职。③违：离开。④清：可视为维护礼而献身的殉道精神。

jì wén zǐ sān sī ér hòu xíng zǐ wén zhī yuē
5.20 季文子三思而后行。子闻之，曰：
季文子每件事考虑多次才行动。孔子听后，说：
zài sī kě yǐ
“再，斯可矣。”
“思考两次，就可以了。”

zǐ yuē nìng wǔ zǐ bāng yǒu dào zé zhì
5.21 子曰：“宁武子，邦有道，则知；
孔子说：“宁武子为人，国家政治清明就积极奉献才智，
bāng wú dào zé yú qí zhì kě jí yě
邦无道，则愚①。其知可及也，
国家政治黑暗就装傻隐退。他的积极献智是容易效仿的，
qí yú bù kě jí yě
其愚不可及也。”
他的大智若愚就很难企及了。”

①愚：装傻。

zǐ zài chén yuē guī yú guī yú wú dǎng zhī xiǎo zǐ
5.22 子在陈，曰：“归与！归与！吾党[①]之小子[②]
孔子在陈国，说：“回去吧！回去吧！我同乡的弟子们，虽然
kuáng jiǎn fěi rán chéng zhāng bù zhī suǒ yǐ
狂简[③]，斐然[④]成章，不知所以
学会了在竹简上潇洒挥毫，文采出众自然成章，但不知道怎样
cái zhī
裁之。”
来修炼节制自己。”

①党：家乡。②小子：指学生。③狂简：在竹筒上舞文弄墨。④斐然：有文采的样子。

zǐ yuē bó yí shū qí bú niàn jiù è yuàn shì yòng xī
5.23 子曰：“伯夷、叔齐[①]不念旧恶，怨是用希[②]。”
孔子说：“伯夷、叔齐不记过去的仇恨，所以就很少有积怨。”

①伯夷、叔齐：商朝末年小侯国孤竹君的两个儿子。起初，孤竹君欲立次子叔齐为继承人。孤竹君死后，叔齐让位于伯夷。伯夷不受，兄弟相偕离周，投奔西伯（即周文王）。西伯死后，武王东进伐纣，他和叔齐叩马而谏，以为父丧而用兵，是不孝不仁。武王灭商后，他们逃到首阳山（今山西永济南），不食周粟，饥饿而死。②希：同“稀”。

zǐ yuē shú wèi wēi shēng gāo zhí huò qǐ xī yān
5.24 子曰：“孰谓微生高[①]直？或乞醯[②]焉，
孔子说：“谁说微生高这个人直率？有人向他讨点醋，
qǐ zhū qí lín ér yǔ zhī
乞诸其邻而与之。”
他却向邻居讨借来给人。”

①微生高：即尾声高，以守信正直著称。传说曾与女子约会桥下，水涨不去，抱柱而死。故有成语“尾生抱柱”。②醯：醋。

zǐ yuē qiǎo yán lìng sè zú gōng zuǒ qiū míng chǐ zhī
5.25 子曰：“巧言、令色、足恭[①]，左丘明耻之，
孔子说：“花言巧语，装腔作势，过分恭顺，左丘明认为可耻，

qiū yì chǐ zhī nì yuàn ér yǒu qí rén zuǒ qiū míng chǐ zhī
丘亦耻之。匿[2]怨而友其人，左丘明耻之，
我也认为可耻。内心里藏着怨恨，表面上与人交朋友，左丘明认为可耻，
qiū yì chǐ zhī
丘亦耻之。"
我也认为可耻。"

①足恭：以特别的手脚行为表示过分的恭维。②匿：把……藏起来。

yán yuān jì lù shì zǐ yuē hé gè yán
5.26 颜渊季路侍[1]。子曰："盍[2]各言
颜渊、子路两人侍立在孔子旁边。孔子说："你们何不说说各
ěr zhì zǐ lù yuē yuàn chē mǎ yī qīng qiú yǔ péng you gòng
尔志？"子路曰："愿车马衣轻裘与朋友共
自的志向？"子路说："我愿意把自己的车马和高贵皮衣与朋友共享，
bì zhī ér wú hàn yán yuān yuē yuàn wú fá shàn
敝之而无憾。"颜渊曰："愿无伐[3]善，
用坏了也不觉得遗憾。"颜渊说："我愿意对人行善而不夸耀，
wú shī láo zǐ lù yuē yuàn wén zǐ zhī zhì
无施[4]劳。"子路曰："愿闻子之志。"
对人有助而不居功。"子路对孔子说："希望听听您的志向。"
zǐ yuē lǎo zhě ān zhī péng you xìn zhī shào zhě huái zhī
子曰："老者安之，朋友信之，少者怀之。"
孔子说："让老一辈安逸舒心，使朋友间彼此信任，给年轻人关怀恩惠。"

①侍：在旁陪伴。②盍：何不，为什么不。③伐：夸耀。④施：显示，自居。

zǐ yuē yǐ yǐ hū wú wèi jiàn néng jiàn qí guò ér
5.27 子曰："已矣乎！吾未见能见其过而
孔子说："算了吧！我还没见过能够看到自己的错误而
nèi zì sòng zhě yě
内自讼者也。"
又能从内心反省自责的人啊。"

5.28 子曰："十室之邑，必有忠信如丘者焉，不如丘之好学也。"

孔子说："十户人家的小地方，一定有像我这样忠诚守信的人，只是不如我这么好学啊。"

思辨·探究·体悟

1\. 此篇主要谈怎样力行仁和依据仁对人物的品评。请尝试从这些品评中概括出孔子眼中的仁德标准。

2\. 4.3 子曰："唯仁者能好人，能恶人。"有人认为交友应爱憎分明，对朋友的错误不能迁就；有人认为孔子太不宽容，竟然连给别人改正错误的机会都没有；还有人觉得它与"君子之过也，如日月之食焉。过也，人皆见之；更也，人皆仰之"（19.21）相矛盾。你怎么看？请就此问题各抒己见，展开讨论。

3\. 孔子称赞颜回"闻一知十"，还自谦"弗如也"，表现了孔子提倡怎样的学习观？孔子是如何对待师生和看待教与学的关系的？

4\. 宰予是一位能言善辩的高才生，天资聪慧，好思敢为，勇于革新，孔子曾经对他有高度评价。但 5.10 章孔子为什么会批评宰予？批评得是否恰当？宰予是怎样做的？从中你受到什么启发？

5\. 5.17 子曰："晏平仲善与人交，久而敬之。"其中的"之"，所指代的对象有两说：一说指晏子，另一说是指晏子所交之人。请联系 4.26 章及 12.23 章，分析一下哪一种说法更为合理？

6\. 孔子为什么说不必"三思而后行"（5.20）？他的观点本质是什么？

6. 雍也篇

zǐ yuē yōng yě kě shǐ nán miàn

6.1 子曰："雍[1]也可使南面[2]。"

孔子说："冉雍这个人啊，可以去从政。"

①雍：孔子的学生，姓冉名雍，字仲弓。②南面：面朝南。古代以面向南为尊位。

zhòng gōng wèn zǐ sāng bó zǐ zǐ yuē kě yě jiǎn

6.2 仲弓问子桑伯子[1]。子曰："可也，简。"

仲弓问孔子子桑伯子这个人怎么样。孔子说："不错啊，办事简练。"

zhòng gōng yuē jū jìng ér xíng jiǎn yǐ lín qí mín bú yì kě hū

仲弓曰："居敬而行简，以临[2]其民，不亦可乎？

仲弓说："心存敬重而行事简要，以此治理百姓，这样可行吗？

jū jiǎn ér xíng jiǎn wú nǎi dài jiǎn hū zǐ yuē yōng zhī yán rán

居简而行简，无乃大简[3]乎？"子曰："雍之言然。"

若存心简单而草率行事，恐怕就太简单了吧？"孔子说："冉雍说得对。"

①子桑伯子：人名，生平未详。②临：面临、面对。有"治理"的意思。③无乃：语气词，恐怕。大：同"太"。

āi gōng wèn dì zǐ shú wéi hào xué kǒng zǐ duì yuē

6.3 哀公问："弟子孰为好学？"孔子对曰：

鲁哀公问孔子："你的学生中哪个好学？"孔子回答说：

yǒu yán huí zhě hào xué bù qiān nù bú èr guò

"有颜回者好学，不迁怒，不贰过，

"有一个叫颜回的学生好学，他从不迁怒于人，不重犯同样的错误。

雍也篇

bú xìng duǎn mìng sǐ yǐ jīn yě zé wú wèi wén hào xué zhě yě
不幸短命死矣。今也则亡，未闻好学者也。”
不幸他英年早逝。现在却没有了，再没有听说过好学的人了。”

zǐ huá shǐ yú qí rǎn zǐ wéi qí mǔ qǐng sù zǐ yuē
6.4 子华①使于齐，冉子②为其母请粟。子曰：
子华出使齐国，冉有替他的母亲向孔子请求一些小米。孔子说：
yǔ zhī fǔ qǐng yì yuē yǔ zhī yǔ rǎn zǐ yǔ zhī
“与之釜③。”请益。曰：“与之庾④。”冉子与之
“给他一釜。”冉有请求加一些。孔子说：“再加一庾。”冉有却给
sù wǔ bǐng zǐ yuē chì zhī shì qí yě chéng féi mǎ
粟五秉⑤。子曰：“赤之适齐也，乘肥马，
了子华母亲八十斛。孔子说：“公西赤出使齐国时，乘着肥马宝车，
yì qīng qiú wú wén zhī yě jūn zǐ zhōu jí
衣轻裘。吾闻之也：君子周急
穿着轻暖皮袍。我听说啊：君子只周济急需救济的人，
bú jì fù
不济富。”
而不周济富庶的人。”

①子华：姓公西名赤，字子华，孔子的学生，比孔子小42岁。②冉子：冉有，在《论语》书中被孔子弟子称为“子”的只有四五个人，冉有即其中之一。③釜：古代量器名，一釜约等于六斗四升。④庾：古代量器名，一庾等于二斗四升。⑤秉：古代量器名，一秉为十六斛。一斛为十斗。

yuán sī wéi zhī zǎi yǔ zhī sù jiǔ bǎi cí
6.5 原思①为之宰，与之粟九百，辞。
原思任孔子家的总管，孔子给他小米九百斛，原思推辞不要。
zǐ yuē wú yǐ yǔ ěr lín lǐ xiāng dǎng hū
子曰：“毋，以与尔邻里乡党②乎!”
孔子说：“不要推辞。多的可以给你的乡亲们嘛!”

①原思：孔门七十二贤之一，姓原名宪，字子思，一生安贫乐道。②乡党：相传古代以5家为一邻，25家为一里，3600家为一乡，500家为一党。

zǐ wèi zhòng gōng yuē lí niú zhī zǐ xīng qiě jiǎo

6.6 子谓仲弓，曰："犁牛之子骍且角[①]。

孔子在谈到仲弓时说："耕牛产下的牛犊长着红色的毛和端正的角。

suī yù wù yòng shān chuān qí shě zhū

虽欲勿用，山川其舍诸[②]？"

尽管人们不想用它做祭品，山川之神难道会舍弃它吗？"

①骍：红色。角：意指牛角长得周正。专备祭祀用的牛要毛色红、角周正。
②古代不用普通耕牛和耕牛牛犊做祭品。这里比喻仲弓虽出身卑贱，但良才可用。

zǐ yuē huí yě qí xīn sān yuè bù wéi rén qí yú zé

6.7 子曰："回也，其心三月不违仁，其余则

孔子说："颜回啊，他心中长久不违背仁，其余的学生只能在

rì yuè zhì yān ér yǐ yǐ

日月至焉而已矣。"

一天半月内做到仁罢了。"

jì kāng zǐ wèn zhòng yóu kě shǐ cóng zhèng yě yú zǐ yuē yóu

6.8 季康子问："仲由可使从政也与？"子曰："由

季康子问孔子："仲由这个人可以让他从政吗？"孔子说："仲由

yě guǒ yú cóng zhèng hū hé yǒu yuē cì yě kě shǐ cóng zhèng yě yú

也果，于从政乎何有？"曰："赐也可使从政也与？"

做事果断，从政有什么困难呢？"又问："端木赐可以让他从政吗？"

yuē cì yě dá yú cóng zhèng hū hé yǒu yuē qiú yě

曰："赐也达，于从政乎何有？"曰："求也

孔子说："端木赐通达事理，从政有什么困难呢？"又问："冉求

kě shǐ cóng zhèng yě yú yuē qiú yě yì yú cóng zhèng hū hé yǒu

可使从政也与？"曰："求也艺，于从政乎，何有？"

可以让他从政吗？"孔子说："冉求多才艺，从政有什么困难呢？"

jì shì shǐ mǐn zǐ qiān wéi bì zǎi mǐn zǐ qiān yuē shàn wéi wǒ

6.9 季氏使闵子骞[①]为费[②]宰，闵子骞曰："善为我

季氏派人请闵子骞做费邑的长官，闵子骞对来人说："请好生替我

cí yān　rú yǒu fù wǒ zé wú bì zài wèn　shàng yǐ
辞焉！如有复我则吾必在汶③上矣。”
辞掉吧！如果再来找我，那我一定跑到国外的汶水去了。”

①闵子骞：姓闵名损，字子骞，鲁国人，孔子的学生。②费：季氏的封邑，在今山东费县西北一带。③汶：水名，即今山东大汶河。齐国之地。

bó niú　yǒu jí　zǐ wèn zhī　zì yǒu zhí qí shǒu　yuē
6.10 伯牛①有疾，子问之，自牖执其手。曰：
伯牛患了重病，孔子去探望他，通过窗户握着他的手。感叹道：
wú zhī　mìng yǐ fú　sī rén yě ér yǒu sī jí yě
“亡之，命矣夫，斯人也而有斯疾也！
“没道理呀，真是命啊！这样的人怎会得这样的病啊，
sī rén yě ér yǒu sī jí yě
斯人也而有斯疾也！”
这样的人怎会得这样的病啊！”

①伯牛：姓冉名耕，字伯牛，鲁国人，孔门十哲之一。

zǐ yuē　xián zāi　huí yě　yì dān shí　yì piáo yǐn　zài lòu xiàng
6.11 子曰：“贤哉，回也！一箪①食，一瓢饮，在陋巷，
孔子说：“贤德啊，颜回！一竹筒饭，一木瓢水，住在穷巷陋室，
rén bù kān qí yōu　huí yě bù gǎi qí lè　xián zāi　huí yě
人不堪其忧，回也不改其乐。贤哉，回也！”
一般人都忍受不了这种忧苦，颜回却不改他的快乐。贤德啊，颜回！”

①箪：古代盛饭用的竹器。

rǎn qiú yuē　fēi bú yuè zǐ zhī dào　lì bù zú yě　zǐ yuē
6.12 冉求曰：“非不说子之道，力不足也。”子曰：
冉求说：“我不是不喜欢您的学说，是我的能力不够呀。”孔子说：
lì bù zú zhě　zhōng dào ér fèi　jīn rǔ huà
“力不足者，中道而废。今女画。”
“如果真是能力不够，走到半路才停下。现在你却先给自己画上了止步线。”

zǐ wèi zǐ xià yuē　rǔ wéi jūn zǐ rú　wú wéi xiǎo rén rú

6.13 子谓子夏曰："女为君子儒，无为小人儒。"

孔子对子夏说："你要做君子式的儒者，不要去做小人式的儒者。"

zǐ yóu wéi wǔ chéng zǎi　zǐ yuē　rǔ dé rén yān ěr hū

6.14 子游为武城[1]宰。子曰："女得人焉尔乎？"

子游做了武城的长官。孔子说："你在那里得到了人才吗？"

yuē　yǒu dàn tái miè míng　zhě　xíng bù yóu jìng

曰："有澹台灭明[2]者，行不由径，

子游回答说："有一个叫澹台灭明的人，从来不走歪门小道，

fēi gōng shì　wèi cháng zhì yú yǎn　zhī shì yě

非公事，未尝至于偃[3]之室也。"

没有公事，从不到我屋子里来。"

①武城：鲁国的小城邑，在今山东费县境内。②澹台灭明：姓澹台名灭明，字子羽，武城人，后来成为孔子弟子。③偃：言偃，即子游，这是他自称其名。

zǐ yuē　mèng zhī fǎn　bù fá　bēn ér diàn

6.15 子曰："孟之反[1]不伐，奔而殿，

孔子说："孟之反不夸耀自己。败退的时候，他甘做殿后，

jiāng rù mén　cè qí mǎ　yuē　fēi gǎn hòu yě

将入门，策其马，曰：'非敢后也，

快进城门的时候，他却鞭打着自己的马说：'不是我敢于殿后，

mǎ bú jìn yě

马不进也。'"

是马不肯跑呀。'"

①孟之反：名侧，鲁国大夫，为人勇猛。

zǐ yuē　bù yǒu zhù tuó　zhī nìng　ér yǒu sòng zhāo

6.16 子曰："不有祝鮀[1]之佞，而有宋朝[2]

孔子说："如果没有祝鮀那样的口才，只有宋国公子朝的

zhī měi nán hū miǎn yú jīn zhī shì yǐ
之美，难乎免于今之世矣。”
美貌，在当今之世怕不易避免祸害了。”

①祝鮀：卫国大夫，字子鱼，以能言善辩受到卫灵公重用。②宋朝：宋国的公子朝，《左传》中记载他曾因美貌而惹起大乱。

zǐ yuē shéi néng chū bù yóu hù hé mò yóu
6.17 子曰：“谁能出不由户？何莫由
孔子说：“谁能够出入不通过屋门？为什么没有人懂得走
sī dào yě
斯道也？”
这条仁道呢？”

zǐ yuē zhì shèng wén zé yě
6.18 子曰：“质胜文[①]则野，
孔子说：“本色的质朴超过了后天的文化修养就粗野；
wén shèng zhì zé shǐ wén zhì bīn bīn
文胜质则史[②]。文质彬彬[③]，
文化修养超过了质朴本色就造作。两者配合协调，
rán hòu jūn zǐ
然后君子。”
这样才称得上是君子。”

①质：本质、内涵、质朴、质地。文：纹饰、修养、文采、仪表。②史：矫揉造作，虚浮。③彬彬：文质兼备，自然融和的样子。

zǐ yuē rén zhī shēng yě zhí wǎng zhī shēng yě
6.19 子曰：“人之生也直，罔[①]之生也
孔子说：“人的生存当立于正直，不正直的人也生存着，
xìng ér miǎn
幸而免。”
那是侥幸暂免了惩罚。”

①罔：欺骗，指不正直的人。

zǐ yuē zhī zhī zhě bù rú hào zhī zhě hào zhī zhě bù rú lè zhī zhě
6.20 子曰："知之者不如好之者，好之者不如乐之者。"
孔子说："懂得它不如喜爱它，喜爱它不如乐在其中。"

zǐ yuē zhōng rén yǐ shàng kě yǐ yù shàng yě
6.21 子曰："中人以上，可以语上也；
孔子说："对中等才智以上的人，可以讲高深道理；
zhōng rén yǐ xià bù kě yǐ yù shàng yě
中人以下，不可以语上也。"
对中等才智以下的人，不能讲高深道理。"

fán chí wèn zhì zǐ yuē wù mín zhī yì
6.22 樊迟问知。子曰："务民之义，
樊迟问什么是智慧。孔子说："做实服务百姓的义务，
jìng guǐ shén ér yuǎn zhī kě wèi zhì yǐ wèn rén yuē
敬鬼神而远之，可谓知矣。"问仁。曰：
敬重鬼神并保持距离，这就叫智慧。"又问什么是仁。孔子说：
rén zhě xiān nán ér hòu huò kě wèi rén yǐ
"仁者先难而后获，可谓仁矣。"
"仁人付出辛劳在先，获取果实在后，这就叫做仁。"

zǐ yuē zhì zhě lè shuǐ rén zhě lè shān zhì zhě dòng
6.23 子曰："知者乐水，仁者乐山。知者动，
孔子说："智者喜欢水，仁者喜欢山。智者活跃，
rén zhě jìng zhì zhě lè rén zhě shòu
仁者静。知者乐，仁者寿。"
仁者沉静。智者快乐，仁者长寿。"

zǐ yuē qí yí biàn zhì yú lǔ lǔ yí biàn
6.24 子曰："齐一变，至于鲁；鲁一变，
孔子说："齐国一变革，可以达到鲁国的文明；鲁国一变革，
zhì yú dào
至于道。"
可望达到理想之境。"

zǐ yuē gū bù gū gū zāi gū zāi
6.25 子曰：“觚①不觚，觚哉！觚哉！”

孔子说：“酒杯变得不像酒杯了，酒杯啊！酒杯啊！”

①觚：古代盛酒的器具，上圆下方，有四个棱。后来改成圆筒形，没了棱角。

zǎi wǒ wèn yuē rén zhě suī gào zhī yuē jǐng yǒu rén yān
6.26 宰我问曰：“仁者，虽告之曰‘井有仁焉’。

宰我问：“对有仁德的人，假如告诉他‘井里掉下去人啦’，

qí cóng zhī yě zǐ yuē hé wéi qí rán yě
其从之也？”子曰：“何为其然也？

他会跟着下去吗？”孔子说：“他为什么要这样做呢？

jūn zǐ kě shì yě bù kě xiàn yě kě qī yě
君子可逝①也，不可陷也；可欺也，

君子可以前去救助，自己却不可以陷入其中；君子可能被欺骗，

bù kě wǎng yě
不可罔也。”

但不可盲目自欺。”

①逝：前往。

zǐ yuē jūn zǐ bó xué yú wén yuē zhī yǐ lǐ
6.27 子曰：“君子博学于文，约之以礼，

孔子说：“君子广泛地学习文化典籍，用礼节来约束自己，

yì kě yǐ fú pàn yǐ fú
亦可以弗畔①矣夫！”

也就不至于离经叛道了吧！”

①畔：同“叛”。

zǐ jiàn nán zǐ zǐ lù bú yuè fū zǐ shì zhī yuē
6.28 子见南子①，子路不说。夫子矢②之曰：

孔子去会见南子，子路不高兴。孔子发誓道：

yú suǒ fǒu zhě, tiān yàn zhī! tiān yàn zhī!

“予所否者，天厌之！天厌之！”

“假如我做了什么不正当的事，苍天会厌弃我！苍天会厌弃我！”

①南子：卫灵公的夫人，当时实际上由她左右着卫国政权。南子美貌而名声不好。②矢：同“誓”。

zǐ yuē: zhōng yōng zhī wéi dé yě, qí zhì yǐ hū!

6.29 子曰：“中庸[①]之为德也，其至矣乎！

孔子说：“中庸作为道德准则，是至高无上的！

mín xiǎn jiǔ yǐ.

民鲜久矣。”

普通人很少能久处这种境界。”

①中庸：儒学核心范畴之一。“中”即恰当、适度、适中；“庸”，《说文》谓“用也”，《集解》谓“常也”，综合之可谓“平常的有普遍妥当性的行为”（徐复观）。“中庸”指一种最普通的处事适度原则，一种无过无不及的理想境界。

zǐ gòng yuē: rú yǒu bó shī yú mín ér néng jì zhòng, hé rú?

6.30 子贡曰：“如有博施于民而能济众，何如？

子贡问：“假如有人能广泛地施惠百姓，又能救济民众，怎么样？

kě wèi rén hū? zǐ yuē: hé shì yú rén! bì yě shèng hū!

可谓仁乎？”子曰：“何事于仁！必也圣乎！

可以说是仁人吗？”孔子说：“这何止于仁人！一定是圣人了！

yáo shùn qí yóu bìng zhū! fú rén zhě, jǐ yù

尧舜其犹病[①]诸！夫仁者，己欲

尧舜恐怕都难以做到这样哩！所谓仁，自己想站得住就要使

lì ér lì rén, jǐ yù dá ér dá rén. néng jìn

立而立人，己欲达而达人。能近

别人站得住，自己想要通达就要使别人通达。凡事能躬自力行

qǔ pì, kě wèi rén zhī fāng yě yǐ.

取譬[②]，可谓仁之方也已。”

推己及人，可以说是实践仁的最好途径。”

①病：忧虑。②近取譬：从彼此切身处寻找相通点，换位思考，推己及人。

思辨•探究•体悟

1. 为什么孔子认为颜回是最“好学”的学生？颜回好学的主要表现和特点有哪些？对培养现代人才有何启示？

2. 孔子对学生了如指掌，几乎对每一位学生都有恰当的评价，请从中概括出孔子5位学生的主要特点，分析孔子是怎样对他们因材施教的。

3. 颜回的快乐（6.11）是一种怎样的境界？请结合孔子的快乐（5.7，7.16，7.19）谈一谈自己的理解。

4. “儒”的含义是什么？什么是“君子儒”？怎么理解“小人儒”？

5. “文”与“质”有多种含义，6.18章主要指什么意思？“文质彬彬”在《论语》中的意思与成语中的意思有所不同，请查阅资料比较，无论对人物品评还是对内容与形式的关系认识都要力求准确理解。

6. “中庸”是儒家文化中最重要的概念。易中天先生概括说：“中庸一定是常人之道”，“是适中之道”，“是可行之道”，“是道德境界”，“是思想方法”，“是处世哲学”，“是做人艺术”。（见《中国智慧》，上海文艺出版社2011年版，第47—66页。）对此你怎么看？请概括出中庸的基本含义。

7. 述而篇

zǐ yuē shù ér bú zuò xìn ér hào gǔ
7.1 子曰："述而不作[1]，信而好古，

孔子说："阐述而不创作，信守史据而喜好古代文化，

qiè bǐ wǒ yú lǎo péng
窃[2]比我于老彭[3]"

私下自比为老彭。"

①作：创作，立新论。孔子自谦崇古而传承，实际上阐述精深自有新解，治学之道妙悟其中。②窃：谦词，自以为。③老彭：商代贤大夫，信古而传述者。

zǐ yuē mò ér zhì zhī xué ér bú yàn
7.2 子曰："默而识之，学而不厌，

孔子说："静默识记所见所闻，勤恳学习从不厌烦，

huì rén bú juàn hé yǒu yú wǒ zāi
诲人不倦，何有于我哉？"

教导他人不知倦怠，除此对我还有什么呢？"

zǐ yuē dé zhī bù xiū xué zhī bù jiǎng wén yì bù
7.3 子曰："德之不修，学之不讲[1]，闻义不

孔子说："德行不修炼，学问不探究，听闻了真理不去

néng xǐ bú shàn bù néng gǎi shì wú yōu yě
能徙[2]，不善不能改，是吾忧也。"

实行，有不足不能够改善，这些是我忧虑的啊。"

①讲：研究，探讨。②义：正确的道理。徙：迁徙，追随。

zǐ zhī yàn jū shēn shēn rú yě yāo yāo rú yě
7.4 子之燕居[1]，申申如[2]也，夭夭如[3]也。

孔子平日闲居之时，总是保持舒缓温和、平静安祥的状态。

①燕居：闲暇安居。②申申如：容貌舒展的样子。③夭夭如：安祥和悦的样子。

zǐ yuē shèn yǐ wú shuāi yě jiǔ yǐ wú bú fù mèng jiàn zhōu gōng

7.5 子曰："甚矣，吾衰也！久矣，吾不复梦见周公！"

孔子说："我实在是衰老了啊，很久没有梦见周公了！"

zǐ yuē zhì yú dào jù yú dé yī yú rén yóu yú yì

7.6 子曰："志于道[①]，据于德，依于仁，游于艺[②]。"

孔子说："立志于理想，据守于修德，依靠于仁义，畅游于艺术。"

①道：理想目标。②艺：古代有六艺，初级六艺指礼、乐、射、御、书、数；高级六艺指《礼》《乐》《易》《诗》《书》《春秋》。都是孔子教学的内容。这里大概泛指艺术。

zǐ yuē zì xíng shù xiū yǐ shàng wú wèi cháng

7.7 子曰："自行束脩[①]以上，吾未尝

孔子说："自达到入学年龄以上而愿意来求学的人，我从不

wú huì yān

无诲焉。"

拒绝教诲的。"

①束脩：古人十五岁束发为髻，修饰衣冠，表示成童，可以入学了。

zǐ yuē bú fèn bù qǐ bù fěi

7.8 子曰："不愤[①]不启，不悱[②]

孔子说："不经苦思未得的人启而难发；不到想说而说

bù fā jǔ yì yú bù yǐ sān yú fǎn

不发；举一隅[③]不以三隅反，

不出时启而不发；例举一个角，却不能由此推知其他三个角，

zé bú fù yě

则不复也。"

就不要重复教了。"

①愤：憋闷，苦思而不得的样子。②悱：想说而说不出的样子。③隅：角，角落。

zǐ shí yú yǒu sāng zhě zhī cè wèi cháng bǎo yě
7.9 子食于有丧者之侧，未尝饱也。

孔子在办丧人家旁吃饭，从来不曾吃饱过。

zǐ yú shì rì kū zé bù gē
子于是日哭，则不歌。

孔子在这一天哭泣过，就不会再唱歌。

zǐ wèi yán yuān yuē yòng zhī zé xíng shě zhī zé cáng
7.10 子谓颜渊曰："用之则行，舍之则藏，

孔子对颜渊说："任用就力行；弃用就隐退。

wéi wǒ yǔ ěr yǒu shì fú zǐ lù yuē zǐ xíng sān jūn
惟我与尔有是夫！"子路曰："子行三军，

只有我和你能够做到吧！"子路说："老师统领军队的话，

zé shéi yú zǐ yuē bào hǔ píng hé sǐ ér wú
则谁与？"子曰："暴虎冯河，死而无

要找谁同去？"孔子说："空手打虎，徒步过河，这样死了都

huǐ zhě wú bù yǔ yě bì yě lín shì ér jù
悔者，吾不与也。必也临事而惧，

不后悔的人，我是不会和他同去的。必定选那种遇事小心戒惧，

hào móu ér chéng zhě yě
好谋而成者也。"

善于谋划能成就事情的人。"

zǐ yuē fù ér kě qiú yě suī zhí biān zhī shì
7.11 子曰："富而可求也，虽执鞭之士[①]，

孔子说："财富如果可以正当求得，虽是执鞭贱职，

wú yì wéi zhī rú bù kě qiú cóng wú suǒ hào
吾亦为之。如不可求，从吾所好。"

我也愿意去做；如果不能求得，那还是做我喜欢的事吧。"

①执鞭之士：一说指市场守门员，另一说是指马夫，均为低贱之职。

zǐ zhī suǒ shèn zhāi zhàn jí
7.12 子之所慎：齐[①]、战、疾。

孔子慎重对待的事是：祭祀、战争、疾病。

①齐：通“斋”，斋戒。古人祭祀前要整洁身心，表示庄敬。

zǐ zài qí wén sháo sān yuè bù zhī ròu wèi yuē
7.13 子在齐闻《韶》，三月不知肉味。曰：
孔子在齐国听了《韶》乐，很久无心品尝肉味。说：
bù tú wéi yuè zhī zhì yú sī yě
“不图为乐之至于斯也。”
“想不到音乐给人的快乐竟达到了这种程度啊。”

rǎn yǒu yuē fū zǐ wèi wèi jūn hū zǐ gòng yuē nuò
7.14 冉有曰：“夫子为卫君[①]乎？”子贡曰：“诺，
冉有问：“老师会帮助卫君吗？”子贡说：“哦，
wú jiāng wèn zhī rù yuē bó yí shū qí hé rén yě
吾将问之。”入，曰：“伯夷、叔齐何人也？”
我去问问他。”子贡走进屋，问孔子：“伯夷、叔齐是怎样的人呀？”
yuē gǔ zhī xián rén yě yuē yuàn hū yuē
曰：“古之贤人也。”曰：“怨乎？”曰：
孔子说：“古代的圣贤啊。”子贡又问：“他们抱怨吗？”孔子说：
qiú rén ér dé rén yòu hé yuàn chū yuē
“求仁而得仁，又何怨？”出，曰：
“他们追求仁也得到了仁，还抱怨什么呢？”子贡出来，说：
fū zǐ bù wéi yě
“夫子不为也。”
“老师不会帮助卫君的。”

①卫君：指蒯辄。蒯辄是卫灵公的孙子，太子蒯聩的儿子。蒯聩得罪了卫灵公的夫人南子，逃到晋国。灵公死，蒯辄继位。晋国借口送蒯聩继位回国入侵卫国，卫国拒绝。蒯聩父子争夺君位，与伯夷、叔齐兄弟相让君位形成对比。孔子称赞伯夷、叔齐，由此可以看出孔子对蒯家父子的态度。

zǐ yuē fàn shū shí yǐn shuǐ qū gōng ér zhěn zhī lè yì zài
7.15 子曰：“饭疏食，饮水，曲肱而枕之，乐亦在
孔子说：“吃粗粮，喝淡水，弯着胳膊当枕头，快乐自在

qí zhōng yǐ bú yì ér fù qiě guì yú wǒ rú fú yún
其中矣。不义而富且贵，于我如浮云。"
其中啊。不合道义的财富和地位，对我来说只像浮云一样。"

zǐ yuē jiā wǒ shù nián wǔ shí yǐ xué yì
7.16 子曰："加我数年，五十以学《易》，
孔子说："假如让我倒回去数年，从五十岁开始研究《易经》，
kě yǐ wú dà guò yǐ
可以无大过矣。"
就可以不犯大过错了。"

zǐ suǒ yǎ yán shī shū zhí lǐ
7.17 子所雅言①，《诗》、《书》、执礼，
孔子所用的是雅言，在读《诗经》、《尚书》与主持礼仪时，
jiē yǎ yán yě
皆雅言也。
都用标准的雅言。

①雅言：古西周人所用语称雅，指雅正规范的通行语言。

yè gōng wèn kǒng zǐ yú zǐ lù zǐ lù bú duì zǐ yuē
7.18 叶公问孔子于子路，子路不对。子曰：
叶公向子路打听孔子的为人，子路没有回答。孔子说：
rǔ xī bù yuē qí wéi rén yě fā fèn wàng shí lè yǐ
"女奚不曰：'其为人也，发愤忘食，乐以
"你为什么不这样说：'他这个人呀，发愤就忘了吃饭，快乐就
wàng yōu bù zhī lǎo zhī jiāng zhì yún ěr
忘忧，不知老之将至云尔'。"
忘了烦恼，连自己快要老了都不知道，如此而已'。"

zǐ yuē wǒ fēi shēng ér zhī zhī zhě hào gǔ
7.19 子曰："我非生而知之者，好古，
孔子说："我不是生来便知的人，只是爱好古代文化，
mǐn yǐ qiú zhī zhě yě
敏以求之者也。"
勤奋敏捷地去求学得来的啊。"

zǐ bù yǔ guài lì luàn shén

7.20 子不语怪、力、乱、神。

孔子不谈论怪异、暴力、乱逆、鬼神的事情。

zǐ yuē sān rén xíng bì yǒu wǒ shī yān zé qí shàn zhě

7.21 子曰："三人行，必有我师焉。择其善者

孔子说："同行的三个人，必有值得我师法者。选择他好的

ér cóng zhī qí bú shàn zhě ér gǎi zhī

而从之，其不善者而改之。"

方面效仿，鉴戒他不好的地方改正自己。"

zǐ yuē tiān shēng dé yú yǔ huán tuí qí rú yǔ hé

7.22 子曰："天生德于予，桓魋①其如予何？"

孔子说："上天赋予了我大德，桓魋又能把我怎么样？"

①桓魋：宋国司马（主管军事行政的官）。因担心孔子威胁自己的地位，砍了孔子讲坛的大树。

zǐ yuē èr sān zǐ yǐ wǒ wéi yǐn hū wú wú yǐn hū ěr

7.23 子曰："二三子以我为隐乎？吾无隐乎尔。

孔子说："同学们以为我有什么隐瞒的吗？我没有丝毫可隐瞒的。

wú wú xíng ér bù yǔ èr sān zǐ zhě shì qiū yě

吾无行而不与二三子者，是丘也。"

我无论做什么事无不坦然在你们面前。这就是我孔丘啊。"

zǐ yǐ sì jiào wén xíng zhōng xìn

7.24 子以四教：文、行、忠、信。

孔子从四个方面内容教育学生：经典文献、行为规范、忠诚人格、守信情操。

zǐ yuē shèng rén wú bù dé ér jiàn zhī yǐ dé jiàn jūn zǐ zhě

7.25 子曰："圣人吾不得而见之矣！得见君子者，

孔子说："圣人我是不可能看到了，能看到君子，

sī kě yǐ zǐ yuē shàn rén wú bù dé ér jiàn zhī yǐ dé jiàn yǒu

斯可矣。"子曰："善人吾不得而见之矣！得见有

这就可以了。"孔子又说："善人我不可能看到了，能见到始终如

héng zhě sī kě yǐ wú ér wěi yǒu xū ér wéi yíng
恒者，斯可矣。亡而为有，虚而为盈，
一的人，这就可以了。没有却装作有，空虚却装作充实，
yuē ér wéi tài nán hū yǒu héng yǐ
约而为泰[1]，难乎有恒矣。”
穷困却装作富足，这是很难持之以恒的。”

①约：贫困。泰：宽裕，奢侈。

zǐ diào ér bù gāng yì bú shè sù
7.26 子钓而不纲[1]，弋[2]不射宿。

孔子钓鱼，从不用网捕鱼。用弋射飞鸟，不射巢中的宿鸟。

①纲：大绳。以网上的大绳代指渔网。②弋：带绳子的箭。

zǐ yuē gài yǒu bù zhī ér zuò zhī zhě wǒ wú
7.27 子曰：“盖有不知而作之者，我无
孔子说：“大概有那种无知而凭空创作的人，我是不会这样
shì yě duō wén zé qí shàn zhě ér cóng zhī duō jiàn ér zhì zhī
是也。多闻，择其善者而从之，多见而识之，
做的。多听，选择好的效仿学习；多看，识记有价值的东西，
zhī zhī cì yě
知之次[1]也。”
这是获得知识的途径。”

①次：次序，过程。

hù xiāng nán yǔ yán tóng zǐ jiàn mén rén huò
7.28 互乡[1]难与言，童子见，门人惑。

互乡的人难打交道，孔子却接见了互乡的少年，他的学生很迷惑。
zǐ yuē yǔ qí jìn yě bù yǔ qí tuì yě wéi hé shèn
子曰：“与[2]其进也，不与其退也，唯何甚？
孔子说：“应该勉励他们进步，不是肯定他们倒退。何必太苛刻呢？
rén jié jǐ yǐ jìn yǔ qí jié yě bù bǎo qí wǎng yě
人洁己以进，与其洁也，不保其往也。”
人家自省洁身求进，要肯定他的自觉，不要抓住人家的过去不放。”

①互乡：地名。传说这个乡风气不好，人粗野无理。②与：有肯定、鼓励、赞许等意思。

zǐ yuē rén yuǎn hū zāi wǒ yù rén sī rén zhì yǐ
7.29 子曰："仁远乎哉？我欲仁，斯仁至矣。"

孔子说："仁难道离我们远吗？只要我真想要仁，仁就会达到的。"

chén sī bài wèn zhāogōng zhī lǐ hū kǒng zǐ yuē zhī lǐ
7.30 陈司败[1]问："昭公知礼乎？"孔子曰："知礼。"

陈司败问："鲁昭公懂得礼吗？"孔子说："懂得礼。"

kǒng zǐ tuì yī wū mǎ qī ér jìn zhī yuē wú wén jūn zǐ
孔子退，揖巫马期[2]而进之曰："吾闻君子

孔子出来后，陈司败向巫马期作揖，走近他说："我听说，君子是

bù dǎng jūn zǐ yì dǎng hū jūn qǔ yú wú wéi
不党[3]，君子亦党乎？君取[4]于吴，为

没有偏私的，难道君子还包庇别人吗？鲁君在吴国娶了一个

tóng xìng wèi zhī wú mèng zǐ jūn ér zhī lǐ
同姓[5]，谓之吴孟子[6]。君而知礼，

同姓女做夫人，称她为吴孟子。这样的鲁君算懂礼的话，

shú bù zhī lǐ wū mǎ qī yǐ gào zǐ yuē
孰不知礼？"巫马期以告。子曰：

还有谁不懂礼呢？"巫马期把这句话告诉了孔子。孔子说：

qiū yě xìng gǒu yǒu guò rén bì zhī zhī
"丘也幸，苟有过，人必知之。"

"我真是幸运。如果有错，人家定会知晓明示。"

①陈司败：陈国主管司法的官。司败即司寇。②巫马期：孔子弟子，姓巫马名施，字子期。③党：偏袒、包庇。④取：娶。⑤鲁吴两国君同姓姬。周礼规定：同姓不婚，昭公娶同姓女，是违礼的行为。⑥吴孟子：鲁昭公夫人。

zǐ yǔ rén gē ér shàn bì shǐ fǎn zhī
7.31 子与人歌而善，必使反之，

孔子与别人一起唱歌，如果唱得好，一定要请唱得好的人再唱一遍，

ér hòu hè zhī
而后和之。
然后跟着一起唱。

zǐ yuē wén mò wú yóu rén yě gōng xíng jūn zǐ
7.32 子曰："文，莫吾犹人也。躬行君子，
孔子说："书本知识，大约我和别人差不多，做身体力行的君子，
zé wú wèi zhī yǒu dé
则吾未之有得。"
那我还没有做到。"

zǐ yuē ruò shèng yǔ rén zé wú qǐ gǎn yì wéi zhī
7.33 子曰："若圣与仁，则吾岂敢？抑为之
孔子说："如果说到圣与仁，我怎么敢当！只不过是努力向仁不
bú yàn huì rén bú juàn zé kě wèi yún ěr yǐ yǐ gōng xī huá yuē
不厌，诲人不倦，则可谓云尔已矣。"公西华曰：
厌烦，教诲他人不疲倦，就是如此而已。"公西华说：
zhèng wéi dì zǐ bù néng xué yě
"正唯弟子不能学也。"
"这正是我们没有学到的。"

zǐ jí bìng zǐ lù qǐng dǎo zǐ yuē yǒu zhū
7.34 子疾病，子路请祷。子曰："有诸？"
孔子病情严重，子路向鬼神祈祷。孔子说："有这回事吗？"
zǐ lù duì yuē yǒu zhī dǎo ěr yú shàng xià shén qí
子路对曰："有之。《诔》[1]曰：'祷尔于上下神祇[2]。'"
子路说："有的。《诔》文上说：'为你向天地神灵祈祷。'"
zǐ yuē qiū zhī dǎo jiǔ yǐ
子曰："丘之祷久矣。"
孔子说："我很久以来就在祈祷了。"
①《诔》：祈祷文。②祇：古代称天神为神，地神为祇。

zǐ yuē shē zé bú xùn jiǎn zé gù yǔ qí bú xùn yě nìng gù
7.35 子曰："奢则不孙[1]，俭则固[2]。与其不孙也，宁固。"
孔子说："奢侈就会越礼，节俭就会寒酸。与其越礼，宁可寒酸。"

①孙：同逊，恭顺。不孙，即为不恭顺，这里的意思是“越礼”。②固：简陋、鄙陋、寒酸。

zǐ yuē jūn zǐ tǎn dàng dàng xiǎo rén cháng qī qī

7.36 子曰：“君子坦荡荡，小人长戚戚。”

孔子说：“君子坦荡从容，小人常患得患失。”

zǐ wēn ér lì wēi ér bù měng gōng ér ān

7.37 子温而厉，威而不猛，恭而安。

孔子温和而又严肃，威严而不凶猛，庄重而又安详。

思辨·探究·体悟

1. 此篇主要阐述“教与学”的问题。请尝试找出其中关于教育的言论，概述出孔子的主要教育思想。

2. 如何理解“述而不作”？孔子是“述而不作”的文献整理者，还是一个善于创新的思想家？

3. 从“不愤不启”到“三人行，必有我师焉”；从“诲人不倦”到“吾无隐乎尔”；又从“学而不厌”到“五十以学《易》”都涉及教与学的问题。请探讨一下孔子与柏拉图教学有何异同？他们的教与学的理念对现代人才培养有何启示？

4. “子所雅言”的雅言是指什么？孔子为什么喜欢用雅言？雅言对文化传播和人才培养有何意义？

5. 从《论语》中找出阐述学习的内容，进行归纳和分类，撰写一篇《孔子眼中的人才观与学习观》的文章。并在这个基础上做一个关于学习的演讲报告。

6. 孔子从不轻易以仁许人，却又说：“我欲仁，斯仁至矣”（7.29），二者是否矛盾？

7. 请结合7.34章，探讨一下“子不语怪、力、乱、神”的深层含义。

8. 7.36章子曰：“君子坦荡荡，小人长戚戚。”杨伯峻译：“君子心地平坦宽广，小人却经常局促忧愁。”傅佩荣译：“君子心胸光明开朗，小人经常愁眉苦脸。”钱穆译：“君子的心胸气貌常是平坦宽大，小人的心胸气貌常是迫促忧戚。”李泽厚译：“君子心怀宽广，小人老是烦恼。”安德义译：“君子坦荡宽广，小人忧心忡忡。”网上的翻译普遍都是：“君子心胸宽广，小人经常忧愁。”可见这种解说普及率之高。但是，杜甫总是“穷年忧黎元，叹息肠内热”，常常忧愁迫促，他是小人吗？对此，你怎么看？

8. 泰伯篇

zǐ yuē tài bó qí kě wèi zhì dé yě yǐ yǐ sān yǐ

8.1 子曰："泰伯[①]，其可谓至德也已矣。三以

孔子说："泰伯，他的品德可称得上极高啊。屡次

tiān xià ràng mín wú dé ér chēng yān

天下让，民无得而称焉。"

出让王权给贤人，人们真不知如何称赞他。"

①泰伯：亦作"太伯"，周朝祖先古公亶父的长子。古公预见小儿子季历的儿子姬昌（即后来的周文王）有圣德，想传君位给他。泰伯知道后主动出让而远走，使季历和姬昌顺利继位。姬昌兴周，其子姬发（周武王）灭了殷商，统一了天下。

zǐ yuē gōng ér wú lǐ zé láo shèn ér wú lǐ zé xǐ

8.2 子曰："恭而无礼则劳，慎而无礼则葸[①]，

孔子说："恭敬而失礼度就会徒劳；谨慎而失礼度就会懦弱；

yǒng ér wú lǐ zé luàn zhí ér wú lǐ zé jiǎo jūn zǐ dǔ yú qīn

勇而无礼则乱，直而无礼则绞[②]。君子笃于亲，

勇猛而失礼度就会作乱；率直而失礼度就会伤人。君子能厚待亲族，

zé mín xīng yú rén gù jiù bù yí zé mín bù tōu

则民兴于仁；故旧不遗，则民不偷[③]。"

老百姓就会走向仁德；不遗弃故朋老友，老百姓就不会薄情寡义。"

①葸：胆怯，害怕。②绞：尖刻刺人。③偷：薄。

zēng zǐ yǒu jí zhào mén dì zǐ yuē qǐ yǔ zú qǐ yǔ shǒu

8.3 曾子有疾，召门弟子曰："启予足！启予手！

曾参患了重病，召集起弟子们，说："看看我的脚！看看我的手！

shī yún zhàn zhàn jīng jīng rú lín shēn yuān rú lǚ bó bīng
《诗》云：'战战兢兢，如临深渊，如履薄冰。'[1]
《诗经》上说：'小心谨慎呀！像面临深渊，像足踏薄冰。'
ér jīn ér hòu wú zhī miǎn fú xiǎo zǐ
而今而后，吾知免夫！小子！"
从今以后，我晓得如何免于祸害了！学生们！"

①诗句见《诗经·小雅·小旻篇》。

zēng zǐ yǒu jí mèng jìng zǐ wèn zhī zēng zǐ yán yuē niǎo zhī jiāng
8.4 曾子有疾，孟敬子[1]问之。曾子言曰："鸟之将
曾参患了重病，孟敬子探望他。曾子说："鸟快死的时候，
sǐ qí míng yě āi rén zhī jiāng sǐ qí yán yě shàn jūn zǐ suǒ guì
死，其鸣也哀；人之将死，其言也善。君子所贵
鸣叫悲哀；人快要死的时候，说话真诚。君子做人的准则重
hū dào zhě sān dòng róng mào sī yuǎn bào màn yǐ
乎道者三：动容貌，斯远暴慢矣；
在三点：依礼调整容貌举止，就可避免粗暴和怠慢；
zhèng yán sè sī jìn xìn yǐ chū cí qì
正颜色，斯近信矣；出辞气，
随时端正神色态度，就容易获得信任；说话注意修辞和语气，
sī yuǎn bǐ bèi yǐ biān dòu zhī shì zé yǒu sī cún
斯远鄙倍[2]矣。笾豆[3]之事，则有司存。"
就可以避免粗鄙和失误。至于礼仪的细节，自有专门人员来负责。"

①孟敬子：鲁国大夫仲孙捷。②鄙：粗野鄙陋。倍：同"背"，不合理，错误。③笾豆：祭祀礼器。

zēng zǐ yuē yǐ néng wèn yú bù néng yǐ duō wèn
8.5 曾子曰："以能问于不能，以多问
曾子说："才能高还向才能平常的人请教，知识多甘向知识
yú guǎ yǒu ruò wú shí ruò xū fàn ér bú
于寡；有若无，实若虚，犯而不
少的人学习；有才像无才，满腹经纶却像虚谷；遭遇冒犯也不

jiào　xī zhě wú yǒu cháng cóng shì yú sī yǐ
校——昔者吾友尝从事于斯矣。"
计较——我从前的一位朋友就是这样做的。"

zēng zǐ yuē　kě yǐ tuō liù chǐ zhī gū　kě yǐ jì bǎi lǐ zhī mìn　lín dà
8.6 曾子曰："可以托六尺之孤，可以寄百里之命，临大
曾子说："可以托付幼小的孤儿和国家的命脉，面临存亡的紧
jié ér bù kě duó yě　jūn zǐ rén yú　jūn zǐ rén yě
节而不可夺也——君子人与？君子人也。"
要关头却不动摇屈服——这种人是君子吗？是真正的君子啊！"

zēng zǐ yuē　shì bù kě yǐ bù hóng yì　rèn zhòng ér
8.7 曾子曰："士不可以不弘毅，任重而
曾子说："知识分子不可以不弘大而刚毅，因肩负着重大责任，
dào yuǎn　rén yǐ wéi jǐ rèn　bú yì zhòng hū　sǐ ér hòu yǐ
道远。仁以为己任，不亦重乎？死而后已，
征程遥远。以实现仁德于天下为己任，不重大吗？到死方休，
bú yì yuǎn hū
不亦远乎？"
不遥远吗？"

zǐ yuē　xīng yú shī　lì yú lǐ　chéng yú yuè
8.8 子曰："兴于《诗》，立于礼，成于乐。"
孔子说："用《诗》激励志气，用礼作立身原则，用乐养成完美人格。"

zhǐ yuē　mín kě shǐ　yóu zhī　bù kě shǐ
8.9 子曰："民可使，由之；不可使，
孔子说："老百姓可使用时，就由他们自食其力；不能用时，
zhī zhī
知之。"
就教他们知道怎么做。"

zǐ yuē　hào yǒng jí pín　luàn yě　rén ér bù rén
8.10 子曰："好勇疾贫，乱也。人而不仁，
孔子说："好勇斗厌贫困，是祸乱之源。人若不修仁心，

jí zhī yǐ shèn luàn yě
疾之已甚，乱也。”
怨贫之心加重，必造祸乱。”

zǐ yuē rú yǒu zhōu gōng zhī cái zhī měi shǐ jiāo qiě lìn
8.11 子曰：“如有周公之才之美，使骄且吝，
孔子说：“一个人如果有与周公媲美的才干，但却骄傲吝啬，
qí yú bù zú guān yě yǐ
其余不足观也已。”
其余的就不值得再提了。”

zǐ yuē sān nián xué bú zhì yú gǔ bú yì dé yě
8.12 子曰：“三年学，不至于谷[①]，不易得也。”
孔子说：“读书三年，志趣没有转向做官得禄，这是难得的啊。”

①谷：古代以谷米为俸禄，所以“谷”为“禄”，指做官。

zǐ yuē dǔ xìn hào xué shǒu sǐ shàn dào wēi bāng bú rù
8.13 子曰：“笃信，好学，守死善道。危邦不入，
孔子说：“坚定信仰，勤奋学习，至死恪守仁道。不去危险或
luàn bāng bù jū tiān xià yǒu dào zé xiàn wú dào zé yǐn
乱邦不居。天下有道则见，无道则隐。
混乱的国家生活。天下政治清明就出来效力；不清明就隐居。
bāng yǒu dào pín qiě jiàn yān chǐ yě bāng wú dào fù qiě guì yān
邦有道，贫且贱焉，耻也；邦无道，富且贵焉，
国家政治清明，自己贫贱，是耻辱；国家政治黑暗，自己却富贵，
chǐ yě
耻也。”
也是耻辱。”

zǐ yuē bú zài qí wèi bù móu qí zhèng
8.14 子曰：“不在其位，不谋其政。”
孔子说：“不居于那个职位，便不考虑它的政务。”

zǐ yuē shī zhì zhī shǐ guān jū zhī luàn

8.15 子曰："师挚[1]之始，《关雎》之乱，

孔子说："从太师挚开始演奏，到结尾《关雎》之合奏，

yáng yáng hū yíng ěr zāi

洋洋乎盈耳哉！"

浩然美乐充满耳际啊！"

①师挚：鲁乐师，名挚。

zǐ yuē kuáng ér bù zhí tóng ér bú yuàn kōng kōng ér bú xìn

8.16 子曰："狂而不直，侗而不愿[1]，悾悾[2]而不信，

孔子说："狂妄而不直爽，愚钝却不谦虚，面憨却无诚信，

wú bù zhī zhī yǐ

吾不知之矣。"

这种人我真不知道怎么说。"

①侗：幼稚，无知。愿：老实谨慎，恭谨。②悾悾：诚恳的样子。

zǐ yuē xué rú bù jí yóu kǒng shī zhī

8.17 子曰："学，如不及，犹恐失之。"

孔子说："学习，如果达不到一定程度，恐怕学过的东西还会失去。"

zǐ yuē wēi wēi hū shùn yǔ zhī yǒu tiān xià yě ér bú yù yān

8.18 子曰："巍巍乎，舜禹之有天下也而不与焉！"

孔子说："多么崇高呀！舜和禹拥有天下，却一点也不为自己谋利。"

zǐ yuē dà zāi yáo zhī wéi jūn yě wēi wēi hū wéi tiān wéi dà

8.19 子曰："大哉尧[1]之为君也！巍巍乎，唯天为大，

孔子说："真伟大啊，尧做君主！巍峨崇高啊！惟其苍天最高大，

wéi yáo zé zhī dàng dàng hū mín wú néng míng yān

唯尧则[2]之。荡荡[3]乎，民无能名焉。

只有尧才能效法。多么广大啊，百姓简直不知如何赞美他。

wēi wēi hū qí yǒu chéng gōng yě huàn hū qí yǒu wén zhāng

巍巍乎其有成功也，焕乎其有文章！"

多么崇高啊，他的功绩；多么灿烂啊，他的礼乐文明！"

泰伯篇

①尧：中国古代传说中的圣君。②则：以……为规则，效法。③荡荡：广大的样子 。

shùn yǒu chén wǔ rén ér tiān xià zhì wǔ wáng yuē yǔ yǒu

8.20 舜有臣五人①而天下治。武王曰：“予有

舜任用五位贤臣，天下大治。周武王说：“我有

luàn chén shí rén kǒng zǐ yuē cái nán bù qí rán hū

乱臣②十人。”孔子曰：“才难，不其然乎？

十个治国良臣。”孔子说：“俗话说‘人才难得’，不是这样吗？

táng yú zhī jì yú sī wéi shèng yǒu fù rén yān

唐虞③之际，于斯为盛，有妇人④焉，

唐虞到周武王时期，人才最多。但十贤中有一个妇女，

jiǔ rén ér yǐ sān fēn tiān xià yǒu qí èr yǐ fú shì yīn

九人而已。三分天下有其二，以服事殷。

实际上只能算九人而已。周朝得了天下的三分之二，据此依然事奉殷朝。

zhōu zhī dé qí kě wèi zhì dé yě yǐ yǐ

周之德，其可谓至德也已矣。”

周之美德，真可以说是极高的啊。”

①五人：禹、稷、契、皋陶、伯益。②乱臣：治国之臣。③唐虞：尧在位时叫唐，舜在位时叫虞。④妇人：指武王之妻邑姜。

zǐ yuē yǔ wú wú jiàn rán yǐ fěi yǐn shí ér zhì xiào hū

8.21 子曰：“禹，吾无间然①矣。菲②饮食而致孝乎

孔子说：“禹，我没有什么可挑剔的；他饮食简单却尽心祭祀

guǐ shén wù yī fú ér zhì měi hū fú miǎn bēi gōng shì ér jìn

鬼神，恶衣服而致美乎黻冕③；卑宫室而尽

鬼神；平时着装简朴，祭祀时穿得华美；自己的宫室简陋，却尽

lì hū gōu xù yǔ wú wú jiān rán yǐ

力乎沟洫④。禹，吾无间然矣。”

力于修治水利。对禹，我确实没有什么挑剔的。”

①无间然：没有什么空隙的样子。指无可指责。②菲：菲薄，不丰厚。③黻冕：祭祀时穿的礼服叫黻，帽子叫冕。④沟洫：沟渠。

思辨·探究·体悟

1. “德”在儒家文化中包含的具体内容很多：温、良、恭、俭、让、宽、信、敏、惠、勇、直、慎等，都是德的具体内容。而“至德”就是最高的德行，《论语》中只出现过两次，一次赞美泰伯，另一次赞美周文王。孔子为什么赞扬他们达到了道德的最高境界？他们的最高德行表现在哪里？请具体分析说明。

2. 8.2 章子曰：“恭而无礼则劳，慎而无礼则葸，勇而无礼则乱，直而无礼则绞。”辩证地阐述了做人做事恭勇慎直与礼度的关系，请联系现实生活谈一谈你的体会。

3. 一般版本对 8.9 章这样断句：“民可使由之，不可使知之。”杨伯峻译：“老百姓，可以使他们照着我们的道路走去，不可以使他们知道那是为什么。”李泽厚译：“可以要百姓跟着走，不一定要百姓知道这是为什么。”因此通常认为孔子有愚民思想，似乎与主张“有教无类”而又倾心办教育的孔子的其他言行不相符，杨树达在《论语疏证》中就说：“此语似有轻视教育之病。若能尽心教育，民无不可知也。”对此你怎么看？

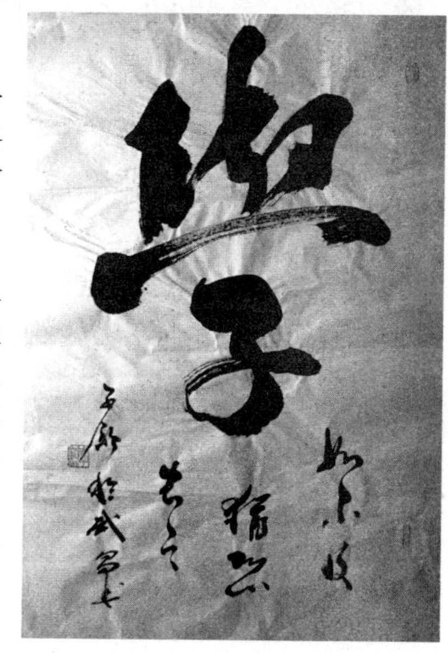

4. 8.12 章子曰：“三年学，不至于谷，不易得也。”这是对谁说的？是否与孔子培养人才的宗旨相矛盾？今天有何现实意义？

5. 8.17 章子曰：“学，如不及，犹恐失之。”杨伯峻译：“做学问好像（追逐什么似的，）生怕赶不上；（赶上了，）还生怕丢掉了。”大多数译注者几乎都取这样近似的观点。本书理解与之不同，请比较分析，谈一谈你的看法。

6. 请尝试从字源角度分析“八德”的“忠、孝、仁、爱、信、义、和、平”每一个字的本意和扩展意义。

9. 子罕篇

zǐ hǎn yán lì yǔ mìng yǔ rén

9.1 子罕言利，与①命与仁。

孔子很少谈利，肯定天命和仁德观。

①与：赞同、肯定。

dá xiàng dǎng rén yuē dà zāi kǒng zǐ bó xué ér wú suǒ

9.2 达巷党①人曰："大哉孔子！博学而无所

达巷地方的人说："伟大啊孔夫子！他博学多能，无法称他为某方

chéng míng zǐ wén zhī wèi mén dì zǐ yuē wú hé zhí

成名。"子闻之谓门弟子曰："吾何执？

面的专家。"孔子听说后，对他的学生说："我要专长于哪方面呢？

zhí yù hū zhí shè hū wú zhí yù yǐ

执御乎？执射乎？吾执御矣。"

驾车呢，还是射箭呢？我还是驾车吧。"

①达巷：地名。党：里巷。

zǐ yuē má miǎn lǐ yě jīn yě chún

9.3 子曰："麻冕，礼也；今也纯，

孔子说："用麻布制礼帽，符合礼制。现在改用黑丝绸制，

jiǎn wú cóng zhòng bài xià lǐ yě jīn bài hū shàng

俭，吾从众。拜下，礼也；今拜乎上，

也算简朴，我随大家。面君要先在堂下拜，这是礼制。现在都到堂上拜，

tài yě suī wéi zhòng wú cóng xià

泰也。虽违众，吾从下。"

是骄纵的表现。虽然与众人相悖，我还是主张先在堂下拜。"

zǐ jué sì wú yì wú bì wú gù wú wǒ
9.4 子绝四——毋意，毋必，毋固，毋我。

孔子杜绝四种弊病：不凭空揣测，不绝对专断，不拘泥固执，不唯我独尊。

zǐ wèi yú kuāng yuē wén wáng jì mò wén bú zài
9.5 子畏①于匡，曰："文王既没，文不在
孔子被匡地的人围困时，说："周文王死后，礼乐文化不都在
zī hū tiān zhī jiàng sàng sī wén yě hòu sǐ zhě bù dé yù yú sī wén yě
兹乎？天之将丧斯文也，后死者不得与②于斯文也；
我这里吗？上天如果真要消灭这文化，后人就不可能掌握这文化了；
tiān zhī wèi sàng sī wén yě kuāng rén qí rú yǔ hé
天之未丧斯文也，匡人其如予何？"
上天如果不消灭这文化，匡人又能把我怎么样呢？"

①畏：受到威胁。②与：同"举"，掌握。

tài zǎi wèn yú zǐ gòng yuē fū zǐ shèng zhě yú hé qí
9.6 太宰问于子贡曰："夫子圣者与？何其
太宰问子贡说："孔夫子是位圣人吧？怎么会这样
duō néng yě zǐ gòng yuē gù tiān zòng zhī jiàng shèng yòu duō
多能也？"子贡曰："固天纵之将圣，又多
多才多艺呢？"子贡说："这本是天意让他成圣人，而且使他多
néng yě zǐ wén zhī yuē tài zǎi zhī wǒ hū wú shào yě
能也。"子闻之，曰："太宰知我乎？吾少也
才多艺。"孔子听到后说："太宰怎么会了解我呢？我少年时地位低
jiàn gù duō néng bǐ shì jūn zǐ duō hū zāi bù duō yě
贱，故多能鄙事。君子多乎哉？不多也。"
贱，所以学会了许多粗鄙的技艺。君子都是多才多艺吗？不多的。"

láo yuē zǐ yún wú bú shì gù yì
9.7 牢① 曰："子云，'吾不试，故艺'。"

牢说："夫子曾说过：'我没有从政，所以学得许多技艺'。"

①牢：孔子的学生。

zǐ yuē wú yǒu zhī hū zāi wú zhī yě yǒu bǐ fū wèn yú wǒ
9.8 子曰："吾有知乎哉？无知也。有鄙夫问于我，

孔子说："我有知识吗？没有哇。有个乡下人曾问我，

kōng kōng rú yě wǒ kòu qí liǎng duān
空空如也。我叩其两端①

我对他的问题一点也不知道。我就从问题的两头去叩问，

ér jié yān
而竭②**焉。"**

这样就可以逐步搞清楚结果了。"

①两端：事物的两方面，如正反、好坏、利害、始终、本末等。②竭：穷尽，尽力追究。

zǐ yuē fèng niǎo bú zhì hé bù chū tú wú yǐ yǐ fū
9.9 子曰："凤鸟①**不至，河不出图**②**，吾已矣夫！"**

孔子说："凤鸟没有来，黄河也未见八卦图出现。我这一生无望了吧！"

①凤鸟：象征吉祥的神鸟，凤鸟出预示天下太平。②河图：传说黄河中有龙马背负八卦图出现，就预示"圣王"将要出世。

zǐ jiàn zī cuī zhě miǎn yī cháng zhě yǔ gǔ zhě jiàn zhī
9.10 子见齐衰①**者，冕衣裳**②**者与瞽者，见之，**

孔子遇见穿丧服的人、当官的人和盲人时，看见他们，

suī shào bì zuò guò zhī bì qū
虽少，必作；过之，必趋③**。**

即使是年轻人，也一定要站起来，从他们面前经过时，一定快走几步。

①齐衰：用麻布编制成的丧服。②冕衣裳：着官服戴礼帽。③趋：快步走，表示敬意。

yán yuān kuì rán tàn yuē yǎng zhī mí gāo zuān zhī mí jiān
9.11 颜渊喟然叹曰："仰之弥高，钻之弥坚，

颜渊感叹说："仰望真理的星空越觉得高妙，越钻研越感艰深，

zhān zhī zài qián hū yān zài hòu fū zǐ xún xún rán shàn yòu rén
瞻之在前，忽焉在后。夫子循循然善诱人，

看似就在眼前，忽而又像在后面。老师循序渐进地引导我，

bó wǒ yǐ wén yuē wǒ yǐ lǐ yù bà bù néng jí jié
博我以文，约我以礼，欲罢不能，即竭
用典籍开阔我的视野，用礼约修我的言行，使我不能放弃，直至竭尽

wú cái rú yǒu suǒ lì zhuó ěr suī yù zòng zhī
吾才。如有所立卓尔①**，虽欲从**②**之，**
才智。好像面前有一种伟大的力量，即使想要放纵一下，

mò yóu yě yǐ
末由③**也已。"**
也没有任何理由啊。"

①卓尔：高大、超群的样子。②从：同"纵"，放任。③末：无，没有；由：理由，借口。

zǐ jí bìng zǐ lù shǐ mén rén wéi chén
9.12 子疾病，子路使门人为臣①**。**
孔子病得厉害，子路命孔子的学生充当家臣来预备丧事。

bìng jiàn yuē jiǔ yǐ zāi yóu zhī xíng zhà yě wú chén ér wéi
病间②**，曰："久矣哉，由之行诈也！无臣而为**
孔子偶尔从门缝得知，说："太久了，仲由做这种虚假的事！我本不该

yǒu chén wú shéi qī qī tiān hū qiě yǔ yǔ qí sǐ yú chén zhī shǒu yě
有臣。吾谁欺？欺天乎！且予与其死于臣之手也，
有家臣治丧，却装作有。我欺哄谁呢？欺天吗？我与其死在家臣的手里，

wú nìng sǐ yú èr sān zǐ zhī shǒu hū qiě yǔ zòng bù dé dà zàng
无宁死于二三子之手乎！且予纵不得大葬，
不如死在你们学生的身边！况且我即使不能风光地办理丧葬，

yǔ sǐ yú dào lù hū
予死于道路乎？"
我还会死在路上吗？"

①臣：诸侯大夫办丧才设的处理丧事的专职人员。子路想给老师举行大夫级别的隆重的丧礼，所以让学生冒充家臣备丧。②间：古写作"閒"，本义门缝。

zǐ gòng yuē yǒu měi yù yú sī yùn dú ér cáng zhū
9.13 子贡曰："有美玉于斯，韫椟①**而藏诸？**
子贡说："若有一块美玉在手中，把它放在柜子里藏起来呢？

qiú shàn gǔ ér gū zhū zǐ yuē gū zhī zāi gū zhī zāi
求善贾[②]而沽[③]诸？”子曰：“沽之哉！沽之哉！
还是找一个识货的商人卖掉呢？”孔子道：“卖掉吧，卖掉吧！
wǒ dài gǔ zhě yě
我待贾者也。”
我正在等待识货者哩。”

①韫：收藏。椟：匣子。②贾：商人。③沽：卖。

zǐ yù jū jiǔ yí huò yuē lòu rú zhī hé
9.14 子欲居九夷[①]。或曰：“陋，如之何？”
孔子想搬到九夷去住。有人说：“那地方非常鄙陋，怎么办？”
zǐ yuē jūn zǐ jū zhī hé lòu zhī yǒu
子曰：“君子居之，何陋之有？”
孔子道：“有君子居住，怎么会鄙陋呢？”

①九夷：泛指东部少数民族居住区。

zǐ yuē wú zì wèi fǎn lǔ rán hòu yuè zhèng yǎ
9.15 子曰：“吾自卫反鲁，然后乐正，《雅》、
孔子说：“我从卫国回到鲁国，才将音乐的资料整理好，《雅》、
sòng gè dé qí suǒ
《颂》各得其所。
《颂》篇章各得适当的安置。”

zǐ yuē chū zé shì gōng qīng rù zé shì fù xiōng sāng shì bù
9.16 子曰：“出则事公卿[①]，入则事父兄，丧事不
孔子说：“出家门就敬奉公务，回家就敬事父兄，对丧事不
gǎn bù miǎn bù wéi jiǔ kùn hé yǒu yú wǒ zāi
敢不勉，不为酒困，何有于我哉？”
敢不尽心尽礼，不被酒所困扰，除此对我还有什么呢？”

①公卿：古代三公九卿的简称，即现代的政府官员。这里指公共事务。

zǐ zài chuān shàng yuē shì zhě rú sī fū
9.17 子在川上，曰：“逝者如斯夫！
孔子在河边，叹道：“消逝的时光像这河水一样呀！

bù shě zhòu yè
不舍昼夜。”

不分日夜地奔流。”

zǐ yuē wú wèi jiàn hào dé rú hào sè zhě yě
9.18 子曰：“吾未见好德如好色者也。”

孔子说：“我没有见过喜爱道德能像喜爱美貌那样的人啊。”

zǐ yuē pì rú wéi shān wèi chéng yī kuì zhǐ
9.19 子曰：“譬如为山，未成一篑，止，

孔子说：“譬如造山，只差一筐土未成功，如果停止，

wú zhǐ yě pì rú píng dì suī fù yī kuì jìn
吾止也。譬如平地，虽覆一篑，进，

我的目标就终止了。譬如平整土地，虽然只倒下一筐土，如果继续，

wú wǎng yě
吾往也。”

我就向前迈进了！”

zǐ yuē yù zhī ér bú duò zhě qí huí yě yú
9.20 子曰：“语之而不惰者，其回也与！”

孔子说：“告诉他什么而从不懈怠的，大概只有颜回一个人吧！”

zǐ wèi yán yuān yuē xī hū wú jiàn qí jìn yě
9.21 子谓颜渊，曰：“惜乎！吾见其进也，

孔子谈到颜渊，说道：“真可惜呀！我只看见他不断求进，

wèi jiàn qí zhǐ yě
未见其止也。”

从没看见他停下啊。”

zǐ yuē miáo ér bú xiù zhě yǒu yǐ fú xiù ér bù shí
9.22 子曰：“苗而不秀者有矣夫！秀而不实

孔子说：“禾苗生长了却不吐穗开花，是有哇！吐穗开花了却

zhě yǒu yǐ fú
者有矣夫！”

没有凝浆结实，也有哇！”

zǐ yuē hòu shēng kě wèi yān zhī lái zhě zhī bù rú jīn yě

9.23 子曰："后生可畏，焉知来者之不如今也？

孔子说："年轻人是可敬畏的，怎么能知道他将来不如现在呢？

sì shí wǔ shí ér wú wén yān sī yì bù zú wèi yě yǐ

四十、五十而无闻焉，斯亦不足畏也已。"

一个人如果到了四五十岁还没有名声，也就没有什么值得敬畏的了。

zǐ yuē fǎ yǔ zhī yán néng wú cóng hū gǎi zhī wéi guì

9.24 子曰："法语之言，能无从乎？改之为贵。

孔子说："符合规则的话，怎能不听从呢？领悟改过才可贵。

xùn yǔ zhī yán néng wú yuè hū yì zhī wéi guì yuè ér bú yì

巽[①]与之言，能无说乎？绎[②]之为贵。说而不绎，

恭顺赞美的话，怎能不喜欢呢？分析寓意才可贵。盲目高兴不加分析，

cóng ér bù gǎi wú mò rú zhī hé yě yǐ yǐ

从而不改，吾末如之何也已矣。"

表面接受实际不改，我就对他没有指望了。"

①巽：谦逊，恭敬。②绎：寻绎，分析。

zǐ yuē zhǔ zhōng xìn wú yǒu bù rú jǐ zhě

9.25 子曰："主忠信，毋友不如己者，

孔子说："要主动力行忠信，不要以不如自己的人为友，

guò zé wù dàn gǎi

过则勿惮改。"

有了过错，就不要怕改正。"

zǐ yuē sān jūn kě duó shuài yě pǐ fū

9.26 子曰："三军可夺帅也，匹夫

孔子说："三军主帅的权力可以被剥夺，一个普通人的

bù kě duó zhì yě

不可夺志也。"

意志却不能被剥夺。"

zǐ yuē yì bì yùn páo yǔ yì hú hé zhě lì

9.27 子曰："衣敝缊袍，与衣狐貉者立，

孔子说道："穿着破旧的棉袍和穿着狐裘的人站在一起，

ér bù chǐ zhě qí yóu yě yú bú zhì bù qiú hé yòng
而不耻者，其由也与？‘不忮[1]不求，何用
不觉得惭愧的人恐怕只有仲由罢！《诗》说：‘不妒不贪，怎能
bù zāng zǐ lù zhōng shēn sòng zhī zǐ yuē shì dào yě
不臧[2]？’”子路终身诵之。子曰：“是道也，
不好？’”子路听后总是吟诵此诗。孔子又说：“这可称道啊，
hé zú yǐ zāng
何足以臧？”
但哪能当做全部的好呢？”

①忮：嫉妒。②臧：善，好。这诗句见于《诗经·邶风·雄雉篇》。

zǐ yuē suì hán rán hòu zhī sōng bǎi zhī hòu diāo yě
9.28 子曰：“岁寒，然后知松柏之后雕[1]也。”
孔子说：“年末酷寒来临后，才知晓松柏树不凋谢啊。”

①雕：同凋，凋零，零落。

zǐ yuē zhì zhě bú huò rén zhě bù yōu yǒng zhě bú jù
9.29 子曰：“知者不惑，仁者不忧，勇者不惧。”
孔子说：“聪明人不惑乱，仁德的人不忧疑，勇敢的人不畏惧。”

zǐ yuē kě yǔ gòng xué wèi kě yǔ shì dào kě yǔ
9.30 子曰：“可与共学，未可与适道；可与
孔子说：“可以共同学习，未必可以共同获得真理；可以共同
shì dào wèi kě yǔ lì kě yǔ lì wèi kě yǔ quán
适道，未可与立；可与立，未可与权。”
获得真理，未必可以共同坚守；可以共同坚守，未必可以共同变通。”

táng dì zhī huá piān qí fǎn ér qǐ bù ěr sī
9.31 “唐棣之华，偏其反而。岂不尔思？
古诗唱道：“唐棣树开花，翩翩摇曳。我心岂不想念你啊？
shì shì yuǎn ér zǐ yuē wèi zhī sī yě
室是远而。”子曰：“未之思也，
只因为家住得太遥远。”孔子说：“他是没有真想念吧，

子罕篇

fú hé yuǎn zhī yǒu

夫何远之有？”

真想的话还有什么远呢？”

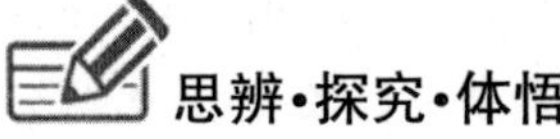

思辨·探究·体悟

1. 此篇通过孔子谈自己的追求和学生对孔子的评述，着重表现了孔子的德行和博学多才。其中说到“子罕言利”，是指孔子很少谈个人的利益还是不重视利益的驱动力？孔子在其他地方多次谈到过“不义而富且贵，于我如浮云”（7.15），“见利思义”（14.2）等。请试析孔子对义与利的看法。

2. 孔子之所以能够从一个普通贫民成长为圣人，与他“绝四：毋意，毋必，毋固，毋我”的做人追求分不开。这对你有何启发？

3. 怎样理解孔子“逝者如斯夫”的感慨？

4. 对9.19章杨伯峻译：“好比堆土成山，只要再加一筐土便成山了，如果懒得做下去，这是我自己停止的。又好比在平地上堆土成山，纵是刚刚倒下一筐土，如果决心努力前进，还是要自己坚持呵！”请对照本书的对译，分析有何不同？哪种理解更有道理？为什么？

5. 9.23中孔子为什么说“后生可畏”？怎样的后生是可畏的？为什么接着又说“四十、五十而无闻焉，斯亦不足畏也已”？真正令人可畏的东西是什么？

6. 2011年1月“苏州两小伙撞死狗，被逼当街给狗下跪”（见网络报道）。请结合孔子“三军可夺帅也，匹夫不可夺志也。”的阐述，发表你对当今社会风气和人格培养的评论。

10. 乡党篇

kǒng zǐ yú xiāng dǎng xún xún rú yě sì bù néng yán zhě
10.1 孔子于乡党，恂恂如也，似不能言者。

在乡里的孔子，温和恭敬的样子，就像个不善言辞的人。

qí zài zōng miào cháo tíng pián pián yán wéi jǐn ěr
其在宗庙、朝廷，便便言，唯谨尔。

但他在宗庙里、朝廷上，却言辞流畅明晰，只是比较谨慎而已。

cháo yǔ xià dà fū yán kǎn kǎn rú yě
10.2 朝，与下大夫言，侃侃[①]如也；

孔子在上朝的时候，同下大夫交谈，显出和悦而坦诚的样子；

yǔ shàng dà fū yán yín yín rú yě jūn zài
与上大夫言，訚訚[②]如也。君在，

同上大夫交谈，显出温和而又明辨是非的样子。国君到来，

cù jí rú yě yǔ yǔ rú yě
踧踖[③]如也，与与[④]如也。

则显出恭敬小心而又仪态合度的样子。

①侃侃：直率坦诚而和乐的样子。②訚訚：和悦而能辨明是非。③踧踖：恭敬小心的样子。④与与：威仪合度的样子。

jūn zhào shǐ bìn sè bó rú yě zú jué rú yě
10.3 君召使摈[①]，色勃[②]如也；足躩[③]如也。

国君派孔子接待外宾，他便脸色庄重，脚步快捷的样子，

yī suǒ yǔ lì zuǒ yòu shǒu yì qián hòu chān rú yě
揖所与立左右手，衣前后襜[④]如也。

双手向同立左右的官员作揖，整理前后衣着使之平整。

qū jìn yì rú yě bīn tuì
趋进，翼如也。宾退，

快步走去，两臂拱起像鸟儿展开翅膀一样从容大方。宾客告辞后，

bì fù mìng yuē bīn bú gù yǐ

必复命曰："宾不顾矣。"

必定向君主回报："客人已经走远不回头了。"

①摈：招待国宾。②勃：兴起、旺盛。③足躩：脚步快。④衣：用作动词，整理着装。襜：整齐的样子。

rù gōng mén jū gōng rú yě rú bù róng lì bù zhōng mén

10.4 入公门，鞠躬如也，如不容。立不中门，

孔子进入宫门时，总是弯着腰，好像门容不下他的样子。站不正对中门，

háng bù lǚ yù guò wèi sè bó rú yě zú jué rú yě

行不履阈①。过位，色勃如也，足躩如也，

走不踩门槛。经过群臣位去见国君时，他脸色庄重，脚步加快起来，

qí yán sì bù zú zhě shè zī shēng táng jū gōng rú yě

其言似不足者。摄齐②升堂，鞠躬如也，

低声说话似中气不足。然后提起衣摆登殿堂去面君，弯着腰，

bǐng qì sì bù xī zhě chū jiàng yī děng chěng yán sè yí yí rú yě

屏气似不息者。出，降一等，逞颜色怡怡如也。

屏住气好像不呼吸一样。退出，走下一级台阶，脸色呈现和悦神态。

mò jiē qū jìn yì rú yě fù qí wèi

没阶，趋进，翼如也。复其位，

下了台阶，便快步向前，像展翅般轻盈。回到自己的位置，

cù jí rú yě

踧踖如也。

依然是恭敬谨慎的样子。

①履阈：脚踩门槛。②摄齐：提起衣服的下摆。

zhí guī jū gōng rú yě rú bú shèng

10.5 执圭①，鞠躬如也，如不胜。

孔子持圭出使他国朝君时，弯着腰，像是举不起来的样子。

shàng rú yī xià rú shòu bó rú zhàn sè zú sù sù rú

上如揖，下如授。勃如战色②，足蹜蹜③如

从上看像作揖，从下看像呈递状。脸色庄重敬畏，小步行进而

yǒu xún xiǎng lǐ yǒu róng sè sī dí yú yú rú yě

有循。享礼，有容色。私觌，愉愉如也。

稳健有度。献礼时，容颜舒展开来。私下会见时，便轻松愉快了。

①圭：一种玉制礼器，上圆下方形，举行典礼时，不同身份的人拿着不同的圭。出使他国，大夫拿着圭作为代表君主的凭信。

②战色：敬畏的神色。③蹜蹜：小步走路的样子。

jūn zǐ bù yǐ gàn zōu shì hóng zǐ bù yǐ wéi

10.6 君子不以绀緅[①]饰，红紫不以为

君子不用红青或黑红的布镶衣边，不用红色或紫色的布做

xiè fú dāng shǔ zhěn chī xì bì biǎo ér chū zhī

亵服[②]。当暑，袗絺绤[③]，必表而出之。

家居便服。夏天，通常穿粗或细的葛布单衣，但出门一定要加外衣。

zī yī gāo qiú sù yī ní qiú huáng yī hú qiú

缁衣[④]，羔裘[⑤]；素衣，麑[⑥]裘；黄衣，狐裘。

黑罩衣配黑羔皮袍，白罩衣配白鹿皮袍，黄罩衣配黄狐皮袍。

xiè qiú cháng duǎn yòu mèi bì yǒu qǐn yī

亵裘长，短右袂[⑦]。必有寝衣，

在家穿的皮袍比较长，右边的袖子短一些。睡觉必穿睡衣，

cháng yì shēn yǒu bàn hú hé zhī hòu yǐ jū qù sāng

长一身有半。狐貉之厚以居。去丧，

约有一身半长。用狐貉的厚毛皮做坐垫。除了办丧，

wú suǒ bú pèi fēi wéi cháng bì shā zhī gāo qiú xuán

无所不佩。非帷裳[⑧]，必杀之。羔裘玄

任其佩戴各种饰品。除非礼服，定要加以剪裁。不穿黑羔皮袍和

guān bù yǐ diào jí yuè bì cháo fú ér cháo

冠不以吊。吉月[⑨]，必朝服而朝。

戴黑帽子去吊丧。每月初一，一定要穿着礼服去朝拜君主。

①绀：红青，微带红的黑色。斋戒时服装的颜色。緅：黑中透红，丧服的颜色。②亵服：便服，平时在家里穿的衣服。古人认为，红紫不是正色，便服不宜用红紫色。③袗：单衣。古人通常用葛草纤维织成的布做夏衣。絺：细布。绤：粗布。把麻布单衣穿在外面，里面还要衬有内衣。④缁衣：黑色的衣服。⑤羔裘：羔皮衣。古代的羔裘都是黑羊皮，毛皮向外。⑥麑：

小鹿，白色。⑦短右袂：右袖短一点，是为了便于做事。⑧非帷裳：上朝和祭祀时穿的礼服，用整幅布制作，不加以裁剪，折叠缝上。⑨吉月：每月初一。一说正月初一。

zhāi bì yǒu míng yī bù zhāi bì biàn shí
10.7 齐①，必有明衣②，布。齐必变食；
斋戒，定要备好浴衣，用布做的。斋戒定要改变饮食，不食辛辣物；
jū bì qiān zuò
居必迁坐③。
定要改变住处，不与妻妾同房。

①齐：同“斋”。②明衣：斋前沐浴后穿的浴衣。③迁坐：古人斋戒时不但要淡食还必居外寝，表示洁身崇敬。

shí bú yàn jīng kuài bú yàn xì shí yì ér ài
10.8 食不厌精，脍①不厌细。食饐而餲②，
孔子认为：饭食不嫌精，鱼和肉不嫌切得细。食物放久变味了，
yú něi ér ròu bài bù shí sè è bù shí chòu è bù shí
鱼馁而肉败，不食。色恶，不食。臭恶，不食。
鱼馊肉腐了，不宜吃。食物色不正，不宜吃。味臭了，不宜吃。
shī rèn bù shí bù shí bù shí gē bú zhèng
失饪，不食。不时，不食。割不正③，
烹调不当，不宜吃。不时鲜的菜蔬，不宜吃。宰杀不当的禽肉，
bù shí bù dé qí jiàng bù shí ròu suī duō bù shǐ shēng shí xì
不食。不得其酱，不食。肉虽多，不使胜食气④。
不宜吃。佐料不适当的，不宜吃。席上肉虽多，吃的量不超过五谷的量。
wéi jiǔ wú liàng bù jí luàn gū jiǔ shì fǔ bù shí
惟酒无量，不及乱。沽酒市脯⑤，不食。
只有酒没有限制，但不宜喝醉。清酒和市上的熟肉干，不宜吃。
bú chè jiāng shí bù duō shí
不撤姜食，不多食。
常备姜食不撤，但不宜多吃。

①脍：切细的鱼、肉。②饐：陈旧。食物放置时间长了。餲：变味了。③割不正：古人宰杀牲畜家禽都有讲究，比如有的放血有的不放血。不符

合要求谓不正。④气：同“饩”，即粮食。⑤沽：通“酤”，清酒，一夜就熟的酒。脯：熟肉干。

jì yú gōng，bù sù ròu bù chū sān rì。
10.9 祭于公，不宿肉[1]不出三日。

孔子参与国家祭祀，分到的祭肉不能过夜超出第三天食用。

chū sān rì，bù shí zhī yǐ。
出三日，不食之矣。

超过三天的祭肉，就不吃了。

①不宿肉：不使肉过夜。古代大夫参加国君祭祀以后，可以得到国君赐的祭肉（祭祀用的肉）。但祭祀活动一般要持续两三天，所以这些肉就已经不新鲜，不能再过夜了。

shí bù yán，qǐn bù yǔ。
10.10 食不言，寝不语。

孔子吃饭时不交谈，卧床欲睡时不说话。

suī shū shí cài gēng，guā jì[1]，
10.11 虽疏食菜羹，瓜祭[1]，

虽然是糙米饭蔬菜汤，孔子吃前也要先取出一些来祭祖，

bì zhāi rú yě。
必齐如也。

而且必像斋戒那样恭恭敬敬。

①瓜祭：古人在吃饭前把席上各种食品分出少许，放在餐具之间祭祖。

xí bú zhèng，bú zuò。
10.12 席[1]不正，不坐。

坐席不按礼规摆正，孔子不坐。

①席：先秦时代没有凳子，人坐在地面铺的席子上。

xiāng rén yǐn jiǔ，zhàng zhě chū，sī chū yǐ。
10.13 乡人饮酒，杖者[1]出，斯出矣。

与同乡人饮宴时，孔子要等长者退席了，自己才离席。

①杖者：拄拐杖的人，指老人。

xiāng rén nuó cháo fú ér lì yú zuò jiē

10.14 乡人傩[①]，朝服而立于阼阶[②]。

每当乡里人举行驱鬼仪式时，孔子就穿着朝服站在家庙东面的台阶上以免先祖之神受到惊吓。

①傩：古代举行驱除疫鬼的一种仪式。②阼阶：东阶。

wèn rén yú tā bāng zài bài ér sòng zhī

10.15 问人于他邦，再拜而送之。

孔子托人问候在外国的朋友，总是向受托人连拜两次送行。

kāng zǐ kuì yào bài ér shòu zhī yuē

10.16 康子馈药，拜而受之。曰：

季康子给孔子赠送药品，孔子拜谢之后接受了。自语道：

qiū wèi dá bù gǎn cháng

“丘未达，不敢尝。”

“我不了解药性，不敢乱吃。”

jiù fén zǐ tuì cháo yuē shāng rén hū bú wèn mǎ

10.17 厩焚。子退朝，曰：“伤人乎？”不问马。

马棚失火了。孔子退朝回来，问：“伤人了吗？”不问马的情况。

jūn cì shí bì zhèng xí xiān cháng zhī jūn cì xīng

10.18 君赐食，必正席先尝之。君赐腥，

国君赐给熟食，孔子定要先端正地摆上席再品尝。国君赐给生肉，

bì shú ér jiàn zhī jūn cì shēng bì xù zhī

必熟而荐之。君赐生，必畜之。

孔子定要煮熟了再荐奉给祖宗。国君赐给活物，孔子定要饲养起来。

shì shí yú jūn jūn jì xiān fàn

侍食于君，君祭，先饭[①]。

同国君一道吃饭，孔子在国君举行饭前祭礼时，要先尝一尝。

①先饭：先吃饭，表示为君主尝食。君王膳食一般由膳夫先尝，成为一种

礼制。臣子陪伴，也要先尝尝，表示为君分忧。

jí jūn shì zhī dōng shǒu jiā cháo fú

10.19 疾，君视之，东首[①]，加朝服，

孔子病了，国君来探视，他便头朝东躺着，把朝服盖在身上，

tuō shēn

拖绅[②]。

礼服绅带拖垂下来。

①东首：头朝东而面对国君入门的方向。②绅：束在朝服腰间的大带子。孔子因病卧床，不能穿朝服，故把朝服盖在身上，把绅带放在朝服上，拖垂下来，表示敬迎君主。

jūn mìng zhào bú sì jià xíng yǐ

10.20 君命召，不俟驾行矣。

国君召见，孔子不等车马驾好就步行先走了。

rù tài miào měi shì wèn

10.21 入太庙，每事问。

孔子进到太庙，每件事都要问。

péng you sǐ wú suǒ guī yuē yú wǒ bìn

10.22 朋友死，无所归，曰："于我殡。"

朋友去世，没有亲属安葬，孔子就说："由我来料理丧葬吧。"

péng you zhī kuì suī chē mǎ fēi jì ròu

10.23 朋友之馈，虽车马，非祭肉，

朋友馈赠物品，即使是车马贵品，只要不是祭肉，

bú bài

不拜。

孔子在接受时也不行拜礼。

qǐn bù shī jū bú kè

10.24 寝不尸，居不客。

睡觉时不像僵尸一样挺着，平日家居不像待客那样庄严。

jiàn zī cuī zhě suī xiá bì biàn

10.25 见齐衰者，虽狎，必变。

孔子看见穿丧服的人，即使平日很亲近，面容也一定变得严肃起来。

jiàn miǎn zhě yǔ gǔ zhě suī xiè bì yǐ miào

见冕者与瞽者，虽亵，必以貌。

看见官员和盲人，即使是熟悉的，也定以礼待之。

xiōng fú zhě shì zhī shì fù bǎn zhě

凶服者式[①]之，式负版者[②]。

遇见穿丧服的人便俯伏在车前横木上表示同情，遇见背负图籍的人，

yǒu shèng zhuàn bì biàn sè ér zuò

有盛馔，必变色而作。

也这样表示敬意。面对丰盛的筵席，定适改表情站起来致谢。

xùn léi fēng liè bì biàn

迅雷风烈，必变。

遇见迅雷大风，表情定会变成庄严虔敬的样子。

①式：同“轼”，古代车辆前部的横木。这里作动词用。遇见地位高的人或其他人时，驭手身子向前微俯，伏在横木上，以示尊敬或者同情。②负版者：背负国家图籍的人。当时无纸，用木板来书写，故称“版”。

shēng chē bì zhèng lì zhí suí chē zhōng bú nèi gù

10.26 升车，必正立，执绥。车中，不内顾，

上车时，定先站正位置，再拉着扶手带上车。在车上，不回头，

bù jí yán bù qīn zhǐ

不疾言，不亲指。

不高声说话，不指手画脚。

sè sī jǔ yǐ xiáng ér hòu jí yuē

10.27 色斯举[①]矣，翔而后集[②]。曰：

一群野鸡受惊展翅飞起来，飞翔了一阵又落在树上。孔子说：

shān liáng cí zhì shí zāi shí zāi zǐ lù

“山梁雌雉，时哉时哉！”子路

“这些山梁上的母野鸡，得其时呀！得其时呀！”子路

gǒng zhī, sān jiá ér zuò
共之，三嗅③而作。

似有所悟向它们拱手致意，连喊三声作为回应。

①色斯：受惊吓的样子。《正义》王引之《经传释词》：“色斯，犹色然，惊飞貌。”举：举动，展翅飞翔。②集：鸟群停在树上叫“集”。③嗅：唐石经《论语》作“戛”字，叫声。子路领悟了老师启示他该什么时间做什么事情的道理，欣喜而叫。

思辨·探究·体悟

1. 此篇主要谈孔子处世之礼，活画出了一位言行合度、谦谦君子的长者形象。请重点研读此篇并结合全书各篇，概括出孔子处世做人的风格，试总结孔子在行为言谈方面有哪些示范性的表现？有何特点？在因地而异、礼仪合度的交际策略上有哪些可借鉴之处？

2. 孔子为什么要“入太庙，每事问。”（10.21）？说明什么？

3. 孔子在饮食和养生方面有哪些经验值得借鉴？10.16 章中，孔子为什么拜受了季康子送的药品，而又不打算吃？如何评价孔子的这种做法？

4. 10.17 章中“厩焚，子退朝，曰：‘伤人乎’？不问马。”这件事说明了什么？“以人为本”的本质是什么？

5. 从 10.22 章和 10.23 章两章记述，可以看出孔子是怎样对待朋友的，请结合其他篇章对此加以分析描述。

6. 对 10.27 章这一段历来解说歧义很多。请查阅不同版本对照本书的译释谈一谈你的理解。

11. 先进篇

zǐ yuē xiān jìn yú lǐ yuè yě rén yě
11.1 子曰："先进于礼乐，野人也；
孔子说："先学习礼乐而后做官的是没有背景的在野之人，
hòu jìn yú lǐ yuè jūn zǐ yě rú yòng zhī
后进于礼乐，君子也。如用之，
先有官位后学习礼乐的是世袭的君臣子弟。如果选用人才，
zé wú cóng xiān jìn
则吾从先进。"
我就从先学习礼乐的人中选拔。"

zǐ yuē cóng wǒ yú chén cài zhě
11.2 子曰："从我于陈、蔡者，
孔子说："曾跟随我在陈国、蔡国经历过艰难困境的弟子，
jiē bù jí mén yě
皆不及门也。"
现在都已不在我门下了。"

dé xíng yán yuān mǐn zǐ qiān rǎn bó niú zhòng gōng
11.3 德行：颜渊，闵子骞，冉伯牛，仲弓。
孔门学生中德行好的有：颜渊、闵子骞、冉伯牛、仲弓。
yán yǔ zǎi wǒ zǐ gòng zhèng shì rǎn yǒu jì lù
言语：宰我，子贡。政事：冉有，季路。
会说话的有：宰我、子贡。擅长政事的有：冉有、季路。
wén xué zǐ yóu zǐ xià
文学：子游，子夏。
熟悉礼乐文献的有：子游、子夏。

zǐ yuē huí yě fēi zhù wǒ zhě yě yú wú yán wú

11.4 子曰：“回也，非助我者也，于吾言无

孔子说：“颜回啊，不需要借助我的解释，对我的话没有

suǒ bù shuō

所不说[1]**。”**

不明白的。”

①说：释然，明白。

zǐ yuē xiào zāi mǐn zǐ qiān rén bú jiàn yú qí fù mǔ

11.5 子曰：“孝哉闵子骞！人不间于其父母

孔子说：“闵子骞真是孝顺啊！他从来不置疑他父母

kūn dì zhī yán

昆弟之言。”

兄弟称赞他的话。”

nán róng sān fù bái guī kǒng zǐ yǐ qí xiōng

11.6 南容三复“白圭”[1]**，孔子以其兄**

南容每日多次默诵“白圭”诗句自勉，孔子便把自己的

zhī zǐ qì zhī

之子妻之。

侄女嫁给了他。

①南容：孔子学生，姓南宫名适，字子容。白圭：古代帝王或诸侯在举行典礼时拿的一种玉器。《诗经·大雅·抑篇》有：“白圭之玷，尚可磨也；斯言之玷，不可为也。”意思是白圭的污点还可以磨掉，说出的错话则无法收回。

jì kāng zǐ wèn dì zǐ shú wéi hào xué kǒng zǐ duì yuē

11.7 季康子问：“弟子孰为好学？”孔子对曰：

季康子问道：“你的学生中哪个好学？”孔子答道：

yǒu yán huí zhě hào xué bú xìng duǎn mìng sǐ yǐ

“有颜回者好学，不幸短命死矣，

“有一个叫颜回的最好学，不幸他英年早逝了，

jīn yě zé wú
今 也 则 亡。"
现在再没有像他这样的人了。"

yán yuān sǐ yán lù qǐng zǐ zhī chē yǐ wéi zhī guǒ
11.8 颜 渊 死，颜 路 请 子 之 车 以 为 之 椁①。
颜渊死了，他父亲颜路请求孔子卖掉车子来替颜渊置外椁。
zǐ yuē cái bù cái yì gè yán qí zǐ yě lǐ yě sǐ
子 曰："才 不 才，亦 各 言 其 子 也。鲤②也 死，
孔子说："有才还是无才，都是自己的儿子啊。我亲儿子鲤死的时候，
yǒu guān ér wú guǒ wú bù tú xíng yǐ wéi zhī guǒ
有 棺 而 无 椁。吾 不 徒 行 以 为 之 椁。
也只有内棺，没有外椁。我不曾卖了车徒步行走来给他买椁。
yǐ wú cóng dà fū zhī hòu bù kě tú xíng yě
以吾从大夫之后③，不可徒行也。"
因为我还跟从在大夫之后，不可徒步出门哇。"

①椁：古代厚葬棺木至少用两重，里面的一重叫棺，外面又一重大的叫椁。②鲤：孔子的儿子，字伯鱼。死时采取的是薄葬。③吾从大夫之后：孔子做过鲁司寇，是大夫。"从之后"是孔子谦逊的说法。

yán yuān sǐ zǐ yuē yī tiān sàng yú tiān sàng yú
11.9 颜 渊 死。子曰："噫！天 丧予！天 丧 予！"
颜渊死了，孔子说："咳！老天爷要我的命呀！老天爷要我的命呀！"

yán yuān sǐ zǐ kū zhī tòng cóng zhě yuē zǐ tòng yǐ
11.10 颜 渊死，子 哭 之 恸。从 者 曰："子 恸 矣！"
颜渊死了，孔子哭得极其悲痛。跟随的人说："您太过悲痛了！"
yuē yǒu tòng hū fēi fú rén zhī wèi tòng ér shéi wèi
曰："有 恸 乎？ 非 夫 人 之 为 恸 而 谁 为？"
孔子说："我真的太悲痛了吗？我不为这样的人悲痛，还为谁悲痛呢！"

yán yuān sǐ mén rén yù hòu zàng zhī zǐ yuē
11.11 颜 渊 死，门 人 欲 厚 葬 之。 子 曰：
颜渊死了，孔子的学生们想要很隆重地安葬他。孔子说：

bù kě mén rén hòu zàng zhī zǐ yuē huí yě shì yú
“不可。”门人厚葬之。子曰：“回也视予
“不可以。”学生们很隆重地安葬了颜渊。孔子说：“颜回呀，你视我
yóu fù yě yú bù dé shì yóu zǐ yě fēi wǒ yě
犹父也，予不得视犹子也。非我也，
像亲生父亲，我却不能视你像亲子。这不是我的主意，
fú èr sān zǐ yě
夫二三子也。”①
是那些同学干的呀。”

①按礼制不应该厚葬颜回，孔子的亲儿子伯鱼也是薄葬的，但孔子因深爱颜回而默认了弟子们对颜回的厚葬，实在是无法做到将两人一视同仁。反映出孔子的矛盾心理。

jì lù wèn shì guǐ shén zǐ yuē wèi néng shì rén
11.12 季路问事鬼神。子曰：“未能事人，
子路问事奉鬼神的方法。孔子说：“没有事奉好活人，
yān néng shì guǐ yuē gǎn wèn sǐ yuē
焉能事鬼？”曰：“敢问死。”曰：
怎能事奉鬼呢？”子路又问：“请问什么是死？”孔子说：
wèi zhī shēng yān zhī sǐ
“未知生，焉知死？”
“不懂得生活，怎么懂得死？”

mǐn zǐ shì cè yín yín rú yě zǐ lù hàng hàng
11.13 闵子侍侧，訚訚如也；子路，行行
闵子骞侍立在孔子身旁，一派中正和蔼的样子；子路是一副
rú yě rǎn yǒu zǐ gòng kǎn kǎn rú yě zǐ lè
如也；冉有、子贡，侃侃如也。子乐，
刚强的气势；冉有、子贡是通达从容的风度。孔子笑了，
ruò yóu yě bù dé qí sǐ rán
“若由也，不得其死然。”
说：“像仲由这样呀，恐怕不得善终。”

lǔ rén wéi cháng fǔ mǐn zǐ qiān yuē réng jiù guàn rú zhī hé
11.14 鲁人为长府①。闵子骞曰:“仍旧贯,如之何?
鲁国将翻修国库。闵子骞说:“仍然维持老样子,怎么样?
hé bì gǎi zuò zǐ yuē fú rén bù yán yán bì yǒu zhòng
何必改作?”子曰:“夫人不言,言必有中。”
为何定要改造呢?”孔子说:“这个人不大开口,一开口必定中肯。”

①鲁人:指鲁国的执政大臣。长府:鲁国储藏财货的府库名。

zǐ yuē yóu zhī sè xī wéi yú qiū zhī mén mén rén
11.15 子曰:“由之瑟,奚为于丘之门①?”门人
孔子说:“仲由为什么总在我的门前弹瑟呢?”孔子的学生们
bú jìng zǐ lù zǐ yuē yóu yě shēng táng yǐ
不敬子路。子曰:“由也升堂矣,
听后不尊敬子路了。孔子说:“仲由哇,学问已经入门进了厅堂,
wèi rù yú shì yě
未入于室②也。”
只是还不够精深啊。”

①这里表面说在门前弹瑟,实际暗示子路在学问面前徘徊,没有深入。同学以为批评子路还没有入门,所以对他不敬。②升堂、入室:先进厅堂再入内室,比喻做学问的阶段层次,“升堂”指学养达到了较好程度,“入室”比喻达到了精深的地步。

zǐ gòng wèn shī yǔ shāng yě shú xián zǐ yuē
11.16 子贡问:“师与商也孰贤?”子曰:
子贡问孔子:“孙师和卜商两个人,谁强一些?”孔子说:
shī yě guò shāng yě bù jí yuē rán zé shī
“师也过,商也不及。”曰:“然则师
“孙师呢,有些过头;卜商呢,有些不足。”子贡说:“这么说孙师
yù yú zǐ yuē guò yóu bù jí
愈与?”子曰:“过犹不及。”
强一些吗?”孔子说:“过头如同不足。”

jì shì fù yú zhōugōng ér qiú yě wèi zhī jù liǎn ér fù yì zhī

11.17 季氏富于周公，而求也为之聚敛而附益之。

季氏比周公富有，冉求还替他搜刮，增加更多的财富。

zǐ yuē fēi wú tú yě xiǎo zǐ míng gǔ ér gōng zhī kě yě

子曰："非吾徒也。小子鸣鼓而攻之，可也。"

孔子说："冉求不再是我的学生了，你们尽可以大张旗鼓地攻击他。"

chái yě yú shēn yě lǔ shī yě pì yóu yě yàn

11.18 柴[①]也愚，参也鲁，师也辟，由也喭。

高柴愚笨，曾参迟钝，颛孙师偏激，仲由鲁莽。

①柴：姓高名柴，字子羔，孔子学生。

zǐ yuē huí yě qí shù hū lǚ kōng cì bú

11.19 子曰："回也其庶乎，屡空。赐不

孔子说："颜回啊几乎达到了完美，却屡遭穷困。端木赐不

shòu mìng ér huò zhí yān yì zé lǚ zhòng

受命，而货殖焉，亿[①]则屡中。"

服命运，下海经商，屡屡成功。"

①亿：同"臆"。推测判断市场。

zǐ zhāng wèn shàn rén zhī dào zǐ yuē bú jiàn jì

11.20 子张问善人之道。子曰："不践迹，

子张问做好人的途径。孔子说："如果不脚踏实地，

yì bú rù yú shì

亦不入于室。"

也就不可能达到精深之境界。"

zǐ yuē lùn dǔ shì yǔ jūn zǐ zhě hū

11.21 子曰："论笃是与，君子者乎？

孔子说："言论笃实的人常受称赞，但他是真君子呢？

sè zhuāng zhě hū

色庄者乎？"

还是伪装诚实的人呢？"

zǐ lù wèn wén sī xíng zhū zǐ yuē yǒu fù xiōng zài rú zhī
11.22 子路问：“闻斯行 诸？”子曰：“有父兄在，如之
子路问：“听到就可做吗？”孔子说：“有父兄在上，怎能
hé qí wén sī xíng zhī rǎn yǒu wèn wén sī xíng zhū zǐ yuē wén sī
何其闻斯行之？”冉有问：“闻斯行诸？”子曰：“闻斯
听到了就做呢？”冉有问：“听到就可做吗？”孔子说：“听到就
xíng zhī gōng xī huá yuē yóu yě wèn wén sī xíng zhū zǐ yuē yǒu
行之。”公西华 曰：“由也问‘闻斯行 诸’，子曰‘有
去做了。”公西华听后说：“仲由问‘听到就可做吗’，老师说‘有
fù xiōng zài qiú yě wèn wén sī xíng zhū zǐ yuē wén
父兄在’，求也问‘闻斯行诸’，子曰‘闻
父兄在不能马上做’。冉有问‘听到就可做吗’，您却说‘听到
sī xíng zhī chì yě huò gǎn wèn zǐ yuē qiú yě tuì
斯行之’。赤也惑，敢问。”子曰：“求也退，
就去做吧’。我不明白，请问何因？”孔子说：“冉求谦逊迟缓，
gù jìn zhī yóu yě jiān rén gù tuì zhī
故进之；由也兼人，故退之。”
所以我鼓励他大胆进取；仲由好勇过人，所以我要约束他。”

zǐ wèi yú kuāng yán yuān hòu zǐ yuē wú yǐ
11.23 子畏于匡，颜渊后。子曰：“吾以
孔子与弟子在匡地被围困，颜渊最后才逃出来。孔子说：“我以为
rǔ wéi sǐ yǐ yuē zǐ zài huí hé gǎn sǐ
女为死矣。”曰：“子在，回何敢死？”
你死了呢。”颜渊说：“老师还在，我怎么敢死呢？”

jì zǐ rán wèn zhòng yóu rǎn qiú kě wèi dà chén yú
11.24 季子然问：“仲由、冉求可谓大臣与？”
季子然问：“仲由和冉求可以称得上‘大臣’吗？”
zǐ yuē wú yǐ zǐ wéi yì zhī wèn céng yóu yǔ qiú zhī wèn suǒ wèi
子曰：“吾以子为异之问，曾由与求之问。所谓
孔子说：“我以为你是问谁呢，原来是问仲由和冉求呀。所谓
dà chén zhě yǐ dào shì jūn bù kě zé zhǐ jīn yóu yǔ qiú yě kě wèi jù
大臣者，以道事君，不可则止。今由与求也，可谓具
大臣，应该用道义侍奉君主，如果行不通，宁可辞职。现在仲由和

chén yǐ yuē rán zé cóng zhī zhě yú
臣矣。”曰：“然则从之者与？”
冉求，能算是备位的臣子吧。”季子然又说：“如此说来，他们会听从我吗？”

zǐ yuē shì fù yǔ jūn yì bù cóng yě
子曰：“弑父与君，亦不从也。”
孔子说：“杀父、杀君的事情，他们是不会顺从的。”

zǐ lù shǐ zǐ gāo wéi bì zǎi zǐ yuē zéi fú rén zhī zǐ
11.25 子路使子羔为费宰。子曰：“贼夫人之子。”
子路推荐子羔去做费县的长官。孔子说：“这简直是害人子弟。”

zǐ lù yuē yǒu mín rén yān yǒu shè jì yān hé bì dú shū
子路曰：“有民人焉，有社稷①焉，何必读书，
子路说：“那有百姓可以管理，有社稷可以祭祀，为什么定要读书

rán hòu wéi xué zǐ yuē shì gù wù fú nìng zhě
然后为学？”子曰：“是故恶夫佞者。”
才叫做学问呢？”孔子说：“所以我讨厌巧语强辩的人。”

①社稷：土神和谷神。这里指费地的管理机构，后来社稷成为国家政权的象征。

zǐ lù zēng xī rǎn yóu gōng xī huá shì zuò zǐ yuē
11.26 子路、曾皙、冉有、公西华侍坐。子曰：
子路、曾皙、冉有、公西华四个弟子陪孔子闲坐。孔子说：

yǐ wú yī rì zhǎng hū ěr wú wú yǐ yě jū zé yuē bù wú zhī yé
“以吾一日长乎尔，毋吾以也。居则曰：‘不吾知也！’
“我比你们稍长几岁罢了，别在乎我。你们平日说：‘没有人了解我呀！’

huò zhī ěr zé hé yǐ zāi zǐ lù shuài ěr ér duì yuē
或知尔，则何以哉？”子路率尔而对曰：
假若有人想了解你们，那你们打算做什么呢？”子路毫不犹豫地说：

qiān shèng zhī guǒ shè hū dà guǒ zhī jiān jiā zhī yǐ shī lǚ
“千乘之国，摄乎大国之间，加之以师旅，
“假如一个拥有千辆兵车的国家，夹在几个大国中间，外有武装侵犯，

yīn zhī yǐ jī jǐn yóu yě wéi zhī bí jí sān nián kě shǐ yǒu yǒng
因之以饥馑；由也为之，比及三年，可使有勇，
内又遭受饥荒。我去治理，只需三年，就可以使这个国家人人勇敢善战，

qiě zhī fāng yě fú zǐ shěn zhī qiú ěr hé rú
且知方也。”夫子哂之。“求！尔何如？”
而且懂得义理法度。”孔子笑了一下。又问：“冉求，你怎么样？”

duì yuē fāng liù qī shí rú wǔ liù shí qiú yě wéi zhī
对曰：“方六七十，如五六十，求也为之，
冉求回答说：“一个方圆六七十里或者五六十里的小地方，如果让我去治理，

bǐ jí sān nián kě shǐ zú mín rú qí lǐ yuè
比及三年，可使足民。如其礼乐，
等到了三年，可以使百姓人人衣食丰足。至于礼乐教化，

yǐ sì jūn zǐ chì ěr hé rú duì yuē
以俟君子。”“赤！尔何如？”对曰：
只有等待贤人君子了。”“公西赤！你呢？”公西华回答说：

fēi yuē néng zhī yuàn xué yān zōng miào zhī shì rú
“非曰能之，愿学焉。宗庙之事，如
“我不敢说能做什么，只是愿意学着做。比如宗庙祭祀中，或者

huì tóng duān zhāng fǔ yuàn wéi xiǎo xiàng yān diǎn
会同，端章甫，愿为小相焉。”“点！
诸侯国盟会上，我愿意穿着礼服，戴着礼帽，做一个小司仪。”“曾点！

ěr hé rú gǔ sè xī kēng ěr shě sè ér zuò
尔何如？”鼓瑟希，铿尔，舍瑟而作，
你如何？”曾皙弹琴渐稀，“铿”的一声，放下琴站起来答道：

duì yuē yì hū sān zǐ zhě zhī zhuàn zǐ yuē hé shāng hū
对曰：“异乎三子者之撰。”子曰：“何伤乎？
“我的志向和他们三位所讲的不同。”孔子说：“有什么关系呢？

yì gè yán qí zhì yě yuē mù chūn zhě
亦各言其志也。”曰：“莫①春者，
不过是各人说说自己的志向而已。”曾皙便说：“暮春三月，

chūn fú jì chéng guān zhě wǔ liù rén tóng zǐ liù qī rén yù hū yí
春服既成，冠者五六人，童子六七人，浴乎沂，
换上了春装，邀约五六位青年，六七个少年，到沂河洗浴一番，

fēng hū wǔ yú yǒng ér guī fū zǐ kuì rán tàn yuē
风乎舞雩，咏而归。”夫子喟然叹曰：
再到舞雩台上吹吹风，然后一路唱着歌回来。”孔子深叹一声说：

wú yǔ diǎn yě sān zǐ zhě chū

“吾与点也！”三子者出，

“我同意曾点的想法呀！”子路、冉有、公西华三人都出来了，

zēng xī hòu zēng xī yuē fú sān zǐ zhě zhī yán hé rú zǐ yuē yì

曾皙后。曾皙曰：“夫三子者之言何如？”子曰：“亦

曾皙走在后面。曾皙问道：“他们三位说的怎么样？”孔子说：“也

gè yán qí zhì yě yǐ yǐ yuē fū zǐ hé shěn yóu yě

各言其志也已矣。”曰：“夫子何哂由也？”

不过各人说说自己的志向罢了。”曾皙又说：“您为什么笑仲由呢？”

yuē wéi guó yǐ lǐ qí yán bú ràng

曰：“为国以礼，其言不让，

孔子说：“治理国家应该讲求礼让，他的话却一点都不谦虚，

shì gù shěn zhī wéi qiú zé fēi bāng yě yú

是故哂之。”“唯求则非邦也与？”

所以笑他。”“难道冉求所讲的就不是治理国家的事吗？”

ān jiàn fāng liù qī shí rú wǔ liù shí ér fēi bāng yě zhě

“安见方六七十，如五六十而非邦也者？”

“哪有方圆六七十里，或者五六十里的土地还不算是一个国家呢？”

wéi chì zé fēi bāng yě yú zōng miào huì tóng fēi zhū hóu

“唯赤则非邦也与？”“宗庙会同，非诸侯

“公西赤所讲的不是国家吗？”“有宗庙祭祀，又有会盟，那不是诸

ér hé chì yě wéi zhī xiǎo shú néng wéi zhī dà

而何？赤也为之小，孰能为之大？”

侯国是什么呢？如果公西华只能做小司仪，又有谁能做大司仪呢？”

①莫：通“暮”，指夏历三月，天气转暖的季节。

思辨·探究·体悟

1. 此篇进一步记述了孔子对弟子们的评价和教诲。其中列出的孔门“四科十哲”（11.3）代表了怎样的境界？四科的排列顺序有什么特殊意义吗？

2. 对“回也，非助我者也，于吾言无所不说”，（11.4）杨伯峻翻译：“颜回不是对我有所帮助的人，他对我的话没有不喜欢的。”孙钦善认为：

“本章对颜回从不质疑问难，以启发增益自己，感到遗憾。”请结合 2.9 章的全文分析这一句的真正意思。到底是夸赞颜回？还是表示遗憾？

3. 孔子十分喜爱颜回，颜回英年早逝使孔子痛不欲生，但他为什么不同意学生对颜回进行厚葬？当同学们厚葬了颜回，孔子为什么又默认了，还声称“非我也，夫二三子也”？

4. 11.20 章子张问善人之道。子曰：“不践迹，亦不入于室。”对“不践迹”有两种理解：一是说不按照先贤的榜样和方法学习；二是说不脚踏实地的求知。两种理解各有什么价值？你侧重取哪一种？为什么？

5. 尝试分角色表演“11.26 子路、曾皙、冉有、公西华侍坐”章的情景，体验孔子问志的教学风格。并组织讨论：孔子为何赞同曾皙的回答？孔子的志向是什么？你如何评价孔子的志向？

12. 颜渊篇

yán yuān wèn rén zǐ yuē kè jǐ fù lǐ wéi rén

12.1 颜渊问仁。子曰："克己复礼为仁。

颜渊问怎样做才是仁。孔子说："克制自己使言行符合礼就是仁。

yī rì kè jǐ fù lǐ tiān xià guī rén yān wéi rén

一日克己复礼，天下归仁焉。为仁

如果每人每天都能克己复礼，那么天下就会趋向仁德了。力行仁

yóu jǐ ér yóu rén hū zāi yán yuān yuē qǐng wèn qí mù

由己，而由人乎哉？"颜渊曰："请问其目。"

全在自己，怎么能靠别人呢？"颜渊说："请问践行仁德的具体方面。"

zǐ yuē fēi lǐ wù shì fēi lǐ wù tīng fēi lǐ wù yán

子曰："非礼勿视，非礼勿听，非礼勿言，

孔子说："不合乎礼的不看，不合乎礼的不听，不合乎礼的不说，

fēi lǐ wù dòng yán yuān yuē huí suī bù mǐn qǐng shì

非礼勿动。"颜渊曰："回虽不敏，请事

不合乎礼的不做。"颜渊说："我虽然不聪明，也定会认真按照

sī yǔ yǐ

斯语矣。"

这些话去做的。"

zhòng gōng wèn rén zǐ yuē chū mén rú jiàn dà bīn

12.2 仲弓问仁。子曰："出门如见大宾，

仲弓问怎样做才是仁。孔子说："出门办事如同会见贵宾一样恭敬，

shǐ mín rú chéng dà jì jǐ suǒ bú yù wù shī yú rén

使民如承大祭。己所不欲，勿施于人。

役使百姓如同承担重大祭典那样谨慎。自己不想要的，不强加于人。

zài bāng wú yuàn zài jiā wú yuàn zhòng gōng yuē

在邦无怨，在家无怨。"仲弓曰：

无论在国家公干，还是私家生活中都不要怨天尤人。"仲弓说：

yōng suī bù mǐn, qǐng shì sī yǔ yǐ

“雍虽不敏，请事斯语矣。”

“我虽然迟钝，请相信我会按照这些话去做的。”

sī mǎ niú wèn rén zǐ yuē rén zhě qí yán yě rèn

12.3 司马牛问仁。子曰：“仁者，其言也讱①。”

司马牛问怎样做才是仁。孔子说：“仁人，说话缓慢谨慎。”

yuē qí yán yě rèn sī wèi zhī rén yǐ hū zǐ yuē

曰：“其言也讱，斯谓之仁已乎？”子曰：

司马牛说：“做到说话缓慢谨慎，这就称得上仁了吗？”孔子说：

wéi zhī nán yán zhī dé wú rèn hū

“为之难，言之得无讱乎？”

“仁做起来很难，说起来能不缓慢谨慎吗？”

①讱：说话缓慢谨慎。

sī mǎ niú wèn jūn zǐ zǐ yuē jūn zǐ bù yōu bú jù

12.4 司马牛问君子。子曰：“君子不忧不惧。”

司马牛问怎样做才是一个君子。孔子说：“君子不忧愁，不恐惧。”

yuē bù yōu bú jù sī wèi zhī jūn zǐ yǐ hū

曰：“不忧不惧，斯谓之君子已乎？”

司马牛说：“不忧愁，不恐惧，这样就可以叫做君子了吗？”

zǐ yuē nèi xǐng bú jiù fú hé yōu hé jù

子曰：“内省不疚，夫何忧何惧？”

孔子回答说：“问心无愧，还有什么可忧愁和恐惧的呢？”

sī mǎ niú yōu yuē rén jiē yǒu xiōng dì wǒ dú wú

12.5 司马牛忧曰：“人皆有兄弟，我独亡。”

司马牛忧愁地说道：“别人都有兄弟，唯独我没有。”

zǐ xià yuē shāng wén zhī yǐ sǐ shēng yǒu mìn fù guì zài tiān

子夏曰：“商闻之矣：死生有命，富贵在天。

子夏说：“我听说过：死生命运决定，富贵由天安排。

jūn zǐ jìng ér wú shī yǔ rén gōng ér yǒu lǐ sì hǎi zhī nèi

君子敬而无失，与人恭而有礼，四海之内，

只要待事严肃认真，不出差错，待人恭谨有礼，就会在四海天下，

jiē xiōng dì yě jūn zǐ hé huàn hū wú xiōng dì yě
皆兄弟也——君子何患乎无兄弟也？”

到处都有兄弟啊——君子何必担心没有兄弟呢？”

zǐ zhāng wèn míng zǐ yuē jìn rùn zhī zèn
12.6 子张问明。子曰：“浸润之谮[1]，

子张问怎样才叫做明智。孔子道：“浸润般的阴险谗言，

fū shòu zhī sù bù xíng yān kě wèi míng yě yǐ yǐ jìn rùn
肤受之愬[2]，不行焉，可谓明也已矣。浸润

感同身受的诬告，都不能动其心，可称得上有睿智了。浸润般的

zhī zèn fū shòu zhī sù bù xíng yān kě wèi yuǎn yě yǐ yǐ
之谮，肤受之愬，不行焉，可谓远也已矣。”

阴险谗言，感同身受的诬告，都不能动其行，可称得上有远见啊。”

①浸润：水一点点渗透进去。谮：诬陷，中伤人的言论。②愬：诬告诽谤。

zǐ gòng wèn zhèng zǐ yuē zú shí zú bīng
12.7 子贡问政。子曰：“足食，足兵，

子贡问怎样去治理政事。孔子道：“充足粮食，充足军备，

mín xìn zhī yǐ zǐ gòng yuē bì bù dé yǐ ér qù yú sī sān zhě
民信之矣。”子贡曰：“必不得已而去，于斯三者

百姓对国家就有信心了。”子贡道：“如果迫于不得已，在上述三项中

hé xiān yuē qù bīng zǐ gòng yuē
何先？”曰：“去兵。”子贡曰：

一定要去掉一项，先去掉哪一项？”孔子道：“去掉军备。”子贡道：

bì bù dé yǐ ér qù yú sī èr zhě hé xiān
“必不得已而去，于斯二者何先？”

“如果迫于不得已，在以上两项中一定要去掉一项，先去掉哪一项？”

yuē qù shí zì gǔ jiē yǒu sǐ mín wú
曰：“去食。自古皆有死，民无

孔子道：“去掉粮食。自古谁都免不了死亡。如果人民对政府没有

xìn bú lì
信不立。”

信心，国家就不可立足。”

jí zǐ chéng yuē jūn zǐ zhì ér yǐ yǐ hé yǐ
12.8 棘子成曰："君子质而已矣，何以
卫国大夫棘子成说："君子只要本色质朴便够了，何必要

wén wéi zǐ gòng yuē xī hū fú zǐ zhī shuō jūn zǐ yě
文为？"子贡曰："惜乎，夫子之说君子也！
文采修养呢？"子贡道："遗憾呀，先生这样评论君子！

sì bù jí shé wén yóu zhì yě zhì yóu wén yě
驷不及舌。文犹质也，质犹文也。
一言既出，驷马难追。文采离不开本质，本质也离不开文采。若无文采，

hǔ bào zhī kuò yóu quǎn yáng zhī kuò
虎豹之鞟犹犬羊之鞟[①]。"
那就像去掉毛的虎豹皮与狗羊皮一样没有区别了。"

①鞟：去掉了毛的兽皮。

āi gōng wèn yú yǒu ruò yuē nián jī yòng bù zú rú zhī hé
12.9 哀公问于有若曰："年饥，用不足，如之何？"
鲁哀公向有若问道："年成不好，国家用度不够，应该怎么办？"

yǒu ruò duì yuē hé chè hū yuē èr
有若对曰："盍彻[①]乎？"曰："二，
有若答道："为什么不实行十分抽一的税率呢？"哀公道："十分抽二，

wú yóu bù zú rú zhī hé qí chè yě duì yuē bǎi xìng zú
吾犹不足，如之何其彻也？"对曰："百姓足，
我还不够，怎么能十分抽一呢？"有若答道："如果百姓的用度够，

jūn shú yǔ bù zú bǎi xìng bù zú jūn shú yǔ zú
君孰与不足？百姓不足，君孰与足？"
您怎么会不够？如果百姓的用度不够，您又怎么会够？"

①彻：周代一种田税制度，以收获量的十分之一作为田税。

zǐ zhāng wèn chóng dé biàn huò zǐ yuē zhǔ zhōng xìn
12.10 子张问崇德辨惑。子曰："主忠信，
子张问如何提高品德，辨别迷惑。孔子道："坚守忠诚信实，

xǐ yì chóng dé yě ài zhī yù qí shēng wù zhī
徙[1]义，崇德也。爱之欲其生，恶之
唯义是从，就可以提高品德。喜欢了就希望他长寿；厌恶了就
yù qí sǐ jì yù qí shēng yòu yù qí sǐ shì huò yě
欲其死。既欲其生，又欲其死，是惑也。
恨不得他死。既要他长寿，又要他短命，这便是迷惑。
chéng bù yǐ fù yì zhī yǐ yì
‘诚不以富，亦祇以异’。[2]”
如诗称‘实在不因富裕与否，只因主观判断不同’。”

①徙：迁移，靠近，引申为遵从。②此为《诗经·小雅·我行其野》中的最后两句，原诗为：“不思旧姻，思尔新特。诚不以富，亦祇以异。”意思是说：“你不念结发妻子，却另寻新欢。实在不因她富有，只是你见异思迁。”

qí jǐng gōng wèn zhèng yú kǒng zǐ kǒng zǐ duì yuē jūn jūn
12.11 齐景公[1]问政于孔子。孔子对曰：“君君，
齐景公向孔子问政治策略。孔子答道：“君要尽君的本分，
chén chén fù fù zǐ zǐ gōng yuē
臣臣，父父，子子。”公曰：
臣要尽臣的本分，父要尽父的本分，子要尽子的本分。”景公道：
shàn zāi xìn rú jūn bù jūn chén bù chén fù bú fù
“善哉！信如君不君，臣不臣，父不父，
“说得好呀！若是君不尽君责，臣不尽臣责，父不尽父责，
zǐ bù zǐ suī yǒu sù wú dé ér shí zhū
子不子，虽有粟，吾得而食诸？”
子不尽子责，即使有粮食，我能吃得着吗？”

①齐景公：齐庄公异母弟，姓姜，名杵臼（chǔ jiù）。鲁昭公末年，齐国大夫陈氏专权，齐景公奢侈，国内政治混乱。孔子的回答正是针对此而言。但齐景公并不能真的采纳，最终齐国政权被陈氏篡夺。

zǐ yuē piàn yán kě yǐ zhé yù zhě
12.12 子曰：“片言可以折狱[1]者，
孔子说：“根据片言只语的信息就可以判决诉讼的，

qí yóu yě yú zǐ lù wú sù nuò
其由也与？”子路无宿诺。

大概只有仲由吧！”子路从不拖延诺言。

①折：断，判断，辨别是非。狱：案件。

zǐ yuē tīng sòng wú yóu rén yě bì yě shǐ wú sòng hū
12.13 子曰：“听讼，吾犹人也。必也使无讼乎！”

孔子说：“审理诉讼，我同别人差不多。最好的是使社会不发生诉讼。”

zǐ zhāng wèn zhèng zǐ yuē jū zhī wú juàn
12.14 子张问政。子曰：“居之无倦，

子张问如何从政。孔子道：“在位不疲倦懈怠，

xíng zhī yǐ zhōng
行之以忠。”

执行政令要忠心。”

zǐ yuē bó xué yú wén yuē zhī yǐ lǐ
12.15 子曰：“博学于文，约之以礼，

孔子说：“君子广泛地学习文献典籍，再用礼节来约束自己，

yì kě yǐ fú pàn yǐ fú
亦可以弗畔矣夫！”

也就不至于离经叛道了。”

zǐ yuē jūn zǐ chéng rén zhī měi bù chéng rén zhī è
12.16 子曰：“君子成人之美，不成人之恶。

孔子说：“君子成全别人的好事，不促成别人的坏事。

xiáo rén fǎn shì
小人反是。”

小人却和这相反。”

jì kāng zǐ wèn zhèng yú kǒng zǐ kǒng zǐ duì yuē zhèng zhě
12.17 季康子问政于孔子。孔子对曰：“政者，

季康子向孔子问政治。孔子答道：“所谓政，

zhèng yě　zǐ shuài yǐ zhèng　shú gǎn bú zhèng
正也。子帅以正，孰敢不正？”
就是端正。您自己以正表率，谁敢不端正呢？”

jì kāng zǐ huàn dào wèn yú kǒng zǐ　kǒng zǐ duì yuē　gǒu zǐ zhī
12.18 季康子患盗，问于孔子。孔子对曰：“苟子之
季康子苦于盗贼太多，向孔子求教。孔子答道：“假若您
bú yù　suī shǎng zhī bú qiè
不欲，虽赏之不窃。”
不贪求财货，就是奖励偷窃，他们也不会干。”

jì kāng zǐ wèn zhèng yú kǒng zǐ yuē　rú shā wú dào　yǐ jiù
12.19 季康子问政于孔子曰：“如杀无道，以就
季康子向孔子请教政治策略说：“用杀坏人的办法来满足
yǒu dào　hé rú　kǒng zǐ duì yuē　zǐ wéi zhèng　yān yòng shā
有道，何如？”孔子对曰：“子为政，焉用杀？
好人的利益，怎么样？”孔子答道：“您治理国家，哪里需用杀戮？
zǐ yù shàn ér mín shàn yǐ　jūn zǐ zhī dé fēng
子欲善而民善矣。君子之德风，
您要真诚行善，百姓就会跟着行善呀。领导者的德行好比风，
xiǎo rén zhī dé cǎo　cǎo shàng zhī fēng　bì yǎn
小人之德草。草上之风，必偃。”
老百姓的德行好比草。草受风吹，必随风倒。”

zǐ zhāng wèn　shì hé rú sī kě wèi zhī dá yǐ　zǐ yuē
12.20 子张问：“士何如斯可谓之达矣？”子曰：
子张问：“读书人要怎样做才可以叫‘通达’？”孔子道：
hé zāi　ěr suǒ wèi dá zhě　zǐ zhāng duì yuē　zài bāng bì wén
“何哉，尔所谓达者？”子张对曰：“在邦必闻，
“你所说的‘通达’内涵是什么？”子张答道：“那一定是在全国有名声，
zài jiā bì wén　zǐ yuē　shì wén yě　fēi dá yě　fú dá yě zhě
在家必闻。”子曰：“是闻也，非达也。夫达也者，
在家族有名声。”孔子说：“这叫名声，不叫通达。追求通达者，

zhì zhí ér hào yì chá yán ér guān sè lǜ yǐ xià rén
质直而好义，察言而观色，虑以下人。
品质正直，喜好仁义，交际善于察言观色，心存谦恭待人。
zài bāng bì dá zài jiā bì dá fú wén yě zhě
在邦必达，在家必达。夫闻也者，
这种人，一定在国内事事通达，在家族中也事事通达。追求名声者，
sè qǔ rén ér xíng wéi jū zhī bù yí zài bāng
色取仁而行违，居之不疑。在邦
表面好仁德行为却相违，积蓄虚名从不惭愧。当然也能在国内
bì wén zài jiā bì wén
必闻，在家必闻。”
有名声，在家族有名声。”

fán chí cóng yóu yú wǔ yú zhī xià yuē gǎn wèn chóng dé
12.21 樊迟从游于舞雩①之下，曰：“敢问崇德，
樊迟陪孔子在舞雩台下游览，樊迟说：“请问怎样提高品德，
xiū tè biàn huò zǐ yuē shàn zāi wèn xiān shì hòu dé
修慝②，辨惑。”子曰：“善哉问！先事后得，
怎样消除隐怨，怎样辨除犯浑。”孔子道：“问得好！先付出后收获，
fēi chóng dé yú gōng qí è wú gōng rén zhī è
非崇德与？攻其恶，无攻人之恶，
不是提高品德了吗？多做自我批评，不攻击别人的缺点，
fēi xiū tè yú yì zhāo zhī fèn wàng qí shēn yǐ jí qí qīn
非修慝与？一朝之忿，忘其身，以及其亲，
这不能消除隐怨吗？因一时愤怒，就忘了身份，殃及亲人，
fēi huò yú
非惑与？”
这不是犯浑吗？”

①舞雩：求雨的祭坛。②修：整治、修剪、消除。慝：隐藏内心的邪念和怨恨。

fán chí wèn rén zǐ yuē ài rén wèn zhì zǐ yuē
12.22 樊迟问仁。子曰：“爱人。”问知。子曰：
樊迟问什么是仁。孔子答道：“爱人。”又问什么是智慧。孔子说：

zhī rén fán chí wèi dá zǐ yuē jǔ zhí cuò zhū wǎng

“知人。”樊迟未达。子曰：“举直错①诸枉②，

“懂得人。”樊迟还未领悟。孔子解说：“用直的东西放在弯曲的东西上面，

néng shǐ wǎng zhě zhí fán chí tuì jiàn zǐ xià yuē xiàng yě wú jiàn yú

能使枉者直。”樊迟退，见子夏曰：“乡也吾见于

能使弯曲的东西变直。”樊迟退出来，看见子夏，说：“刚才我见

fū zǐ ér wèn zhì zǐ yuē jǔ zhí cuò zhū wǎng néng shǐ

夫子而问知，子曰：‘举直错诸枉，能使

老师问他什么是智慧，他说：‘用直的东西放在弯曲的东西上面，能使

wǎng zhě zhí hé wèi yě zǐ xià yuē fù zāi yán hū

枉者直。’何谓也？”子夏曰：“富哉言乎！

弯曲的东西变直。’是什么意思？”子夏说：“此话意义多么丰富呀！

shùn yǒu tiān xià xuǎn yú zhòng jǔ gāo yáo bù rén zhě yuǎn yǐ

舜有天下，选于众，举皋陶③，不仁者远矣。

舜有了天下，从众人中选拔任用皋陶，坏人就远逃了。

tāng yǒu tiān xià xuǎn yú zhòng jǔ yī yǐn bù rén zhě yuǎn yǐ

汤有天下，选于众，举伊尹④，不仁者远矣。”

汤有了天下，在众人中选拔任用伊尹，坏人也就远逃了。”

①错：本义用金涂饰，镶嵌、引为安置、安放。②枉：弯曲、弯屈，引申为行为不合正道。③皋陶：传说是舜治理天下时执法公正的贤臣。④伊尹：商汤的辅相。

zǐ gòng wèn yǒu zǐ yuē zhōng gào ér shàn dào zhī

12.23 子贡问友。子曰：“忠告而善道之，

子贡问对待朋友的方法。孔子说：“忠心地劝告或恰当地引导对方，

bù kě zé zhǐ wú zì rǔ yān

不可则止，毋自辱焉。”

若不接受就算了，不要自找没趣。”

zēng zǐ yuē jūn zǐ yǐ wén huì yǒu yǐ yǒu fǔ rén

12.24 曾子曰：“君子以文会友，以友辅仁。”

曾子说：“君子通过文化活动聚会朋友，通过朋友来帮助提升仁德。”

思辨·探究·体悟

1. 此篇通过对不同的对象问同样的问题或采取不同的回答，生动地记述了孔子因材施教的教学思想和教学方法。请对这些内容进行整理，概括出其中的妙道：对不同人回答的策略之妙；对所问问题内涵解释的高妙。

2. 怎么理解“克己复礼为仁”中的“克己”？“仁”与“礼”是怎样的关系？

3.“己所不欲，勿施于人”为什么会被《全球伦理宣言》作为全世界伦理的黄金规则？请查阅相关资料，尝试比较基督教中类似的话，阐述其文化共同价值。

4.“君君，臣臣，父父，子子”长期被认为是封建等级制的思想根源，你怎么看这个问题？应该怎样理解才有道理？

5. 孔子认为：“政者，正也，子帅以正，孰敢不正？”从此可知孔子强调为政者首先要修身。请谈一谈孔子认为为政者应该具备哪些素质？

6. 当时的人评价孔子“是知其不可而为之者”，但当“子贡问友。子曰：‘忠告而善道之，不可则止，毋自辱焉’”（12.23）。这说明什么？他为什么主张对朋友只做到“忠告而善道之”就行了，他对什么“是知其不可而为之”？这两方面矛盾吗？你从中悟到了什么？

7. 怎样做才称得上“忠”？忠于职守、忠于团队、忠于事业与所谓“人往高处走”的跳槽有何区别？怎样处理二者之间的关系才正当？

13. 子路篇

zǐ lù wèn zhèng zǐ yuē xiān zhī láo zhī
13.1 子路问政。子曰："先之，劳之。"

子路问如何做好政务。孔子说："率先垂范，身体力行。"

qǐng yì yuē wú juàn
请益。曰："无倦。"

请求再讲一点。孔子又说："永不懈怠。"

zhòng gōng wéi jì shì zǎi wèn zhèng zǐ yuē xiān yǒu
13.2 仲弓为季氏宰，问政。子曰："先有

仲弓做了季氏的总管，向孔子请教政务。孔子说："先明确

sī shè xiǎo guò jǔ xián cái yuē
司，赦小过，举贤才。"曰：

官员的职责，不计较他们的小过失，提拔有贤能的人才。"仲弓问：

yān zhī xián cái ér jǔ zhī zǐ yuē jǔ ěr suǒ zhī
"焉知贤才而举之？"子曰："举尔所知；

"怎样识别贤才而任用呢？"孔子说："大胆提拔你所知道的贤才；

ěr suǒ bù zhī rén qí shě zhū
尔所不知，人其舍诸？"

那些你所不知道的，他们会自甘埋没吗？"

zǐ lù yuē wèi jūn dài zǐ ér wéi zhèng zǐ jiāng xī xiān
13.3 子路曰："卫君待子而为政，子将奚先？"

子路对孔子说："如果卫君等着您去治理国政，您准备首先干什么？"

zǐ yuē bì yě zhèng míng hū zǐ lù yuē yǒu shì zāi zǐ zhī yū yě
子曰："必也正名乎！"子路曰："有是哉，子之迂也！

孔子说："那一定是先正名分！"子路说："这样啊？您太迂腐了吧！

xī qí zhèng　zǐ yuē　yě zāi　yóu yě　jūn zǐ yú qí suǒ bù zhī

奚其正？”子曰：“野哉，由也！君子于其所不知，

为什么要正名分？”孔子道：“粗鲁哇，子路！君子对他所不懂的，

gài quē rú yě　míng bú zhèng　zé yán bú shùn　yán bú shùn　zé shì bù chéng

盖阙如也。名不正，则言不顺；言不顺，则事不成；

常取保留态度。名分不正，说话就不顺当；说话不顺畅，就办不成事；

shì bù chéng　zé lǐ yuè bù xīng　lǐ yuè bù xīng　zé xíng fá

事不成，则礼乐不兴；礼乐不兴，则刑罚

事办不成，礼乐制度就不能复兴；礼乐不能复兴，刑罚也就

bú zhòng　xíng fá bú zhòng　zé mín wú suǒ cuò shǒu zú　gù jūn zǐ míng

不中；刑罚不中，则民无所错手足。故君子名

不会合规矩；刑罚不合规矩，百姓就会手足无措。所以君子定要有名

zhī bì kě yán yě　yán zhī bì kě xíng yě　jūn zǐ yú qí yán　wú suǒ

之必可言也，言之必可行也。君子于其言，无所

分才言之有据，符合名分的话定然可行。君子对自己的言行从不

gǒu ér yǐ yǐ

苟而已矣。”

马虎罢了。”

fán chí qǐng xué jià　zǐ yuē　wú bú rú lǎo nóng　qǐng xué wéi pǔ

13.4 樊迟请学稼。子曰：“吾不如老农。”请学为圃。

樊迟请求学种庄稼。孔子说：“我不如老农。”又请求学种菜蔬。

yuē　wú bù rú lǎo pǔ　fán chí chū　zǐ yuē

曰：“吾不如老圃。”樊迟出。子曰：

孔子说：“我不如老菜农。”樊迟出了门。孔子说：

xiǎo rén zāi　fán xū yě　shàng hào lǐ　zé mín mò gǎn bú jìng

“小人哉，樊须也！上好礼，则民莫敢不敬；

“一个胸无大志的人呀樊迟！助君重视礼制，百姓就不敢不尊敬；

shàng hào yì　zé mín mò gǎn bù fú　shàng hào xìn　zé mín mò gǎn

上好义，则民莫敢不服；上好信，则民莫敢

助君重视道义，百姓就不敢不服从；助君重视信用，百姓就不敢

bú yòng qíng　fú rú shì　zé sì fāng zhī mín qiǎng fù qí zǐ ér zhì yǐ

不用情。夫如是，则四方之民襁负其子而至矣，

不讲诚信。做到这样，天下的百姓都会带着子女来投奔，

yān yòng jià
焉用稼？”
何必要自己种庄稼呢？”

zǐ yuē sòng shī sān bǎi shòu zhī yǐ zhèng bù dá
13.5 子曰：“诵《诗》三百，授之以政，不达；
孔子说：“熟读《诗经》三百篇，交给他政务，却办不通；
shǐ yú sì fāng bù néng zhuān duì suī duō yì xī yǐ wéi
使于四方，不能专对；虽多，亦奚以为？”
派他出使各国却不能独立应对；书读得再多，又有什么用呢？”

zǐ yuē qí shēn zhèng bù lìng ér xíng
13.6 子曰：“其身正，不令而行；
孔子说：“自己行为端正，即使不发号施令人们也跟随行动。
qí shēn bú zhèng suī lìng bù cóng
其身不正，虽令不从。”
自己行为不端，即使命令百姓百姓也不会听从。”

zǐ yuē lǔ wèi zhī zhèng xiōng dì yě
13.7 子曰：“鲁、卫之政，兄弟也。”
孔子说：“鲁、卫两国的政治状况，就像兄与弟啊。”

zǐ wèi wèi gōng zǐ jīng shàn jū shì shǐ yǒu
13.8 子谓卫公子荆①，“善居室，始有，
孔子谈到卫国的公子荆，说：“他善于处理家政，刚有些收益，
yuē gǒu hé yǐ shǎo yǒu yuē gǒu wán yǐ
曰：‘苟合②矣。’少有，曰：‘苟完矣。’
便说：‘差不多够了。’稍微增加了一点，又说：‘差不多完备了。’
fù yǒu yuē gǒu měi yǐ
富有，曰：‘苟美矣。’”
富足时便说：‘差不多完美了。’”

①卫公子荆：名荆，字南楚，卫国大夫。被当时公认为是有道德的人。
②苟：姑且，差不多。合：足，够。

zǐ shì wèi rǎn yǒu pú zǐ yuē shù yǐ zāi rǎn yǒu yuē

13.9 子适卫，冉有仆。子曰："庶[1]矣哉！"冉有曰：

孔子到卫国，冉有替他驾车。孔子说："人真多呀！"冉有说：

jì shù yǐ yòu hé jiā yān yuē fù zhī

"既庶矣，又何加焉？"曰："富之。"

"人口增多后，又该怎么办呢？"孔子说："使他们富裕起来。"

yuē jì fù yǐ yòu hé jiā yān yuē jiào zhī

曰："既富矣，又何加焉？"曰："教之。"

冉有说："富裕了，又该怎么办呢？"孔子说："教育他们。"

①庶：众多，百姓。

zǐ yuē gǒu yǒu yòng wǒ zhě jī yuè ér yǐ kě yě

13.10 子曰："苟有用我者，期月[1]而已可也，

孔子说："假如有人用我主持国家政务，一个月可初见成效，

sān nián yǒu chéng

三年有成。"

三年便会获得成就。"

①期月：一整月。

zǐ yuē shàn rén wéi bāng bǎi nián yì kě yǐ shèng

13.11 子曰："'善人为邦百年，亦可以胜

孔子说："'善人治国一百年后，就可以扼制残暴

cán qù shā yǐ chéng zāi shì yán yě

残去杀矣。'诚哉是言也！"

免除杀戮了。'这话说得真对呀！"

zǐ yuē rú yǒu wáng zhě bì shì ér hòu rén

13.12 子曰："如有王者，必世[1]而后仁。"

孔子说："假若有圣君出现，也定要三十年才能使仁道遍行天下。"

①世：一世为三十年。

zǐ yuē gǒu zhèng qí shēn yǐ yú cóng zhèng hū hé yǒu

13.13 子曰："苟正其身矣，于从政乎何有？

孔子说："如果能端正自身，从事管理有何困难呢？

bù néng zhèng qí shēn rú zhèng rēn hé
不能正其身，如正人何？”
如果不能端正自身，又怎能去端正别人呢？”

rǎn zǐ tuì cháo zǐ yuē hé yàn yě duì yuē yǒu zhèng
13.14 冉子退朝。子曰：“何晏也？”对曰：“有政。”
冉有从朝廷回来。孔子问：“怎么这样晚呢？”答道：“有政务。”
zǐ yuē qí shì yě rú yǒu zhèng suī bù wú yǐ
子曰：“其事也。如有政，虽不吾以，
孔子说：“一定是普通事务罢。若是国家政务，虽然国君不用我了，
wú qí yǔ wén zhī
吾其与闻之。”
我也应该有所耳闻的。”

dìng gōng wèn yì yán ér kě yǐ xīng bāng yǒu zhū
13.15 定公问：“一言而可以兴邦，有诸？”
鲁定公问：“一句话就可以兴国，有这样的说法吗？”
kǒng zǐ duì yuē yán bù kě yǐ ruò shì qí jī yě rén zhī yán yuē
孔子对曰：“言不可以若是，其几也。人之言曰：
孔子回答：“话虽不是这样说的，但也差不多吧。比如有人这样说：
wéi jūn nán wéi chén bú yì rú zhī wéi jūn zhī nán yě
‘为君难，为臣不易。’如知为君之难也，
‘做君主难，做臣下也不容易。’诚如此言人们都知道做君主艰难啊，
bù jī hū yì yán ér xīng bāng hū yuē yì yán ér
不几乎一言而兴邦乎？”曰：“一言而
不是差不多这一句话就可以兴国了吗？”定公又问：“一句话导致
sàng bāng yǒu zhū kǒng zǐ duì yuē yán bù kě yǐ ruò shì
丧邦，有诸？”孔子对曰：“言不可以若是，
亡国，有这样的话吗？”孔子回答：“话虽不是这样说的，
qí jī yě rén zhī yán yuē yú wú lè hū wéi jūn wéi qí
其几也。人之言曰：‘予无乐乎为君，唯其
但也差不多吧。如有人说：‘我不感兴趣怎样做国君，只希望
yán ér mò yú wéi yě rú qí shàn ér mò zhī wéi yě bú yì shàn hū
言而莫予违也。’如其善而莫之违也，不亦善乎？
没人违抗我的话。’诚如所言正确而无人违抗，不是很好吗？

rú bú shàn ér mò zhī wéi yě bù jī hū yì yán ér sàng bāng hū
如不善而莫之违也，不几乎一言而丧邦乎？”
假如所言不正确也没有人违抗，不就差不多是一句话导致亡国了吗？”

yè gōng wèn zhèng zǐ yuē jìn zhě yuè yuǎn zhě lái
13.16 叶公问政。子曰：“近者悦，远者来。”
叶公请教如何评价政绩。孔子说：“本地人高兴，外地人愿归附。”

zǐ xià wéi jǔ fù zǎi wèn zhèng zǐ yuē wú yù sù
13.17 子夏为莒父[①]宰，问政。子曰：“无欲速，
子夏做莒父的县令，问孔子怎样办理政事。孔子说：“不要贪快，
wú jiàn xiǎo lì yù sù zé bù dá jiàn xiǎo lì zé dà shì bù chéng
无见小利。欲速，则不达；见小利，则大事不成。”
不要图小利。贪求快，就不能达到目的；图小利，就办不成大事。”

①莒父：鲁国城邑，今山东省莒县境内。

yè gōng yù kǒng zǐ yuē wú dǎng yǒu zhí gōng zhě qí fù
13.18 叶公语孔子曰：“吾党有直躬者，其父
叶公告诉孔子说：“我们乡里有个秉直率行的人，他的父亲
rǎng yáng ér zǐ zhèng zhī kǒng zǐ yuē wú dǎng zhī zhí zhě yì
攘羊，而子证之。”孔子曰：“吾党之直者异
偷了羊，儿子去证明此事。”孔子说：“我们乡里的秉直人和你讲
yú shì fù wèi zǐ yǐn zǐ wèi fù
于是：父为子隐，子为父
的秉直人不一样：父称己错替儿子隐，儿称己错为父亲
yǐn zhí zài qí zhōng yǐ
隐。——直在其中矣。”
隐。人的真率本性就在其中了哇。”

fán chí wèn rén zǐ yuē jū chù gōng zhí shì jìng
13.19 樊迟问仁。子曰：“居处恭，执事敬，
樊迟请教如何行仁。孔子说：“平日态度谦恭，办事严肃认真，
yǔ rén zhōng suī zhī yí dí bù kě qì yě
与人忠。虽之夷狄，不可弃也。”
待人忠心诚意。即使到了偏远的落后地区，也不可背弃。”

zǐ gòng wèn yuē hé rú sī kě wèi zhī shì yǐ

13.20 子贡问曰："何如斯可谓之士[1]矣？"

子贡问："要怎样做才可以称为'士'呢？"

zǐ yuē xíng jǐ yǒu chǐ shǐ yú sì fāng bù rǔ jūn mìng

子曰："行己有耻，使于四方，不辱君命，

孔子说："心存廉耻意识约束自己，出使各国，不辜负国家使命，

kě wèi shì yǐ yuē gǎn wèn qí cì

可谓士矣。"曰："敢问其次。"

这样的人可以称为'士'了。"子贡说："请问次一等的呢？"

yuē zōng zú chēng xiào yān xiāng dǎng chēng tì yān

曰："宗族称孝焉，乡党称弟焉。"

孔子说："宗族中称得上孝的人，乡里称得上悌的人。"

yuē gǎn wèn qí cì yuē yán bì xìn xíng bì guǒ

曰："敢问其次。"曰："言必信，行必果，

子贡又问："请问再次一等的呢？"孔子说："说到做到，执行果决，

kēng kēng rán xiǎo rén zāi yì yì kě yǐ wéi cì yǐ

硁硁[2]然小人哉！抑亦可以为次矣。"

像石头一样的普通人！也可以说是次一等的'士'呀。"

yuē jīn zhī cóng zhèng zhě hé rú zǐ yuē yī

曰："今之从政者何如？"子曰："噫！

子贡再问："现在的执政者怎样呢？"孔子说："唉！

dǒu shāo zhī rén hé zú suàn yě

斗筲[3]之人，何足算也？"

这班器量狭小的人，又算得了什么呢？"

①士：古代统治阶级中次于卿大夫的一个阶层。有时指"读书人"、"文化人"。这里应该指有担当的"知识分子"。②硁：象声词，敲击石头的声音。引申为像石块那样坚硬。③斗筲：竹器，容一斗二升。引申为度量和见识的狭小。

zǐ yuē bù dé zhōng xíng ér yǔ zhī bì yě

13.21 子曰："不得中行而与之，必也

孔子说："找不到真能做到中庸的人共事，也一定要与

kuáng juàn hū kuáng zhě jìn qǔ juàn zhě yǒu suǒ bù wéi yě

狂狷[1]乎！狂者进取，狷者有所不为也。"

狂者和狷者为伍。狂者奋发进取，狷者耿直而有所不为。"

①狂：志向高而激进。狷：洁身自好，性情耿直。

zǐ yuē nán rén yǒu yán yuē rén ér wú héng bù kě yǐ

13.22 子曰：“南人有言曰：‘人而无恒，不可以

孔子说：“南方有谚语说：‘一个人没有恒心，连巫医也无法

zuò wū yī shàn fú bù héng qí dé huò chéng zhī xiū

作巫医[1]。’善夫！”“不恒其德，或承之羞。”[2]

救他。’说得对啊！”《易经》上说：“不能长久修德，或会遭受耻辱。”

zǐ yuē bù zhān ér yǐ yǐ

子曰：“不占[3]而已矣。”

孔子说：“恶果不占已明啊。”

①巫医：用卜筮为人治病的人。②此二句出自《易经·恒卦·爻辞》。③占：占卜，推测吉凶祸福。

zǐ yuē jūn zǐ hé ér bù tóng xiǎo rén tóng ér bù hé

13.23 子曰：“君子和而不同[1]，小人同而不和。”

孔子说：“君子追求和谐而不求同一，小人只求一致却不和谐。”

①和：多样化的东西相互和谐配合，叫做“和”；不同事物表面一致，叫做“同”。

zǐ gòng wèn yuē xiāng rén jiē hào zhī hé rú

13.24 子贡问曰：“乡人皆好之，何如？”

子贡问孔子说：“全乡人都喜欢他，这个人怎么样？”

zǐ yuē wèi kě yě xiāng rén jiē wù zhī hé rú

子曰：“未可也。”“乡人皆恶之，何如？”

孔子说：“并不可取。”子贡又问：“全乡人都厌恶他，这个人怎么样？”

zǐ yuē wèi kě yě bù rú xiāng rén zhī shàn zhě hào zhī

子曰：“未可也；不如乡人之善者好之，

孔子说：“也不可取。最好是全乡的好人都喜欢他，

qí bú shàn zhě wù zhī

其不善者恶之。”

全乡的坏人都厌恶他。”

zǐ yuē jūn zǐ yì shì ér nán yuè yě

13.25 子曰："君子易事而难说也。

孔子说："给君子做事容易，但很难讨得他的欢喜。

yuè zhī bù yǐ dào bú yuè yě jí qí shǐ rén yě qì zhī

说之不以道，不说也；及其使人也，器之。

不以正当手段取悦他，他不会真高兴。等他用人时，总是量才任用；

xiǎo rén nán shì ér yì yuè yě yuè zhī suī bù yǐ dào

小人难事而易说也。说之虽不以道，

给小人做事很难，但要取得他欢喜则容易。即使以不正当手段取悦他，

yuè yě jí qí shǐ rén yě qiú bèi yān

说也；及其使人也，求备焉。"

他也会高兴。但等他用人时，却总是求全责备。"

zǐ yuē jūn zǐ tài ér bù jiāo xiǎo rén jiāo ér bú tài

13.26 子曰："君子泰而不骄，小人骄而不泰。"

孔子说："君子舒泰而不骄纵，小人骄纵而不舒泰。"

zǐ yuē gāng yì mù nè jìn rén

13.27 子曰："刚、毅、木、讷近仁。"

孔子说："做到刚强、坚韧、淳朴、谨言，就接近于仁了。"

zǐ lù wèn yuē hé rú sī kě wèi zhī shì yǐ zǐ yuē

13.28 子路问曰："何如斯可谓之士矣？"子曰：

子路问："怎样做才配称为'士'呢？"孔子说：

qiè qiè sī sī yí yí rú yě kě wèi shì yǐ

"切切偲偲①，怡怡如也，可谓士矣。

"恳挚切磋，督促互勉，和睦怡然，可说是'士'的风范啊。

péng you qiè qiè sī sī xiōng dì yí yí

朋友切切偲偲，兄弟怡怡。"

像朋友一样恳挚切磋督促互勉；像兄弟一样和睦快乐。"

①切切：深切恳挚的切磋。偲偲：互相勉励督促。

zǐ yuē shàn rén jiāo mín qī nián yì kě yǐ jí róng yǐ

13.29 子曰："善人教民七年，亦可以即戎矣。"

孔子说："经有专长的人教练七年的百姓，就可以奔赴战场了。"

13.30 子曰："以不教民战，是谓弃之。"

zǐ yuē yǐ bú jiāo mín zhàn shì wèi qì zhī

孔子说："让未经过训练的百姓去迎敌作战，这叫做抛弃他们。"

思辨·探究·体悟

1. 此篇主要记述了孔子论政，涉及管理的方方面面。请阅读全篇甚至全书，收集整理孔子对行政事务的阐述，归纳出他的主要观点。

2. 孔子为什么特别重视"名正言顺"？这里的"名正"主要指什么？这与"其身正，不令而行；其身不正，虽令不从"是否矛盾？

3. 孔子为什么反对樊迟学稼？是轻贱农业劳动吗？孔子自称"不如老农"，是实事求是还是谦虚？

4. 在谈到学习儒家必读经典《诗经》时，孔子为什么说："授之以政，不达；使于四方，不能专对；虽多，亦奚以为"？说明孔子对读经典最注重哪些方面？

5. 叶公称赞那种"大义灭亲"的人是"直躬者"，但孔子却说"吾党之直者异于是。父为子隐，子为父隐，直在其中矣"。似乎是欣赏这种父子互相庇护的行为。对此，你怎么看？

6. "和而不同"与"同而不和"究竟有何区别？为什么说"乡人之善者好之，其不善者恶之"的人才是真正的好人？

7. 这一篇在选择和评价人才方面提出了哪些新见解？结合这一篇谈一谈君子之交有些什么特点？这一篇对我们自身修为和日常交际有何启迪？

14. 宪问篇

xiàn wèn chǐ zǐ yuē bāng yǒu dào gǔ bāng wú dào gǔ chǐ yě kè fá yuàn yù bù xíng yān kě yǐ wéi rén yǐ zǐ yuē kě yǐ wéi nán yǐ rén zé wú bù zhī yě

14.1 宪问耻。子曰：“邦有道，谷；邦无道，谷，耻也。”“克、伐、怨、欲不行焉，可以为仁矣？”子曰：“可以为难矣，仁则吾不知也。”

原宪问什么叫可耻。孔子说：“国家政治清明，做官领薪正当；国家政治黑暗，还做官领薪，就是可耻。”原宪又问：“不好胜、不自夸、不怨恨、不贪心，这可以说是仁人吗？”孔子道：“可以说是难能可贵的，是否是仁人我还不清楚。”

zǐ yuē shì ér huái jū bù zú yǐ wéi shì yǐ

14.2 子曰：“士而怀居，不足以为士矣。”

孔子说：“读书人留恋安逸，便不配做知识分子了。”

zǐ yuē bāng yǒu dào wēi yán wēi xíng bāng wú dào wēi xíng yán xùn

14.3 子曰：“邦有道，危言危行；邦无道，危行言孙。”

孔子说：“政治清明，可以言行正直；政治黑暗，行为要正直，言语则要谨慎谦逊。”

zǐ yuē yǒu dé zhě bì yǒu yán yǒu yán zhě bú bì

14.4 子曰：“有德者必有言，有言者不必

孔子说：“有仁德的人必有精彩言论，有精彩言论的人不一定

yǒu dé rén zhě bì yǒu yǒng yǒng zhě bú bì yǒu rén
有德。仁者必有勇，勇者不必有仁。”
有仁德。仁者必定有勇气，但勇敢的人不一定有仁德。”

nán gōng kuò wèn yú kǒng zǐ yuē yì shàn shè ào dàng zhōu
14.5 南宫适问于孔子曰：“羿[1]善射，奡荡舟[2]，
南宫适向孔子问道：“羿擅长射箭，奡擅长水战，
jù bù dé qí sǐ rán yǔ jì gōng jià ér yǒu tiān xià
俱不得其死然。禹稷躬稼而有天下。”
都没有得到好死。禹稷自己下地种田，却得到天下。为什么？”
fū zǐ bù dá nán gōng kuò chū zǐ yuē jūn zǐ zāi ruò rén
夫子不答。南宫适出，子曰：“君子哉若人！
孔子没有回答。南宫适退出去。孔子说：“君子啊这个人！
shàng dé zāi ruò rén
尚德哉若人！”[3]
崇尚德行啊这个人！”

①羿：传说是夏代有穷国的君主，善射，灭夏夺取了夏太康的王位，后被臣子寒浞所杀。②奡：又作浇，夏代寒浞之子，大力士，传说他能在陆地上行舟。荡舟：乘舟左右冲杀。③南宫适托古事来问孔子，中心在于当今天下尚力不尚德，但看历史，尚力者不得善终，尚德者终有天下。因此孔子称赞他。

zǐ yuē jūn zǐ ér bù rén zhě yǒu yǐ fú wèi yǒu xiǎo rén
14.6 子曰：“君子而不仁者有矣夫，未有小人
孔子说：“有地位的人中会有不仁德的人吧，品行低劣的人
ér rén zhě yě
而仁者也。”
不会有仁德的情怀。”

zǐ yuē ài zhī néng wù láo hū zhōng yān
14.7 子曰：“爱之，能勿劳[1]乎？忠焉，
孔子说：“爱他，能不让他勤劳吗？诚心待他，
néng wù huì hū
能勿诲乎？”
能不教诲他吗？”

①劳：劳动、辛劳。《国语·鲁语下》说："夫民劳则思，思则善心生；逸则淫，淫则忘善，忘善则恶心生。"

zǐ yuē wéi mìng bì chén cǎo chuàng zhī shì shū
14.8 子曰："为命，裨谌[①]草创之，世叔
孔子说："郑国发布政令，总是先由裨谌起草，再经世叔
tǎo lùn zhī xíng rén zǐ yǔ xiū shì zhī dōng lǐ zǐ chǎn rùn sè zhī
讨论[②]之，行人子羽[③]修饰之，东里子产[④]润色之。"
研究评论，然后由外交官子羽修改，最后请东里的子产润色文采。"

①裨谌：郑国大夫。②世叔：名游吉，《左传》称之"子太叔"。讨：研究探索。论：评议。③行人：外交官。子羽：姓公孙名挥，字子羽。④东里：地名，在今郑州市，子产所居。子产：姓公孙名侨，春秋著名政治家、思想家。

huò wèn zǐ chǎn zǐ yuē huì rén yě
14.9 或问子产。子曰："惠人也。"
有人问孔子子产是怎样的人。孔子说："是宽厚慈惠的人。"
wèn zǐ xī yuē bǐ zāi bǐ zāi wèn guǎn zhòng yuē
问子西。曰："彼哉[①]！彼哉！"问管仲。曰：
又问到子西。孔子道："他呀！他呀！"又问到管仲。孔子道：
rén yě duó bó shì pián yì sān bǎi fàn shū shí
"人也。夺伯氏骈邑[②]三百，饭疏食，
"人才啊。他剥夺了伯氏三百户的封地骈邑，使伯氏只能吃粗粮，
mò chǐ wú yuàn yán
没齿无怨言。"
但伯氏到死都没有怨恨的话。"

①彼哉：这是当时表示轻视的习惯语。②伯氏：齐国大夫。骈邑：齐国地名。

zǐ yuē pín ér wú yuàn nán fù ér wú jiāo yì
14.10 子曰："贫而无怨难，富而无骄易。"
孔子说："贫穷而无怨言，难做到；富贵却不骄傲，比较容易做到。"

zǐ yuē mèng gōng chuò wéi zhào wèi lǎo yōu
14.11 子曰："孟公绰为赵魏老[①]则优，
孔子说："孟公绰做晋国赵、魏氏的家臣，才力有余；

bù kě yǐ wéi téng xuē dà fū
不可以为滕、薛②大夫。”
却不合适担任滕、薛这样小国的大夫。”

①孟公绰：鲁国大夫，孔子所敬之人。老：古代大夫的家臣称老，也称室老。②滕、薛：当时的小国，都在鲁国附近。

zǐ lù wèn chéng rén zǐ yuē ruò zāng wǔ zhòng zhī zhì
14.12 子路问成人。子曰：“若臧武仲①之知，
子路问怎样的人算完美的人。孔子道：“若有臧武仲的智慧，
gōng chuò zhī bú yù biàn zhuāng zǐ zhī yǒng rǎn qiú zhī yì wén zhī yǐ
公绰之不欲，卞庄子②之勇，冉求之艺，文之以
孟公绰的清廉，卞庄子的勇敢，冉求的才艺，再加以
lǐ yuè yì kě yǐ wéi chéng rén yǐ yuē jīn zhī chéng rén zhě
礼乐，亦可以为成人矣。”曰：“今之成人者
礼乐修养，就可以说是完美的人了。”孔子又说：“现代完美人
hé bì rán jiàn lì sī yì jiàn wēi shòu mìng
何必然？见利思义，见危授命，
哪里必须这样？只要能看见利益不忘道义，面临危险敢于献身，
jiǔ yāo bú wàng píng shēng zhī yán yì kě yǐ wéi chéng rén yǐ
久要③不忘平生之言，亦可以为成人矣。”
久处穷困却不忘平生诺言，就可以称为完人了。”

①臧武仲：鲁大夫，姓姬名纥。②卞庄子：鲁国的勇士。③要：是“约”的借字，穷困之意。

zǐ wèn gōng shū wén zǐ yú gōng míng jiǎ yuē xìn hū fū zǐ
14.13 子问公叔文子于公明贾①曰：“信乎，夫子
孔子向公明贾询问公叔文子的情况，说：“听说他老人家
bù yán bú xiào bù qǔ hū gōng míng jiǎ duì yuē yǐ gào zhě
不言，不笑，不取乎？”公明贾对曰：“以告者
不说、不笑、不索取，是真的吗？”公明贾答道：“这种说法
guò yě fū zǐ shí rán hòu yán rén bú yàn qí yán
过也。夫子时然后言，人不厌其言；
不对啊。公叔先生该说话的时候才说话，别人不讨厌他的话；

lè rán hòu xiào rén bú yàn qí xiào yì rán hòu qǔ rén bú yàn

乐然后笑，人不厌其笑；义然后取，人不厌

高兴时才笑，别人不讨厌他的笑；正当的财才取，别人不讨厌

qí qǔ zǐ yuē qí rán qǐ qí rán hū

其取。”子曰：“其然，岂其然乎？”

他的取。”孔子道：“原来这样，果真是这样的吗？”

①公叔文子：公孙拔，卫国大夫，谥号“文”。公明贾：卫国人，姓公明，字贾。

zǐ yuē zāng wǔ zhòng yǐ fáng qiú wéi hòu yú lǔ

14.14 子曰：“臧武仲以防求为后①于鲁，

孔子说：“臧武仲依凭防城请求鲁君为他后代确立爵位，

suī yuē bù yāo jūn wú bú xìn yě

虽曰不要②君，吾不信也。”

尽管有人说这不是要挟国君，我不相信。”

①防：臧武仲的封邑，在今山东费县东北华城。为后：为后代子孙立爵位。
②要：要挟。

zǐ yuē jìn wén gōng jué ér bú zhèng qí huán gōng zhèng

14.15 子曰：“晋文公谲而不正，齐桓公正

孔子说：“晋文公诡诈，作风不正；齐桓公作风正派，

ér bù jué

而不谲。”

不要诡诈。”

zǐ lù yuē huán gōng shā gōng zǐ jiū shào hū sǐ zhī

14.16 子路曰：“桓公杀公子纠，召忽死之，

子路说：“齐桓公杀了他的哥哥公子纠。召忽为之自杀，

guǎn zhòng bù sǐ yuē wèi rén hū zǐ yuē huán gōng

管仲不死。”①曰：“未仁乎？”子曰：“桓公

管仲却活着。”问：“这是不仁吧？”孔子说：“齐桓公

jiǔ hé zhū hóu bù yǐ bīng chē guǎn zhòng zhī lì yě

九合诸侯②，不以兵车，管仲之力也。

多次主持诸侯盟会，不用战争，都是管仲的功劳啊。

rú qí rén rú qí rén
如其仁！如其仁！”
这就是他的仁德！这就是他的仁德！”

①齐桓公和公子纠都是齐襄公兄弟。齐襄公昏庸，两人怕受牵累，桓公便在鲍叔牙侍奉下逃往莒国，公子纠由管仲和召忽侍奉逃往鲁国。襄公被杀后，桓公先入齐，立为君，兴兵伐鲁，逼迫鲁国杀死公子纠，召忽自杀以殉葬，管仲最后做了桓公的宰相。②九合：齐桓公联合诸侯会盟共计十一次。“九”是虚数，表示次数多。

zǐ gòng yuē guǎn zhòng fēi rén zhě yú huán gōng shā
14.17 子贡曰：“管仲非仁者与？桓公杀
子贡说：“管仲是没有仁德的人吧？桓公杀了他的主人
gōng zǐ jiū bù néng sǐ yòu xiàng zhī zǐ yuē
公子纠，不能死，又相之。”子曰：
公子纠，他不但不自杀殉职，反做了桓公的宰相。”孔子回答道：
guǎn zhòng xiàng huán gōng bà zhū hóu yì kuāng tiān xià mín dào
“管仲相桓公，霸诸侯，一匡天下，民到
“管仲辅相桓公，助其称霸诸侯，匡正天下，使人民
yú jīn shòu qí cì wēi guǎn zhòng wú qí pī fà
于今受其赐。微管仲，吾其被发
至今享受着他的好处。假若没有管仲，我们恐怕都会沦为披散头发
zuǒ rèn yǐ qǐ ruò pǐ fū pǐ fù zhī wéi liàng yě
左衽[1]矣。岂若匹夫匹妇之为谅[2]也，
衣襟向左的夷狄了。难道要他像普通百姓一样遵守小信，
zì jīng yú gōu dú ér mò zhī zhī yě
自经于沟渎[3]而莫之知也？”
在小山沟里自杀而没有人知道吗？”

①左衽：衣襟向左开，是当时被贱视的夷狄人的服饰特点。②谅：诚信，遵守信用。③自经：自缢，自杀。渎：小沟渠。

gōng shū wén zǐ zhī chén dà fū zhuàn yǔ wén zǐ tóng shēng zhū gōng
14.18 公叔文子之臣大夫僎与文子同升诸公。
公叔文子的家臣大夫僎和文子一道做了国家的大臣。

zǐ wén zhī yuē kě yǐ wéi wén yǐ
子闻之，曰："可以为'文'矣。"
孔子听说这件事后，说："就此真不愧自号为'文'了。"

zǐ yán wèi líng gōng zhī wú dào yě kāng zǐ yuē fú rú shì
14.19 子言卫灵公之无道也，康子曰："夫如是，
孔子讲到卫灵公的荒淫腐败，康子道："都这样了，为什么没
xī ér bú sàng kǒng zǐ yuē zhòng shū yǔ zhì bīn kè zhù tuó zhì
奚而不丧？"孔子曰："仲叔圉治宾客，祝鮀治
有败亡？"孔子道："他有仲叔圉接待宾客，祝鮀管理
zōng miào wáng sūn jiǎ zhì jūn lǚ fú rú shì xī qí sàng
宗庙，王孙贾治军旅。夫如是，奚其丧？"
祭祀，王孙贾统率军队，像这样，卫国怎么会败亡？"

zǐ yuē qí yán zhī bú zuò zé wéi zhī yě nán
14.20 子曰："其言之不怍，则为之也难。"
孔子说："一个人大言不惭，兑现所说的话就困难了。"

chén chéng zǐ shì jiǎn gōng kǒng zǐ mù yù ér cháo
14.21 陈成子弑简公①。孔子沐浴而朝，
陈恒杀了齐简公。孔子斋戒沐浴后去朝见鲁哀公，
gào yú āi gōng yuē chén héng shì qí jūn qǐng tǎo zhī
告于哀公曰："陈恒弑其君，请讨之。"
报告说："陈恒杀了他的国君，请君出兵讨伐他。"鲁哀公道：
gōng yuē gào fú sān zǐ kǒng zǐ yuē yǐ wú cóng dà fū zhī hòu
公曰："告夫三子②！"孔子曰："以吾从大夫之后，
"去告诉三位大夫吧！"孔子自语道："因为我曾做过大夫，
bù gǎn bú gào yě jūn yuē gào fú sān zǐ zhě zhī sān zǐ gào
不敢不告也。君曰'告夫三子'者！"之三子告，
不敢不来报告，国君却说'去报告三位大夫'！"孔子去报告了三位大臣，
bù kě kǒng zǐ yuē yǐ wú cóng dà fū zhī hòu bù gǎn bú gào yě
不可。孔子曰："以吾从大夫之后，不敢不告也。"
他们都不肯出兵。孔子说："因为我曾做过大夫，不敢不来报告啊。"

①陈成子：齐国大夫，姓陈名桓，也叫田成子。简公：姓姜名壬，齐国国

君。②三子：季孙、仲孙、孟孙三家大夫。

zǐ lù wèn shì jūn zǐ yuē wù qī yě ér fàn zhī

14.22 子路问事君。子曰："勿欺也，而犯之。"

子路问怎样服侍人君。孔子道："不要欺瞒他，却可以当面规劝他。"

zǐ yuē jūn zǐ shàng dá xiǎo rén xià dá

14.23 子曰："君子上达，小人下达。"

孔子说："君子追求通达高层次的原理，小人偏爱通达低层次的技巧。"

zǐ yuē gǔ zhī xué zhě wéi jǐ jīn zhī xué zhě wéi rén

14.24 子曰："古之学者为己，今之学者为人。"

孔子说："古人求学主要是为修己，今人求学主要是为他人。"

qú bó yù shǐ rén yú kǒng zǐ kǒng zǐ yǔ zhī zuò ér wèn yān

14.25 蘧伯玉[①]使人于孔子。孔子与之坐而问焉，

蘧伯玉派使者拜访孔子。孔子请他入座后问道：

yuē fū zǐ hé wéi duì yuē fū zǐ yù guǎ qí guò ér

曰："夫子何为？"对曰："夫子欲寡其过而

"你的先生最近在做什么？"使者答道："先生想减少自己的过错

wèi néng yě shǐ zhě chū zǐ yuē shǐ hū shǐ hū

未能也。"使者出。子曰："使乎！使乎！"

却未能完全做到。"使者出来。孔子道："好使者呀！好使者呀！"

①蘧伯玉：姓蘧名瑗，卫国大夫，孔子敬重的人。

zǐ yuē bú zài qí wèi bù móu qí zhèng

14.26 子曰："不在其位，不谋其政。"

孔子说："不在那个职位，就不去考虑有关那个职务的事情。"

céng zǐ yuē jūn zǐ sī bù chū qí wèi

曾子曰："君子思不出其位。"

曾子说："君子所思虑的从不超出自己的职务范围。"

zǐ yuē jūn zǐ chǐ qí yán ér guò qí xíng

14.27 子曰："君子耻其言而过其行。"

孔子说："君子以说的超过了做的为羞耻。"

zǐ yuē jūn zǐ dào zhě sān wǒ wú néng yān

14.28 子曰："君子道者三，我无能焉：

孔子说："君子的德行标准有三，我未能都做到：

rén zhě bù yōu zhì zhě bú huò yǒng zhě bú jù zǐ gòng yuē

仁者不忧，知者不惑，勇者不惧。"子贡曰：

仁德的人不忧疑，聪明的人不惑乱，勇敢的人不畏惧。"子贡道：

fū zǐ zì dào yě

"夫子自道也。"

"这正是说的先生自己啊。"

zǐ gòng fāng rén zǐ yuē cì yě xián hū zāi

14.29 子贡方①人。子曰："赐也贤乎哉？

子贡评论他人是非。孔子对他说："子贡呀你就那么好吗？

fú wǒ zé bù xiá

夫我则不暇。"

我却没有这闲工夫。"

①方：通"谤"，评论是非。

zǐ yuē bú huàn rén zhī bù jǐ zhī huàn qí bù néng yě

14.30 子曰："不患人之不己知，患其不能也。"

孔子说："不要担心别人不知道自己，只担心自己没有那个能力。"

zǐ yuē bú nì zhà bú yì bú xìn

14.31 子曰："不逆①诈，不亿②不信，

孔子说："不预先怀疑别人欺诈，也不臆测别人不守信，

yì yì xiān jué zhě shì xián hū

抑亦先觉者，是贤乎！"

却能事先觉察隐患，这是贤才呀！"

①逆：预先猜测。②亿：通"臆"，猜度。

wēi shēng mǔ wèi kǒng zǐ yuē qiū hé wéi shì qī qī

14.32 微生亩[1]谓孔子曰：“丘何为是栖栖[2]

微生亩对孔子说：“你为什么这样忙忙碌碌地

zhě yú wú nǎi wéi nìng hū kǒng zǐ yuē fēi gǎn wéi nìng yě

者与？无乃为佞乎？”孔子曰：“非敢为佞也，

到处游说呢？不是显摆你的口才吗？”孔子说：“哪里敢故逞口才呀，

jí gù yě

疾固也。”

只是痛心人们太顽固不化了。”

①微生亩：姓微生，名亩，鲁国隐士。②栖栖：忙碌不安的样子。

zǐ yuē jì bù chēng qí lì chēng qí dé yě

14.33 子曰：“骥[1]不称其力，称其德也。”

孔子说：“千里马值得称赞的不是它的气力，而是它坚韧不拔的品德。”

①骥：千里马，古代称善跑的马为骥。

huò yuē yǐ dé bào yuàn hé rú zǐ yuē

14.34 或曰：“以德报怨，何如？”子曰：

有人问孔子：“用恩惠回报怨恨，怎么样？”孔子说：

hé yǐ bào dé yǐ zhí bào yuàn yǐ dé bào dé

“何以报德？以直报怨，以德报德。”

“那用什么回报恩惠呢？我主张用正直回报怨恨，以恩惠回报恩惠。”

zǐ yuē mò wǒ zhī yě fú zǐ gòng yuē hé wéi

14.35 子曰：“莫我知也夫！”子贡曰：“何为

孔子叹道：“没有人懂得我呀！”子贡问：“为什么说

qí mò zhī zǐ yě zǐ yuē bú yuàn tiān bù yóu rén xià xué

其莫知子也？”子曰：“不怨天，不尤人，下学

没有人懂得您呢？”孔子道：“我不怨恨天，不责备人，学习平凡的知识，

ér shàng dá zhī wǒ zhě qí tiān hū

而上达[1]。知我者其天乎！”

却透彻理解高深的道理。懂得我的，只是上苍啊！”

①下学而上达：皇侃义疏云："下学，学人事；上达，达天命。我既学人事，人事有否有泰，故不尤人。上达天命，天命有穷有通，故我不怨天也。"

gōng bó liáo sù zǐ lù yú jì sūn zǐ fú jǐng bó yǐ gào

14.36 公伯寮愬子路于季孙①。子服景伯以告②，

公伯寮向季孙毁谤子路。子服景伯将此告诉了孔子，

yuē fū zǐ gù yǒu huò zhì yú gōng bó liáo wú lì yóu néng sì zhū

曰："夫子固有惑志于公伯寮，吾力犹能肆诸

并说："季孙先生已经被公伯寮迷惑了，我还有能力让公伯寮

shì cháo zǐ yuē dào zhī jiāng xíng yě yú mìng yě dào zhī jiāng

市朝③。"子曰："道之将行也与，命也；道之将

暴尸街头。"孔子说："道义将获得推行，是天命啊；道义将

fèi yě yú mìng yě gōng bó liáo qí rú mìng hé

废也与，命也。公伯寮其如命何！"

废弃，也是天命啊。公伯寮能把天命怎样呢！"

①公伯寮：姓公伯名寮，字子周。鲁国人，做过季氏的家臣。愬：同"诉"，指诽谤。②子服景伯：鲁国大夫，名何，字伯，谥号"服"。③市朝：把罪人之尸示众。

zǐ yuē xián zhě pì shì qí cì pì dì

14.37 子曰："贤者辟世①，其次辟地，

孔子说："最贤能的人治理天下，次一等的治理一个地区，

qí cì pì sè qí cì pì yán

其次辟色②，其次辟言。"

又次的使百姓形色愉悦，再次的引导好社会舆论。"

zǐ yuē zuò zhě qī rén yǐ

子曰："作者七人③矣。"

孔子又说："这样做的人已经有七位了。"

①辟：本意法律、法度，正身敬法，依法治理。《礼·王制》："天子曰辟廱。"《注》辟，明也。廱，和也。使天下之人皆明达和谐也。②色：颜气也。心达于气，气达于眉间，是之谓色。柔色以温之。③七人：指尧、舜、禹、汤、文王、武王、周公七位明君圣贤。一说是伯夷、叔齐、虞仲、夷逸、朱张、柳下惠、少连。

zǐ lù sù yú shí mén chén mén yuē xī zì
14.38 子路宿于石门。晨门曰："奚自？"
子路在鲁城门口住了一夜，第二天早晨守门人问："从哪儿来的？"
zǐ lù yuē zì kǒng shì yuē shì zhī qí bù kě
子路曰："自孔氏。"曰："是知其不可
子路道："从孔子那里来。"守门人问："就是那位知道难以做到
ér wéi zhī zhě yú
而为之者与？"
却定要去做的那个人吗？"

zǐ jī qìng yú wèi yǒu hè kuì ér guò kǒng shì zhī mén zhě
14.39 子击磬①于卫，有荷蒉②而过孔氏之门者，
孔子在卫国，一天正敲着磬，一位挑着草筐的人从门前走过，
yuē yǒu xīn zāi jī qìng hū jì ér yuē bǐ zāi
曰："有心哉，击磬乎！"既而曰："鄙哉，
说："有心思呀，击磬声！"过一会又说道："鄙俗呀，
kēng kēng hū mò jǐ zhī yě sī jǐ ér yǐ yǐ shēn
硁硁乎！③莫己知也，斯己而已矣。深
这硁硁的磬声！没人理解自己，就自己放弃算了。好像涉水，水深
zé lì qiǎn zé jiē zǐ yuē guǒ zāi
则厉④，浅则揭⑤。"子曰："果哉，
就穿衣过去；水浅，就撩起衣裳过去。"孔子叹道："果真这样，
mò zhī nán yǐ
末之难矣。"
就终究没有难事了。"

①磬：一种石头制成的打击乐器。②荷：用肩扛或担。蒉：草筐。③硁硁：击磬的声音。④厉：穿着衣服涉水过河。⑤揭：提起衣襟涉水过河。

zǐ zhāng yuē shū yún gāo zōng liàng yīn sān nián
14.40 子张曰："《书》云：'高宗谅阴①，三年
子张道："《尚书》上说：'殷高宗住在凶庐，三年
bù yán hé wèi yě zǐ yuē hé bì gāo zōng gǔ zhī rén jiē rán
不言。'何谓也？"子曰："何必高宗，古之人皆然。
不说话。'是什么意思？"孔子道："何止高宗，古人都是这样：

jūn hōng bǎi guān zǒng jǐ yǐ tīng yú zhǒng zǎi sān nián
君薨，百官总己以听于冢宰[2]三年。"
君主死了，新主守孝不议政，三年内所有官员都各司其职听命于宰相。"

①高宗：商代的君主武丁，其庙号高宗。谅阴：居丧时所住的房子，又叫"凶庐"。②冢宰：相当于后世的宰相。

zǐ yuē shàng hào lǐ zé mín yì shǐ yě
14.41 子曰："上好礼，则民易使也。"
孔子说："上级喜好推崇礼制，百姓就容易循礼做事了。"

zǐ lù wèn jūn zǐ zǐ yuē xiū jǐ yǐ jìng
14.42 子路问君子。子曰："修己以敬。"
子路问怎样才能算是君子。孔子说："修炼自己，做事恭敬。"
yuē rú sī ér yǐ hū yuē xiū jǐ yǐ ān rén
曰："如斯而已乎？"曰："修己以安人。"
子路说："这样就够了吗？"孔子说："修炼自己，使亲族安乐。"
yuē rú sī ér yǐ hū yuē xiū jǐ yǐ ān bǎi xìng
曰："如斯而已乎？"曰："修己以安百姓。
子路说："这样就够了吗？"孔子说："修炼自己，使百姓安乐。
xiū jǐ yǐ ān bǎi xìng yáo shùn qí yóu bìng zhū
修己以安百姓，尧舜其犹病诸？"
修炼自己以使百姓安乐，尧舜还担心他们自己没做到哩！"

yuán rǎng yí sì zǐ yuē yòu ér bù xùn tì
14.43 原壤夷俟[1]。子曰："幼而不孙弟[2]，
原壤张开两腿坐在地上等待孔子。孔子说："你幼时不懂礼节，
cháng ér wú shù yān lǎo ér bù sǐ shì wéi zéi
长而无述焉，老而不死，是为贼。"
长大了又没有可称述的作为，老了还偷生不死，真是个害人精。"
yǐ zhàng kòu qí jìng
以杖叩其胫。
说着，用拐杖敲了敲他的小腿。

①原壤：孔子的乡友。夷：伸开双腿坐在地上。俟：等待。②孙弟：同"逊

宪问篇

悌”，对长辈敬重。

què dǎng tóng zǐ jiāng mìng huò wèn zhī yuē

14.44 阙党童子将命[①]。或问之曰：

阙里的一个少年来向孔子传话。有人问孔子说：

yì zhě yú zǐ yuē wú jiàn qí jū yú wèi yě jiàn qí

“益者与？”子曰：“吾见其居于位也[②]，见其

“这是个求上进的孩子吗？”孔子道：“我看他占居成人位，又见他

yǔ xiān shēng bìng xíng yě fēi qiú yì zhě yě yù sù chéng zhě yě

与先生并行也。非求益者也，欲速成者也。”

同老师并肩而行。恐怕不是求上进呀，只是急于成大人啊。”

①阙党：即阙里，孔子所居处的地名。将命：在宾主之间传递信息。

②居于位：是不合当时礼节的行为。

思辨·探究·体悟

1. 此篇主要谈为政之人以及为政之德。请分析归纳这一部分谈论了哪几种类型的人？孔子推崇哪几种为政德行？

2. “爱之，能勿劳乎？忠焉，能勿诲乎？”这是告诫长辈还是告诫领导者的忠告？不同对象从中可以获得哪些启发？

3. 孔子一方面评价“管仲之器小哉”（3.22），在14.9章却又称赞他是人才，并表扬他剥夺了伯氏三百户的封地骈邑，使伯氏只能吃粗粮，伯氏却到死都没有怨言。还在14.16章称赞他不用战争手段促成诸侯联盟的仁德。孔子究竟是怎样看待和评价人才的？管仲有哪些管理策略值得我们借鉴？

4. 怎么理解“君子上达，小人下达”？

5. 孔子概括的君子应具备的“三达德”标准是什么？怎么理解？

6. 孔子是怎样看待“以德报怨”的？他主张如何对待恩德和怨恨？请联系实际生活进行解说。

7.《论语》中用过多少次“天”？多少次“命”？多少次“天命”？这三个概念彼此有什么联系？它们各自主要指什么？说一说孔子是怎么看待“天命”的？

8. 孔子区分了“修己以敬”、“修己以安人”、“修己以安百姓”三个层次，怎么理解这三个层次？它们其中的具体内涵是什么？

9. 孔子提出为政者的基本素质是什么？主张在政治上要有何作为？“以德治国”与“以法治国”哪个更为重要？理想的治国方略你认为应该是怎样的？

10. 孔子的“知其不可而为之”（14.38）是一种什么样的精神？你认为应当如何借鉴？

■ 孔子圣迹图

15. 卫灵公篇

wèi líng gōng wèn zhèn yú kǒng zǐ kǒng zǐ duì yuē zǔ dòu
15.1 卫灵公问陈[①]于孔子。孔子对曰：“俎豆
卫灵公向孔子问军队列阵之法。孔子回答说：“祭祀礼仪方面
zhī shì zé cháng wén zhī yǐ jūn lǚ zhī shì wèi zhī xué yě
之事，则尝闻之矣；军旅之事，未之学也。”
的事情，我还听说过；军队的事情，没有学过。”
míng rén suì xíng
明人遂行。
第二天，孔子便离开了卫国。

①陈：同“阵”，军队作战时，布列的阵势。

zài chén jué liáng cóng zhě bìng mò néng xīng zǐ lù yùn
15.2 在陈绝粮，从者病，莫能兴。子路愠
孔子一行在陈国断了粮，随从饿病了，爬不起来。子路恼怒地
jiàn yuē jūn zǐ yì yǒu qióng hū zǐ yuē jūn zǐ
见曰：“君子亦有穷乎？”子曰：“君子
来见孔子，说：“君子也有穷困无法的时候吗？”孔子说：“君子
gù qióng xiǎo rén qióng sī làn yǐ
固穷，小人穷斯滥矣!”
虽穷依然坚守底线，小人一遇穷困就无所不为了。”

zǐ yuē cì yě rǔ yǐ yú wéi duō xué ér zhì zhī zhě yú
15.3 子曰：“赐也！女以予为多学而识之者与？”
孔子说：“赐啊！你以为我是学习得多了才记住的吗？”
duì yuē rán fēi yú yuē fēi yě yú yì
对曰：“然，非与？”曰：“非也。予一
子贡答道：“是的，不是吗？”孔子说：“不是的。我是用一种根本

yǐ guàn zhī
以贯之。”
的东西把知识贯穿起来的。”

zǐ yuē yóu zhī dé zhě xiǎn yǐ
15.4 子曰：“由！知德者鲜矣。”
孔子说：“由啊！懂得仁德的人太少了。”

zǐ yuē wú wéi ér zhì zhě qí shùn yě yú
15.5 子曰：“无为而治者，其舜也与？
孔子说：“不亲劳而能治理好天下的人，大概只有舜吧？
fú hé wéi zāi gōng jǐ zhèng nán miàn ér yǐ yǐ
夫何为哉？恭己正南面而已矣。”
他怎么做的呢？自己端庄地坐在朝廷的王位上罢了。”

zǐ zhāng wèn xíng zǐ yuē yán zhōng xìn xíng dǔ jìng
15.6 子张问行。子曰：“言忠信，行笃敬，
子张问怎样做才能行得通。孔子说：“说话忠诚守信，行为笃实恭敬，
suī mán mò zhī bāng xíng yǐ yán bù zhōng xìn xíng bù dǔ jìng
虽蛮貊之邦，行矣。言不忠信，行不笃敬，
即使在蛮荒地区，也行得通。说话不忠信，行为不笃实恭敬，
suī zhōu lǐ xíng hū zāi lì zé jiàn qí cān yú qián yě
虽州里，行乎哉？立则见其参①于前也，
就是在本乡本土，能行得通吗？站着就像看见‘忠信笃敬’显现眼前，
zài yú zé jiàn qí yǐ yú héng yě fú rán hòu xíng
在舆则见其倚于衡②也，夫然后行。”
坐车，就像看到这几个字刻在车前的横木上，这样才能到处行得通。”
zǐ zhāng shū zhū shēn
子张书诸绅③。
子张把这些话写在腰间的大带上。

①参：显现。②衡：车辕前面的横木。③绅：贵族系在腰间的大带。

zǐ yuē zhí zāi shǐ yú bāng yǒu dào rú shǐ
15.7 子曰：“直哉史鱼①！邦有道，如矢②；
孔子说：“史鱼真是正直啊！国政清明，他像箭一样直；

bāng wú dào rú shǐ jūn zǐ zāi qú bó yù bāng yǒu dào
邦无道，如矢。君子哉蘧伯玉！邦有道，
国政黑暗，他也像箭一样直。蘧伯玉也真是一位君子！国政清明

zé shì bāng wú dào zé kě juàn ér huái zhī
则仕；邦无道，则可卷③而怀之。”
就做官，国政黑暗就把自己的主张藏在心里。”

①鱼：姓史名鳕，字子鱼。卫国大夫。②矢：箭，形容其直。③卷：同“捲”，收藏起来。

zǐ yuē kě yǔ yán ér bù yǔ zhī yán shī rén bù kě yǔ yán
15.8 子曰：“可与言而不与之言，失人；不可与言
孔子说：“该说的话却不与对方说，就会失去朋友；不该说

ér yǔ zhī yán shī yán zhì zhě bù shī rén
而与之言，失言。知者不失人，
的话却与人说，就是枉言乱语。聪明人既不会放弃合适的沟通机会，

yì bù shī yán
亦不失言。”
也不会枉言乱语。”

zǐ yuē zhì shì rén rén wú qiú shēng yǐ hài rén
15.9 子曰：“志士仁人，无求生以害仁，
孔子说：“志高洁尚仁义的人，不会以损害仁义苟全生命，

yǒu shā shēn yǐ chéng rén
有杀身以成仁。”
宁可牺牲性命来成全仁义。”

zǐ gòng wèn wéi rén zǐ yuē gōng yù shàn qí shì
15.10 子贡问为仁。子曰：“工欲善其事，
子贡问怎样实行仁德。孔子说：“工匠想做好自己的事情，

bì xiān lì qí qì jū shì bāng yě shì qí dà fū zhī xián zhě
必先利其器。居是邦也，事其大夫之贤者，
必先磨利自己的工具。生活在某城邦，就要事奉那里有贤德的官员，

yǒu qí shì zhī rén zhě
友其士之仁者。"
结交那里有仁德的文化人。"

yán yuān wèn wéi bāng zǐ yuē xíng xià zhī shí chéng yīn
15.11 颜渊问为邦。子曰："行夏之时，乘殷
颜渊问怎样治理国家。孔子说："用夏代的历法，乘殷代
zhī lù fú zhōu zhī miǎn yuè zé sháo wǔ fàng
之辂，服周之冕，乐则《韶》、《舞》。放
的车子，戴周代的礼帽，奏舜时的《韶》乐、《舞》乐，禁绝
zhèng shēng yuǎn nìng rén zhèng shēng yín nìng rén dài
郑声，远佞人。郑声淫，佞人殆。"
郑国的乐曲，疏远奸佞小人。郑国乐曲浮靡，奸佞小人危险。"

zǐ yuē rén wú yuǎn lǜ bì yǒu jìn yōu
15.12 子曰："人无远虑，必有近忧。"
孔子说："人没有长远的考虑，一定会有眼前的忧患。"

zǐ yuē yǐ yǐ hū wú wèi jiàn hào dé rú hào sè zhě yě
15.13 子曰："已矣乎！吾未见好德如好色者也。"
孔子说："算了吧，我从来没有见过喜好美德像喜好美貌的人啊。"

zǐ yuē zāng wén zhòng qí qiè wèi zhě yú zhī liǔ xià huì
15.14 子曰："臧文仲其窃位者与！知柳下惠①
孔子说："臧文仲是个窃居官位的人吧！他明知道柳下惠
zhī xián ér bù yǔ lì yě
之贤而不与立也。"
贤能，却不举荐他一起做官。"

①柳下惠：姓展名获，字子禽。鲁国的君子，"坐怀不乱"的典故就来自他。

zǐ yuē gōng zì hòu ér bó zé yú rén zé yuǎn yuàn yǐ
15.15 子曰："躬自厚而薄责于人，则远怨矣。"
孔子说："严于律己而少责备别人，就可以避免怨恨了。"

zǐ yuē bù yuē rú zhī hé rú zhī hé zhě wú mò rú zhī

15.16 子曰：“不曰‘如之何，如之何’者，吾末如之

孔子说：“对从来不扪心自问‘怎么做才对’的人，我也不知

hé yě yǐ yǐ

何也已矣。”

对他说怎么做才好。”

zǐ yuē qún jū zhōng rì yán bù jí yì hào xíng

15.17 子曰：“群居终日，言不及义，好行

孔子说：“整天聚在一块，不谈正义真理，专好玩弄

xiǎo huì nán yǐ zāi

小慧，难矣哉！”

小聪明，难成真才呀！”

zǐ yuē jūn zǐ yì yǐ wéi zhì lǐ yǐ xíng zhī xùn yǐ chū zhī

15.18 子曰：“君子义以为质，礼以行之，孙以出之，

孔子说：“君子以正义为目标，用礼来践行，用谦逊来表现，

xìn yǐ chéng zhī jūn zǐ zāi

信以成之。君子哉！”

用忠诚来成就。这才是君子啊。”

zǐ yuē jūn zǐ bìng wú néng yān bú bìng rén zhī bù jǐ zhī yě

15.19 子曰：“君子病无能焉，不病人之不己知也。”

孔子说：“君子只怕自己没有才能，不怕别人不知道自己。”

zǐ yuē jūn zǐ jí mò shì ér míng bù chēng yān

15.20 子曰：“君子疾没世而名不称焉。”

孔子说：“君子担心自己一生的名声与德行不相称。”

zǐ yuē jūn zǐ qiú zhū jǐ xiǎo rén qiú zhū rén

15.21 子曰：“君子求诸己，小人求诸人。”

孔子说：“君子求之于自己，小人求之于别人。”

zǐ yuē jūn zǐ jīn ér bù zhēng qún ér bù dǎng

15.22 子曰：“君子矜而不争，群而不党。”

孔子说：“君子庄重而不与别人争执，合群而不结党营私。”

zǐ yuē jūn zǐ bù yǐ yán jǔ rén bù yǐ rén

15.23 子曰：“君子不以言举人，不以人

孔子说：“君子不因言辞好就举荐人，也不因为人不好而

fèi yán

废言。”

废弃他的良言。”

zǐ gòng wèn yuē yǒu yì yán ér kě yǐ zhōng shēn xíng zhī zhě hū

15.24 子贡问曰：“有一言而可以终身行之者乎？”

子贡问孔子：“有一句可以终身奉行的话吗？”

zǐ yuē qí shù hū jǐ suǒ bú yù wù shī yú rén

子曰：“其恕乎！己所不欲，勿施于人。”

孔子回答说：“那就是‘恕’吧！自己不愿要的，不要强加给别人。”

zǐ yuē wú zhī yú rén yě shéi huǐ shéi yù rú yǒu suǒ

15.25 子曰：“吾之于人也，谁毁谁誉？如有所

孔子说：“我对人，诋毁谁？赞美谁？假如有要

yù zhě qí yǒu suǒ shì yǐ sī mín yě sān dài zhī suǒ yǐ

誉者，其有所试矣。斯民也，三代之所以

赞美的人，都须经过事实验证的。比如这些人，历经夏、商、周三代

zhí dào ér xíng yě

直道而行也。”

走正道因而行动通达。”

zǐ yuē wú yóu jí shǐ zhī quē wén yě yǒu mǎ zhě

15.26 子曰：“吾犹及史之阙文也，‘有马者

孔子说：“我发现史书也有缺漏的地方，比如古史‘有马的人

jiè rén chéng zhī jīn wú yǐ fú

借人乘之’，今亡矣夫！”

愿意借给别人乘骑’这句话，现在的书上没有了！”

zǐ yuē qiǎo yán luàn dé xiǎo bù rěn zé luàn dà móu

15.27 子曰：“巧言乱德。小不忍，则乱大谋。”

孔子说：“花言巧语会败坏道德。小处不忍耐，就会扰乱大计谋。”

zǐ yuē zhòng wù zhī bì chá yān zhòng hào zhī

15.28 子曰："众恶之，必察焉；众好之，

孔子说："众人厌恶他，一定要考察缘由；众人喜爱他，

bì chá yān

必察焉。"

也一定要考察缘由。"

zǐ yuē rén néng hóng dào fēi dào hóng rén

15.29 子曰："人能弘道，非道弘人。"

孔子说："人能够弘扬真理，不是真理弘扬人。"

zǐ yuē guò ér bù gǎi shì wèi guò yǐ

15.30 子曰："过而不改，是谓过矣。"

孔子说："有错误而不改正，那就真叫做错误了。"

zǐ yuē wú cháng zhōng rì bù shí zhōng yè bù qǐn

15.31 子曰："吾尝终日不食，终夜不寝，

孔子说："我曾经整天不吃饭，整夜不睡觉，

yǐ sī wú yì bù rú xué yě

以思，无益，不如学也。"

用来思考，但没有长进，还不如去学习。"

zǐ yuē jūn zǐ móu dào bù móu shí gēng yě něi zài qí zhōng yǐ

15.32 子曰："君子谋道不谋食。耕也，馁[①]在其中矣；

孔子说："君子追求真理而不追求衣食。耕田，劳作中不免饥饿；

xué yě lù zài qí zhōng yǐ jūn zǐ yōu dào bù yōu pín

学也，禄在其中矣。君子忧道不忧贫。"

学习，求知识终有利禄。君子只担心学不到真理，而不担心受贫穷。"

①馁：饥饿。

zǐ yuē zhī jí zhī rén bù néng shǒu zhī

15.33 子曰："知及之，仁不能守之，

孔子说："智慧达到了职位要求，若不能坚守仁德，

suī dé zhī bì shī zhī zhì jí zhī rén néng shǒu zhī
虽得之，必失之。知及之，仁能守之。
即使得到了职位，也一定会失去。智慧达到了要求，还能坚守仁德，
bù zhuāng yǐ lì zhī zé mín bú jìng zhì jí zhī
不庄以莅[①]之，则民不敬。知及之，
但若不用庄严的态度治理，那么百姓也不会敬重你。智慧达到了，
rén néng shǒu zhī zhuāng yǐ lì zhī dòng zhī bù yǐ lǐ wèi shàn yě
仁能守之，庄以莅之，动之不以礼，未善也。”
还能坚守仁德，又能庄严的对待，却不按礼制行动，还是不够完美的。”

①莅：治理。

zǐ yuē jūn zǐ bù kě xiǎo zhì ér kě dà shòu yě xiǎo rén bù kě
15.34 子曰：“君子不可小知而可大受也，小人不可
孔子说：“君子不耍小聪明却可担当重大使命；小人不能
dà shòu ér kě xiǎo zhì yě
大受而可小知也。”
担当大任务却善于表现小聪明。”

zǐ yuē mín zhī yú rén yě shèn yú shuǐ huǒ shuǐ huǒ wú jiàn
15.35 子曰：“民之于仁也，甚于水火。水火，吾见
孔子说：“百姓对仁德的需要，超过对水火的需要。我见过
dǎo ér sǐ zhě yǐ wèi jiàn dǎo rén ér sǐ zhě yě
蹈而死者矣，未见蹈仁而死者也。”
踏进水火而死的人，没有见过因实践仁德而死的人。”

zǐ yuē dāng rén bú ràng yú shī
15.36 子曰：“当仁，不让于师。”
孔子说：“面对仁德，不必对老师谦让。”

zǐ yuē jūn zǐ zhēn ér bú liàng
15.37 子曰：“君子贞[①]而不谅[②]。”
孔子说：“君子坚守正道，不在意他人谅察。”

①贞：正，本质正道。②谅：固执信用而不顾是非。

zǐ yuē shì jūn jìng qí shì ér hòu qí shí
15.38 子曰："事君，敬其事而后其食[①]。"

孔子说："侍奉君主，要先敬奉职责，后考虑俸禄待遇。"

①食：食禄，俸禄。

zǐ yuē yǒu jiào wú lèi
15.39 子曰："有教无类。"

孔子说："无论类别所有的人都应当受到教育。"

zǐ yuē dào bù tóng bù xiāng wéi móu
15.40 子曰："道不同，不相为谋。"

孔子说："所持理念不同，无法相互谋略。"

zǐ yuē cí dá ér yǐ yǐ
15.41 子曰："辞达而已矣。"

孔子说："言辞，能够表情达意就行了。"

shī miǎn jiàn jí jiē zǐ yuē jiē yě
15.42 师冕见，及阶，子曰："阶也。"
盲乐师冕来见孔子，走到台阶前，孔子说："有台阶。"
jí xí zǐ yuē xí yě jiē zuò zǐ gào zhī yuē
及席，子曰："席也。"皆坐，子告之曰：
走到坐席旁，孔子说："这是坐席。"都坐定了，孔子告诉他说：
mǒu zài sī mǒu zài sī shī miǎn chū zǐ zhāng wèn yuē
"某在斯，某在斯。"师冕出。子张问曰：
"某人在这里，某人在那里。"师冕出去后。子张问道：
yǔ shī yán zhī dào yú zǐ yuē rán gù xiàng shī
"与师言之道与？"子曰："然。固相师
"这是同乐师讲话的礼规吗？"孔子道："对。这的确是接待乐师
zhī dào yě
之道也。"
的礼规。"

思辨·探究·体悟

1. 此篇主要谈了以礼治国和修身以道以及施行教化的问题。哪方面对你印象最深？请找出你最喜欢的相关格言警句加以分析，写一篇千字文。

2. 15.8 章子曰："可与言而不与之言，失人；不可与言而与之言，失言。知者不失人，亦不失言。"这里的"失人"一定是指"人才"吗？是否可以理解为可交往的朋友呢？孔子所教的道理是关乎政治智慧还是普通的交际沟通原则呢？

3. "志士仁人，无求生以害仁，有杀身以成仁"，后世将其浓缩成一句固定短语"杀身成仁"，与孟子的"舍生取义"呼应，朱熹对其理解是"志士，有志之士，仁人，则成德之人也。理当死而求生，则与其心有不安矣，是害其心之德也；当死而死，则心安而得全"。对此你怎么看？有人说，中国真正的知识分子都是强烈的爱国主义者，具有崇高的民族气节，这些文化特征和儒家的"杀身成仁"之间是否存在一定联系？

4. 孟子曾提出"良心说"，其由"恻隐、羞恶、辞让、是非"四端构成。15.18 章孔子说："君子义以为质，礼以行之，孙以出之，信以成之，君子哉！"请思考二者之间是否存在一定的联系？如果存在，是怎样的联系？

5. 怎么理解"君子求诸己，小人求诸人"？其中的"君子"和"小人"分别指怎样的人？联系"行有不得，反求诸己"（《孟子·离娄上》）反思自身做得如何？

6. 15.22 章子曰："君子矜而不争，群而不党。"其中"庄以持己"为"矜"，"无乖戾之心"是"不争"，"和以处众"为"群"，"无阿比之意"是"不党"，这表明了孔子怎样的社交观念？这样的社交观念是否适合你的生活环境？

7. 这一部分多次论述了学习、知识、智慧、才能和职禄的关系，请就某方面归纳资料谈一谈你的心得。

8. 孔子的"有教无类"具有丰富的内涵，请尝试结合现实深入分析其可能的意义和当代价值。

16. 季氏篇

jì shì jiāng fá zhuān yú rǎn yǒu jì lù jiàn yú kǒng zǐ yuē jì shì
16.1 季氏将伐颛臾①。冉有、季路见于孔子曰：“季氏
季氏准备攻打颛臾。冉有、子路拜见孔子说：“季氏

jiāng yǒu shì yú zhuān yú kǒng zǐ yuē qiú wú nǎi ěr shì guò yú
将有事于颛臾。”孔子曰：“求！无乃尔是过与？
准备对颛臾采取军事行动。”孔子道：“冉求，这恐怕是你们的过失吧？

fú zhuān yú xī zhě xiān wáng yǐ wéi dōng méng zhǔ qiě zài bāng yù
夫颛臾，昔者先王以为东蒙主，且在邦域
那颛臾，从前鲁先王授权它做东蒙山的主祭，而且就在鲁国

zhī zhōng yǐ shì shè jì zhī chén yě hé yǐ fá wéi rǎn yǒu yuē
之中矣，是社稷之臣也。何以伐为？”冉有曰：
境内，本是鲁国的属臣，为什么要去攻打它呢？”冉有道：

fū zǐ yù zhī wú èr chén zhě jiē bú yù yě kǒng zǐ yuē qiú
“夫子欲之，吾二臣者皆不欲也。”孔子曰：“求！
“季孙想要这么做，我们两人本来都不同意的。”孔子道：

zhōu rèn yǒu yán yuē chén lì jiù liè bù néng zhě zhǐ
周任②有言曰：‘陈力就列，不能者止。’
“冉求！周任有句话说：‘能够施展才干就任职，如果不能就让位。’

wēi ér bù chí diān ér bù fú zé jiāng yān yòng bǐ xiàng yǐ
危③而不持，颠而不扶，则将焉用彼相矣？
譬如盲人站不稳不去扶持，摔倒了也不能扶起他，那又何必用助手呢？

qiě ěr yán guò yǐ hǔ sì chū yú xiá guī yù
且尔言过矣，虎兕④出于柙，龟玉
而且，你的话不对呀。老虎、犀牛从笼子里逃出来，龟壳美玉

huǐ yú dú zhōng shì shéi zhī guò yú
毁于椟⑤中，是谁之过与？”
在匣子中被毁坏了，这是谁的过错呢？”

rǎn yǒu yuē jīn fū zhuān yú gù ér jìn yú bì jīn bù qǔ

冉有曰：“今夫颛臾，固而近于费[6]。今不取，

冉有说：“现在的颛臾，城墙坚固，离季孙的采邑费地很近。现今不占领，

hòu shì bì wéi zǐ sūn yōu kǒng zǐ yuē qiú jūn zǐ jí fú shě yuē

后世必为子孙忧。”孔子曰：“求！君子疾夫舍曰

将来定会成为子孙的忧患。”孔子道：“冉求！君子最痛恨那种嘴上不说

yù zhī ér bì wéi zhī cí qiū yě wén yǒu guó yǒu jiā zhě bú huàn

‘欲之’而必为之辞。丘也闻有国有家者，不患

‘想要它’而定要找个借口的人。我听说无论诸侯还是封邑，不担心

guǎ ér huàn bù jūn bú huàn pín ér huàn bù ān gài jūn

寡而患不均，不患贫而患不安。盖均

财产少，只担心分配不均；不担心人口少，只担心不安定。财富平均，

wú pín hé wú guǎ ān wú qīng

无贫，和无寡，安无倾。

就没有贫穷；和睦团结，便不怕人少；人心安定，便不会倾危。

fú rú shì gù yuǎn rén bù fú zé xiū wén dé yǐ lái zhī jì lái zhī

夫如是，故远人不服，则修文德以来之。既来之，

做到这样，远方的人还不归服，就加强文治德化使他们归顺。归顺之后，

zé ān zhī jīn yóu yǔ qiú yě xiàng fū zǐ yuǎn rén bù fú

则安之。今由与求也，相夫子，远人不服，

就使他们安顿下来。如今你们两人辅佐季孙，远方的人不顺服

ér bù néng lái yě bāng fēn bēng lí xī ér bù néng shǒu yě

而不能来也；邦分崩离析，而不能守也；

却不能使他们归顺；国家四分五裂却不能固守保全；

ér móu dòng gān gē yú bāng nèi wú kǒng jì sūn zhī yōu

而谋动干戈[7]于邦内。吾恐季孙之忧，

反而策划在国内发动战争。我恐怕季孙的忧患，

bù zài zhuān yú ér zài xiāo qiáng zhī nèi yě

不在颛臾，而在萧墙[8]之内也。”

不在颛臾，而在鲁国的宫廷之内啊！”

①颛臾：当时鲁国的附属国。②周任：一位古代史官。③危：站立不稳。④兕：犀牛。⑤椟：匣子，盒子。⑥费：季氏的私城。⑦干戈：干，盾牌；戈，一种长矛兵器；干戈，指军事战争。⑧萧墙：照壁屏风，借指宫廷之内。

kǒng zǐ yuē tiān xià yǒu dào zé lǐ lè zhēng fá zì tiān zǐ chū

16.2 孔子曰："天下有道，则礼乐征伐自天子出；

孔子说："天下政治清明，礼乐制作和出兵打仗都由天子决定；

tiān xià wú dào zé lǐ yuè zhēng fá zì zhū hóu chū zì zhū hóu chū

天下无道，则礼乐征伐自诸侯出。自诸侯出，

天下混乱时，礼乐制作和出兵打仗都由诸侯决定。权出诸侯，

gài shí shì xī bù shī yǐ zì dà fū chū wǔ shì xī bù shī yǐ

盖十世希不失矣；自大夫出，五世希不失矣；

大概很少有过十代不失败的；权出大夫，很少有过五代不失败的。

péi chén zhí guó mìng sān shì xī bù shī yǐ tiān xià yǒu dào

陪臣执国命，三世希不失矣。天下有道，

如果大夫的家臣把持国政，很少有过三代不失败的。天下清明，

zé zhèng bú zài dài fū tiān xià yǒu dào zé shù rén bú yì

则政不在大夫。天下有道，则庶人不议。"

政权就不会落在大夫手中。天下清明，老百姓就不会非议国政了。"

kǒng zǐ yuē lù zhī qù gōng shì wǔ shì yǐ zhèng dài yú

16.3 孔子曰："禄之去公室五世矣，政逮①于

孔子说："鲁国国君失去爵禄权力有五代了，行政权力落到

dài fū sì shì yǐ gù fú sān huán zhī zǐ sūn wēi yǐ

大夫四世矣，故夫三桓之子孙微②矣。"

大夫之手有四代了，所以桓公的子孙如今也衰微了。"

①逮：落到。②三桓：鲁国孟孙、叔孙、季孙三卿都是鲁桓公后代，故称三桓。微：衰败。

kǒng zǐ yuē yì zhě sān yǒu sǔn zhě sān yǒu

16.4 孔子曰："益者三友，损者三友。

孔子说："增益的朋友有三种，损害的朋友有三种。

yǒu zhí yǒu liàng yǒu duō wén yì yǐ

友直，友谅，友多闻，益矣。

同正直的人交友，同诚信的人交友，同见闻广博的人交友，是增益的。

yǒu pián pì yǒu shàn róu yǒu pián nìng

友便辟，友善柔，友便佞，

同走歪门邪道的人交友，同阿谀奉承的人交友，同花言巧语的人

sǔn yǐ
损 矣。”
交友，是有害的。”

kǒng zǐ yuē yì zhě sān lè sǔn zhě sān lè
16.5 孔 子 曰：“益 者 三 乐，损 者 三 乐。
孔子说：“增益的乐趣有三种，损人的乐趣有三种。
lè jié lǐ yuè lè dào rén zhī shàn lè duō xián yǒu
乐 节 礼 乐，乐 道 人 之 善，乐 多 贤 友，
好礼乐调节身心的乐趣，好称道别人优点的乐趣，好多交贤友的乐趣，
yì yǐ lè jiāo lè lè yì yóu lè yàn lè sǔn yǐ
益 矣。乐 骄①乐，乐 佚②游，乐 晏 乐③，损 矣。”
是有益的。好骄纵的乐趣，好逸荡的乐趣，好宴饮的乐趣，是有害的。”

①骄：骄纵不知节制。②佚：同“逸”。游手好闲，恣意享受。③晏乐：沉溺于宴饮取乐。

kǒng zǐ yuē shì yú jūn zǐ yǒu sān qiān yán wèi jí zhī ér yán
16.6 孔子曰：“侍于君子有三愆①：言未及之而言
孔子说：“陪伴尊长容易犯三种过失：还没到该说话时就说话，
wèi zhī zào yán jí zhī ér bù yán wèi zhī yǐn wèi jiàn yán sè ér
谓之躁，言及之而不言谓之隐，未见颜色而
这叫做急躁；该说的时候却不说，这叫隐瞒；不察言观色贸然
yán wèi zhī gǔ
言 谓 之 瞽②。”
说话，这叫没眼色。”

①愆：过失。②瞽：盲人。

kǒng zǐ yuē jūn zǐ yǒu sān jiè shǎo zhī shí xiě qì wèi dìng
16.7 孔子曰：“君子有三戒：少之时，血气未定，
孔子说：“君子在三种事情上要警戒：青少年时，血气还不成熟，
jiè zhī zài sè jí qí zhuàng yě xuè qì fāng gāng jiè zhī zài dòu
戒之在色；及其 壮 也，血气方 刚，戒之在斗；
要警戒贪色；等到身体成熟了，血气正旺盛，要警戒争斗；

jí qí lǎo yě xiě qì jì shuāi jiè zhī zài dé
及其老也，血气既衰，戒之在得。”
等到老年，血气已经衰弱了，要警戒贪得。”

kǒng zǐ yuē jūn zǐ yǒu sān wèi wèi tiān mìng wèi dà rén
16.8 孔子曰：“君子有三畏：畏天命，畏大人，
孔子说：“君子有三个敬畏：敬畏天道法则，敬畏德高长者，
wèi shèng rén zhī yán xiǎo rén bù zhī tiān mìng ér bú wèi yě
畏圣人之言。小人不知天命而不畏也，
敬畏圣人名言。小人不懂得天道法则因而不知敬畏，
xiá dà rén wǔ shèng rén zhī yán
狎大人，侮圣人之言。”
轻慢德高长者，亵渎圣人名言。”

kǒng zǐ yuē shēng ér zhī zhī zhě shàng yě xué ér zhī zhī zhě
16.9 孔子曰：“生而知之者，上也；学而知之者，
孔子说：“生来聪慧觉悟的人，是上等人；通过学习获得智慧的，
cì yě kùn ér xué zhī yòu qí cì yě kùn ér bù xué
次也；困而学之，又其次也；困而不学，
是次一等的人；知困即学的，是又次一等的人；知困也不学习的，
mín sī wéi xià yǐ
民斯为下矣。”
是百姓中最下等的人了。”

kǒng zǐ yuē jūn zǐ yǒu jiǔ sī shì sī míng tīng sī
16.10 孔子曰：“君子有九思：视思明，听思
孔子说：“君子在九个方面时刻思忖：看要思忖看清楚；听要思忖
cōng sè sī wēn mào sī gōng yán sī zhōng
聪，色思温，貌思恭，言思忠，
听明白；脸色要思忖温和；容貌要思忖谦恭；言谈要思忖忠诚；
shì sī jìng yí sī wèn fèn sī nán
事思敬，疑思问，忿思难，
办事要思忖谨严；遇疑虑要思忖询问；愤怒时要思忖后患；

jiàn dé sī yì
见得思义。”
获利时要思忖道义。”

zǐ yuē jiàn shàn rú bù jí jiàn bú shàn rú
16.11 子曰:“见善如不及,见不善如
孔子说:“看见善良像赶不上似的追求,看见邪恶像手探
tàn tāng wú jiàn qí rén yǐ wú wén qí yǔ yǐ yǐn jū
探汤。吾见其人矣,吾闻其语矣。隐居
沸汤一样立刻避弃。我见过这样的人,也听到过这类话。以隐居
yǐ qiú qí zhì xíng yì yǐ dá qí dào wú wén qí yǔ yǐ
以求其志,行义以达其道。吾闻其语矣,
来保全自己的志向,力行仁义来通达自己的理想。我听到过这种话,
wèi jiàn qí rén yě
未见其人也。”
却没有见到过这样的人。”

qí jǐng gōng yǒu mǎ qiān sì sǐ zhī rì mín wú dé ér
16.12 齐景公有马千驷[①],死之日,民无德而
齐景公有马四千匹,死的时候,百姓认为他没有什么德行
chēng yān bó yí shū qí è sǐ yú shǒu yáng zhī xià mín dào yú jīn
称焉。伯夷、叔齐饿死于首阳之下,民到于今
可以称颂。伯夷、叔齐饿死在首阳山下,百姓到现在还在
chēng zhī qí sī zhī wèi yú
称之。其斯之谓与?
称颂他们。这说明了什么道理呢?

①齐景公:姓姜,名杵臼,齐国国君。驷:古代四匹马为一驷。

chén gāng wèn yú bó yú yuē zǐ yì yǒu yì wén hū
16.13 陈亢问于伯鱼[①]曰:“子亦有异闻[②]乎?”
陈亢问伯鱼:“你在父亲那里获得过特别的教诲吗?”伯鱼回答说:
wèi yě cháng dú lì lǐ qū ér guò tíng yuē xué shī hū
“未也。尝独立,鲤趋而过庭。曰:‘学诗乎?’
“没有呀。曾经他独自站着,我快步走过庭院,他说:‘学《诗》了吗?’

duì yuē wèi yě bù xué shī wú yǐ yán lǐ tuì ér xué shī
对曰：‘未也’。‘不学诗，无以言。’鲤退而学诗。
我回答：‘没有。’他说：‘不学诗，就不会说话。’我回去就学《诗》。
tā rì yòu dú lì lǐ qū ér guò tíng yuē xué lǐ hū
他日又独立，鲤趋而过庭。曰：‘学礼乎？’
另一天，他又独自站着，我快步走过庭院，他说：‘学礼了吗？’
duì yuē wèi yě bù xué lǐ wú yǐ lì lǐ tuì ér xué lǐ
对曰：‘未也。’‘不学礼，无以立。’鲤退而学礼。
我回答说：‘没有。’他说：‘不学礼就不能立身社会。’我回去就学礼。
wén sī èr zhě chén kāng tuì ér xǐ yuē wèn yì
闻斯二者。”陈亢退而喜曰：“问一
我就听到过这两点。”陈亢回去后高兴地说：“我问一件事，
dé sān wén shī wén lǐ yòu wén
得三。闻诗，闻礼，又闻
得知了三件事，闻知了学《诗》的道理，闻知了习礼的道理，还知道了
jūn zǐ zhī yuǎn qí zǐ yě
君子之远③其子也。”
君子不偏爱自己的儿子。”

①伯鱼：孔鲤，姓子名鲤，字伯鱼。孔子的儿子。②异闻：这里指不同于对其他学生所讲的内容。③远：不亲近，不偏爱。

bāng jūn zhī qī jūn chēng zhī yuē fū ren fū ren zì chēng yuē
16.14 邦君之妻，君称之曰夫人，夫人自称曰
国君的妻子，国君称她为“夫人”，夫人自称为
xiǎo tóng bāng rén chēng zhī yuē jūn fū ren chēng zhū yì bāng yuē
小童；邦人称之曰君夫人，称诸异邦曰
“小童”，国内的人称她为“君夫人”；在外国人面前则称她为
guǎ xiǎo jūn yì bāng rén chēng zhī yì yuē jūn fū ren
寡小君；异邦人称之亦曰君夫人。
“寡小君”；外国人称呼她也叫“君夫人”。

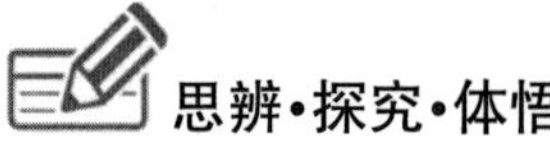

思辨•探究•体悟

1. 在“季氏将伐颛臾”章中孔子是怎样批评和教诲冉有、子路的？在理与据、破与立、逻辑与修辞等方面是如何处理的？在批评和分析过程中阐述了孔子怎样的治国理念？

2. 人若要有所成就必得朋友成全，孔子的“益者三友”、“损者三友”（16.04）体现了儒家怎样的交友观念？你交往的朋友符合这三项原则吗？

3. 孔子时代的阴阳哲学观念产生了独特的“血气”、“志气”观念，在“君子有三戒”（16.07）中，变的是“血气”，不变的是“志气”，从而强化人的自我掌控力，你怎样看待古人的这种朴素的生命哲学？

4. 为什么君子懂得“三畏”，小人不懂“三畏”？这对青年学子做人做事有何启示？

5.“生而知之者上也”（16.09）一章中，孔子将人的气质禀赋分为四等：“生而知之”、“学而知之”、“困而学之”、“困而不学”，但归依都在“知”上，这样的言说其目的何在？请对照自身属于哪种层次？应该怎样做？

6.“陈亢问于伯鱼”（16.13）中，提及孔子以“诗”、以“礼”教儿子。“诗”可以使人事理通达而心气平和，“礼”可以使人品节详明且德性坚定。你怎么看待中国传统教育的“诗”、“礼”传统？除《论语》外，你还阅读了哪些相关的优秀文化经典名著？

7. 孔子说：“见得思义”，“见利思义”，“君子义以为上”，“不义而富且贵，于我如浮云”。其中的“义”有哪些含义？儒家主张的“义”与江湖义气有何区别？

17. 阳货篇

yáng huò yù jiàn kǒng zǐ kǒng zǐ bú jiàn guī kǒng zǐ tún

17.1 阳货①欲见孔子，孔子不见，归孔子豚②。

阳货想要孔子拜见他，孔子不去，他便派人送给孔子一只熟小猪。

kǒng zǐ shí qí wáng yě ér wǎng bài zhī yù zhū tú

孔子时其亡也，而往拜之，遇诸涂③。

孔子趁阳货不在家时去拜谢他，结果在归途中遇到了阳货。

wèi kǒng zǐ yuē lái yú yǔ ěr yán yuē huái qí bǎo ér mí qí bāng

谓孔子曰："来！予与尔言。"曰："怀其宝而迷其邦，

阳货对孔子叫道："来！我与你谈谈。"阳货说："怀藏智慧却听任国事迷乱，

kě wèi rén hū yuē bù kě hào cóng shì ér jí shī shí

可谓仁乎？"曰："不可！好从事而亟失时，

这可以叫做仁吗？"阳货又接着说："不可吧！倾心事业却屡次错过机会，

kě wèi zhì hū yuē bù kě rì yuè shì yǐ suì bù wǒ yú

可谓知乎？"曰："不可！日月逝矣，岁不我与。"

这可以叫做聪明吗？"他又接着说："不可吧！日月消逝，时不我待呀！"

kǒng zǐ yuē nuò wú jiāng shì yǐ

孔子曰："诺，吾将仕矣。"

孔子这才说道："好吧，我将考虑做官了。"

①阳货：名虎，字货，是权倾朝野的季氏的家臣。②归：通"馈"，赠送。豚：蒸熟了的小猪，当时的珍贵礼品。阳货想借此使孔子前来拜谢他。③涂：同"途"，道路。

zǐ yuē xìng xiāng jìn yě xí xiāng yuǎn yě

17.2 子曰："性相近也，习相远也。"

孔子说："人的本性始相近，因后天实践习惯产生了差异。"

zǐ yuē wéi shàng zhì yǔ xià yú bù yí

17.3 子曰："唯上知与下愚[①]不移。"

孔子说："只有最聪明和最愚笨的人是不易改变的。"

①上知：生而知之的天才，容易自以为是。下愚：困而不学者，难以与时俱进。

zǐ zhī wǔ chéng wén xián gē zhī shēng fū zǐ wǎn ěr ér xiào yuē

17.4 子之武城[①]，闻弦歌之声。夫子莞尔而笑，曰：

孔子来到武城，听见琴瑟吟诗的声音。先生微笑着说：

gē jī yān yòng niú dāo zǐ yóu duì yuē xī zhě yǎn yě wén zhū fū zǐ yuē

"割鸡焉用牛刀？"子游对曰："昔者偃也闻诸夫子曰：

"杀鸡，哪里用得着宰牛的刀呢？"子游回答说："以前我听先生说：

jūn zǐ xué dào zé ài rén xiǎo rén xué dào zé yì shǐ yě

'君子学道则爱人，小人学道则易使也。'"

'君子学习了礼乐就能爱人，小人学习了礼乐就容易接受领导。'"

zǐ yuē èr sān zǐ yǎn zhī yán shì yě qián yán xì zhī ěr

子曰："二三子！偃之言是也。前言戏之耳。"

孔子说："同学们，言偃说得对呀。我刚才所说只是开个玩笑罢了。"

①武城：鲁国的一个小城，当时子游是武城宰。

gōng shān fú rǎo yǐ fèi pàn zhào zǐ yù wǎng

17.5 公山弗扰[①]以费畔[②]，召，子欲往。

公山弗扰盘踞费邑反叛，邀请孔子，孔子准备前去。

zǐ lù bú yuè yuē mò zhī yě yǐ hé bì gōng shān shì

子路不说，曰："末之[③]也已，何必公山氏

子路不高兴，说："没有地方去就算了，何必要去公山弗扰

zhī zhī yě zǐ yuē fú zhào wǒ zhě ér qǐ tú zāi rú yǒu yòng

之之也？"子曰："夫召我者，而岂徒哉？如有用

那里呢？"孔子说："他怎么会白白召我去呢？如果有用

wǒ zhě wú qí wéi dōng zhōu hū

我者，吾其为东周乎？"

我的机会，我可能会复兴东周啊？"

①公山弗扰：鲁国大夫季氏的家臣，字子泄。②畔：反叛。③之：去，往。

zǐ zhāng wèn rén yú kǒng zǐ kǒng zǐ yuē néng xíng wǔ zhě yú
17.6 子张问仁于孔子。孔子曰："能行五者于
子张向孔子问仁。孔子说："能够处处实行五种品德，
tiān xià wéi rén yǐ qǐng wèn zhī yuē gōng kuān xìn
天下为仁矣。""请问之。"曰："恭、宽、信、
就是仁人了。"子张说："请问哪五种？"孔子说："庄重、宽厚、诚实、
mǐn huì gōng zé bù wǔ kuān zé dé zhòng
敏、惠。恭则不侮，宽则得众，
勤敏、恩惠。庄重就不致遭受侮辱，宽厚就会得到众人的拥护，
xìn zé rén rèn yān mǐn zé yǒu gōng huì zé
信则人任焉，敏则有功，惠则
诚信就能得到任用，勤敏就会有成就，施恩惠就能获得
zú yǐ shǐ rén
足以使人。"
甘愿效劳的人。"

bì xī zhào zǐ yù wǎng zǐ lù yuē xī zhě yóu yě wén zhū fū zǐ yuē
17.7 佛肸①召，子欲往。子路曰："昔者由也闻诸夫子曰：
佛肸召孔子去，孔子打算前往。子路说："从前我听先生说过：
qīn yú qí shēn wéi bú shàn zhě jūn zǐ bú rù yě bì xī yǐ zhōng móu
'亲于其身为不善者，君子不入也。'佛肸以中牟②
'亲自做坏事的人那里，君子是不去的。'现在佛肸据中牟
pàn zǐ zhī wǎng yě rú zhī hé zǐ yuē rán yǒu shì yán yě
畔，子之往也，如之何？"子曰："然，有是言也。
反叛，您却要去，这如何解释呢？"孔子说："对，我说过这样的话。
bù yuē jiān hū mó ér bú lín bù yuē bái hū niè ér bù zī
不曰坚乎，磨而不磷③；不曰白乎，涅而不缁④。
不是说坚硬的东西磨也磨不坏吗？不是说洁白的东西染也染不黑吗？
wú qǐ páo guā yě zāi yān néng xì ér bù shí
吾岂匏瓜⑤也哉？焉能系⑥而不食？"
我难道是个苦味的葫芦吗？怎么能只吊绑在那里不给人吃呢？"

①佛肸：晋国大夫范氏家臣，中牟城地方官。②中牟：地名，在晋国，约在今河北邢台与邯郸之间。③磷：变薄，弄坏。④缁：黑色。⑤匏瓜：葫

芦中的一种，味苦不能吃。⑥系：捆绑。

zǐ yuē yóu yě rǔ wén liù yán liù bì yǐ hū
17.8 子曰：“由也！女闻六言①六蔽矣乎？”

孔子说：“仲由呀，你听说过六种美德和六种弊病了吗？”

duì yuē wèi yě jū wú yǔ rǔ hào rén bú hào xué
对曰：“未也。”“居②，吾语女。好仁不好学，
子路回答说：“没有。”孔子说：“坐下，我告诉你。只爱仁德不好学习，

qí bì yě yú hào zhì bú hào xué qí bì yě dàng hào xìn
其蔽也愚③；好知不好学，其蔽也荡④；好信
弊在会愚昧；只爱智慧不好学习，弊在会浅薄放荡；爱讲信用

bù hào xué qí bì yě zéi hào zhí bú hào xué qí bì yě jiǎo
不好学，其蔽也贼⑤；好直不好学，其蔽也绞⑥；
不好学习，弊在会偏狭惹祸；只爱正直不好学习，弊在会急躁；

hào yǒng bú hào xué qí bì yě luàn hào gāng bú hào xué
好勇不好学，其蔽也乱；好刚不好学，
只爱勇敢不好学习，弊在会犯上作乱；只爱刚强不好学习，

qí bì yě kuáng
其蔽也狂。”
弊在会狂妄自大。”

①六言：这里指仁、知、信、直、勇、刚六字。②居：坐。③愚：受人愚弄。④荡：放荡，好高骛远而没有根基。⑤贼：祸害。⑥绞：绞直，急躁而率直。

zǐ yuē xiǎo zǐ hé mò xué fú shī shī kě yǐ xīng
17.9 子曰：“小子何莫学夫诗。诗，可以兴①，

孔子说：“同学们为什么不学习《诗》呢？《诗》可以激发情志，

kě yǐ guān kě yǐ qún kě yǐ yuàn
可以观②，可以群③，可以怨④。
可以拓宽观赏视野，可以学到合群处事的智慧，可以宣泄调试情绪。

ěr zhī shì fù yuǎn zhī shì jūn duō shí yú niǎo shòu
迩⑤之事父，远之事君；多识于鸟兽
近可以用来事奉父母，远可以事奉君主；还可以从中多认知鸟兽

cǎo mù zhī míng
草木之名。"

草木的名字。"

①兴：起也，包含兴发、激发、启发的意思。也指艺术感发和联想。②观：观赏、观察、观览。既有艺术欣赏的价值，又有认知天下人事万象的作用。③群：合群。④怨：哀怨、讽怨、怨恨。借以诉哀怨，宣泄调试心情；对外可讽谏，怨而不怒。⑤迩：近，从小的方面看。

zǐ wèi bó yú yuē rǔ wéi zhōu nán shào nán yǐ hū
17.10 子谓伯鱼曰："女为《周南》、《召南》[①]矣乎？

孔子对伯鱼说："你研习《周南》《召南》了吗？

rén ér bù wéi zhōu nán shào nán qí yóu zhèng qiáng miàn
人而不为《周南》、《召南》，其犹正墙面

一个人如果不研习《周南》《召南》，恐怕就像面对着墙壁

ér lì yě yú
而立[②]也与？"

站立吧！"

①《周南》《召南》：《诗经·国风》中的第一、第二两部分篇名，是采自汉水流域的民歌。孔子认为这些民歌合乎礼仪，故而排在十五国风最前面。②正墙面而立：意思是说遮蔽了视线，不懂礼数，寸步难行。

zǐ yuē lǐ yún lǐ yún yù bó yún hū zāi
17.11 子曰："礼云礼云，玉帛云乎哉？

孔子说："礼呀礼呀，只是奉玉献帛的礼仪吗？

yuè yún yuè yún zhōng gǔ yún hū zāi
乐云乐云，钟鼓云乎哉？"

乐呀乐呀，只是鸣钟击鼓奏乐吗？"

zǐ yuē sè lì ér nèi rěn pì zhū xiǎo rén
17.12 子曰："色厉而内荏，譬诸小人，

孔子说："外表严厉而内心虚弱，如同小人作派，

qí yóu chuān yú zhī dào yě yú
其犹穿①窬②之盗也与？”
就像是挖墙洞的小偷吧？”

①穿：在墙上打洞。②窬：洞。

zǐ yuē xiāng yuàn dé zhī zéi yě
17.13 子曰：“乡愿，德之贼也。”
孔子说：“那种在乡里圆滑的老好人，是危害道德的贼人。”

zǐ yuē dào tīng ér tú shuō dé zhī qì yě
17.14 子曰：“道听而涂说，德之弃也。”
孔子说：“听到小道传言就随路传播，是对道德的背弃。”

zǐ yuē bǐ fū kě yǔ shì jūn yě yǔ zāi qí wèi dé zhī yě
17.15 子曰：“鄙夫可与事君也与哉？其未得之也，
孔子说：“可以与鄙俗的人共事君主吗？他在没有得到官位时，
huàn dé zhī jì dé zhī huàn shī zhī gǒu huàn shī zhī
患得之。既得之，患失之。苟患失之，
总担心得不到。已经得到了又怕失去。如果只担心失掉官职，
wú suǒ bú zhì yǐ
无所不至矣。”
那就没有什么做不出来了。”

zǐ yuē gǔ zhě mín yǒu sān jí jīn yě huò shì zhī
17.16 子曰：“古者民有三疾，今也或是之
孔子说：“古代有的人有三种毛病，如今或有类似毛病的人表
wú yě gǔ zhī kuáng yě sì jīn zhī kuáng yě dàng
亡也。古之狂①也肆②，今之狂也荡③；
现大不一样了。古代的狂者是心高恣肆，如今的狂者是放荡不羁；
gǔ zhī jīn yě lián jīn zhī jīn yě fèn lì
古之矜也廉④，今之矜也忿戾⑤；
古代的骄傲者是棱角分明，如今的骄傲者是凶恶蛮横；

gǔ zhī yú yě zhí jīn zhī yú yě zhà ér yǐ yǐ
古之愚也直，今之愚也诈而已矣。”
古人的愚拙表现得直率，如今人的愚拙不过是欺诈而已。”

①狂：狂放的人。②肆：精神放任，无所顾忌，我行我素。③荡：放荡，无原则规矩。④矜：矜持，孤傲自尊。廉：堂屋的侧边有棱角，引申为行为方正有威。⑤忿戾：火气太大，蛮横不讲理。

zǐ yuē qiǎo yán lìng sè xiǎn yǐ rén
17.17 子曰：“巧言令色，鲜矣仁。”
孔子说：“喜欢花言巧语好装腔作势的人，内在的仁德是不会多的。”

zǐ yuē wù zǐ zhī duó zhū yě è zhèng shēng zhī luàn
17.18 子曰：“恶紫之夺朱也，恶郑声之乱
孔子说：“我厌恶用紫色取代红色，厌恶用郑国流行乐扰乱
yǎ yuè yě wù lì kǒu zhī fù bāng jiā zhě
雅乐也，恶利口之覆邦家者。”
典雅音乐，厌恶用伶牙利齿颠覆国家的行径。”

zǐ yuē yú yù wú yán zǐ gòng yuē zǐ rú bù yán
17.19 子曰：“予欲无言。”子贡曰：“子如不言，
孔子说：“我想不说话了。”子贡说：“先生如果不说话，
zé xiǎo zǐ hé shù yān zǐ yuē tiān hé yán zāi sì shí
则小子何述焉？”子曰：“天何言哉？四时
那我们学生还传述什么呢？”孔子说：“天何尝说话呢？四季
xíng yān bǎi wù shēng yān tiān hé yán zāi
行焉，百物生焉，天何言哉？”
照常运行，百物照样生长。天说了什么话呢？”

rú bēi yù jiàn kǒng zǐ kǒng zǐ cí yǐ jí jiāng mìng zhě
17.20 孺悲[①]欲见孔子，孔子辞以疾。将命者
孺悲想见孔子，孔子以有病为由推辞不见。传话的人
chū hù qǔ sè ér gē shǐ zhī wén zhī
出户，取瑟而歌，使之闻之。
刚出门，孔子便取来瑟边弹边唱，有意让孺悲听到。

①孺悲：鲁国人，鲁哀公曾派他向孔子学礼。

zǎi wǒ wèn sān nián zhī sāng qī yǐ jiǔ yǐ jūn zǐ sān nián bù wéi lǐ
17.21 宰我问："三年之丧，期已久矣。君子三年不为礼，
宰我问："服丧三年，期限太长了吧。君子三年不从事礼仪，

lǐ bì huài sān nián bù wéi yuè yuè bì bēng jiù gǔ jì mò
礼必坏；三年不为乐，乐必崩。旧谷既没，
礼仪必然败坏；三年不演奏音乐，音乐就会荒废。陈粮吃完，
xīn gǔ jì shēng zuān suì gǎi huǒ jī kě yǐ yǐ zǐ yuē
新谷既升，钻燧改火①，期②可已矣。"子曰：
新谷登场，钻燧取火的打火木轮了一遍，一年就可以了。"孔子说：
shí fú dào yī fú jǐn yú rǔ ān hū yuē ān
"食夫稻③，衣夫锦，于女安乎？"曰"安。"
"才一年就开吃美食，穿锦缎，你心安吗？"宰我说："心安。"
rǔ ān zé wéi zhī fú jūn zǐ zhī jū sāng shí zhǐ bù gān
"女安则为之。夫君子之居丧，食旨④不甘，
孔子说："你心安就那样做吧！君子守丧，吃美味不觉得香甜，
wén yuè bú lè jū chǔ bù ān gù bù wéi yě jīn rǔ
闻乐不乐，居处不安，故不为也。今女
听音乐不觉得快乐，住家里不觉得舒服，所以不那样做。如今你
ān zé wéi zhī zǎi wǒ chū zǐ yuē yú zhī bù rén yě
安，则为之！"宰我出，子曰："予之不仁也！
能心安，就那样做吧！"宰我出去后，孔子说："宰予真是不仁啊！
zǐ shēng sān nián rán hòu miǎn yú fù mǔ zhī huái fú sān nián zhī sāng
子生三年，然后免于父母之怀，夫三年之丧，
小孩生下来，到三岁后才能离开父母的怀抱。服丧守孝三年，
tiān xià zhī tōng sāng yě yú yě yǒu sān nián zhī ài yú
天下之通丧也。予也有三年之爱于
这是天下通行的丧礼啊。宰予儿时没有得到过
qí fù mǔ hū
其父母乎？"
父母三年的护爱吗？"

①改火：古人钻木取火，四季所用木头不同，每年轮一遍，叫改火。②期：

一年。③古代北方少种稻米，故大米很珍贵。这里是说吃好的。④旨：甜美，指吃好的食物。

zǐ yuē bǎo shí zhōng rì wú suǒ yòng xīn nán yǐ zāi
17.22 子曰："饱食终日，无所用心，难矣哉！
孔子说："整天吃饱了饭，什么心思也不用，真是灾难啊！

bù yǒu bó yì zhě hū wéi zhī yóu xián hū yǐ
不有博弈[1]者乎？为之，犹贤乎已[2]。"
不是有博弈游戏吗？做做这游戏，也比闲着好啊。"

①博弈：古代一种棋戏。②已：不动。

zǐ lù yuē jūn zǐ shàng yǒng hū zǐ yuē jūn zǐ yì yǐ wéi
17.23 子路曰："君子尚勇乎？"子曰："君子义以为
子路说："君子崇尚勇敢吗？"孔子答道："君子以义作为最
shàng jūn zǐ yǒu yǒng ér wú yì wéi luàn xiǎo rén yǒu yǒng ér
上。君子有勇而无义为乱，小人有勇而
高尚的品德，君子有勇而没有正义感就会犯上作乱，小人有勇而
wú yì wéi dào
无义为盗。"
没有正义感就会做强盗。"

17.24

zǐ gòng yuē jūn zǐ yì yǒu wù hū zǐ yuē yǒu wù
子贡曰："君子亦有恶[1]乎？"子曰："有恶。
子贡说："君子也有厌恶的事吗？"孔子说："有厌恶的事。
wù chēng rén zhī è zhě wù jū xià liú ér shàn shàng zhě
恶称人之恶者，恶居下流[2]而讪[3]上者，
厌恶宣扬别人缺点的人，厌恶自居下流却诽谤向上的人，
wù yǒng ér wú lǐ zhě wù guǒ gǎn ér zhì zhě yuē
恶勇而无礼者，恶果敢而窒[4]者。"曰：
厌恶勇猛而不懂礼节的人，厌恶果敢而又执拗的人。"孔子问：
cì yě yì yǒu wù hū wù jiào yǐ wéi zhì zhě
"赐也亦有恶乎？""恶徼[5]以为知者，

“赐，你也有厌恶吗？”子贡说：“我厌恶抄袭他人还自作聪明的人，

wù bú xùn yǐ wéi yǒng zhě wù jié yǐ wéi zhí zhě

恶不孙⑥以为勇者，恶讦⑦以为直者。”

厌恶不懂谦虚还自以为勇敢的人，厌恶揭人隐痛反自称直率的人。”

①恶：厌恶。②下流：下等的，低贱的。③讪：诽谤。④窒：阻塞，不通事理，执拗顽固。⑤徼：窃取，抄袭。⑥孙：同“逊”。⑦讦：攻击、揭发别人。

zǐ yuē wéi rǔ zǐ yǔ xiǎo rén wéi nán yǎng yě jìn

17.25 子曰：“唯女子①与小人②为难养③也，近

孔子说：“只有你们几个小子和小孩子一样难教养呀，讲浅近

zhī zé bú xùn yuǎn zhī zé yuàn

之则不孙，远之则怨。”

点就不谦逊了，讲深远点就抱怨。”

①女：女通“汝”。子：弟子，学生。②小人：小孩，儿童。③养：教养，培养。

zǐ yuē nián sì shí ér jiàn wù yān qí zhōng yě yǐ

17.26 子曰：“年四十而见恶焉，其终也已。”

孔子说：“到了四十岁还被人厌恶，这人一辈子就完了。”

思辨·探究·体悟

1. 孔子说：“性相近也，习相远也。”“为上知与下愚不移。”又说：“人之生也直，罔之生也幸而免”。这些都是孔子对“性”的论述，请谈一谈孔子是怎样看待人性的。

2. 子张问“仁”，孔子曰能行“恭、宽、信、敏、惠”，这与弟子对孔子形象的描绘“温、良、恭、俭、让”是否一致？这样的人格特征对汉文化产生了怎样的影响？

3. 孔子与子路的对话提及六言六蔽（17.8），这与孔子对子张所言的“恭、宽、信、敏、惠”（17.6）是否一致？如果有不同，请问是什么让孔子这样做的？如果相同，请问其主要的观点是什么？

4.《诗经》是孔子教育的主要内容，也是当时教育普遍选用的教材，在《论语》中多次提及其作用，强调“诗，无以兴，可以观，可以群，可以怨”，“不学诗，无以言”。请探讨一下诗教的历史作用和现实意义。

5. “兴、观、群、怨”是孔子文艺思想和诗教价值观的高度概括，请深入体悟和联系生活阐述出其中的含义。

6. 孔子多次谈及“德”，在“乡愿，德之贼也”（17.13）中，又首次提出了“乡愿”的概念，请你谈一谈对“乡愿”的理解，并将其与“中庸”进行比较，区别二者的异同，为什么孔子对二者的态度不同？

7. 17.15“鄙夫可与事君”章“其未得之也，患得之”一句，一般都解释为“患不得之”，但也有人认为“患得之”就是害怕得到的意思。你对这句话有没有新的理解？

8. 17.25 章子曰：“唯女子与小人为难养也！近之则不孙，远之则怨。”一般认为这里的“女子”就是指女人，将这段话视作孔子轻贱妇女的铁证。对此你怎么看？

18. 微子篇

wēi zǐ qù zhī jī zǐ wéi zhī nú bǐ gàn jiàn ér sǐ

18.1 微子①去之，箕子②为之奴，比干③谏而死。

微子离开了纣王，箕子做了纣王的奴隶，比干因直谏被杀。

kǒng zǐ yuē yīn yǒu sān rén yān

孔子曰："殷有三仁焉。"

孔子说："殷朝有这三位仁人啊！"

①微子：殷纣王的同母兄长，见纣王无道，劝他不听，遂离开纣王。②箕子：殷纣王的叔父。他去劝纣王，见纣王不听，便披发装疯，被降为奴隶。③比干：殷纣王的叔父，屡次强谏，激怒纣王而被杀。

liǔ xià huì wéi shì shī sān chù rén yuē zǐ wèi kě yǐ qù hū

18.2 柳下惠为士师①，三黜②。人曰："子未可以去乎？"

柳下惠当典狱官，多次被罢免。有人说："您不可以离开鲁国吗？"

yuē zhí dào ér shì rén yān wǎng ér bù sān chù

曰："直道而事人，焉往而不三黜？

柳下惠说："按正道事奉君主，到哪里不会遭遇多次罢官呢？

wǎng dào ér shì rén hé bì qù fù mǔ zhī bāng

枉③道而事人，何必去父母之邦？"

如果不按正道事奉君主，何必要离开祖国呢？"

①士师：典狱官，类似现代司法部长。②黜：罢免不用。③枉：弯曲，引申为行为不合正道或违法曲断。

qí jǐng gōng dài kǒng zǐ yuē ruò jì shì zé wú bù néng

18.3 齐景公待孔子曰："若季氏，则吾不能；

齐景公讲到如何对待孔子时说："像鲁君对待季氏那样我做不到，

yǐ jì mèng zhī jiān dài zhī yuē wú lǎo yǐ
以季、孟之间[①]待之。”曰：“吾老矣，
我要用介于季氏、孟氏之间的待遇对待他。”不久又说：“我老了，
bù néng yòng yě kǒng zǐ xíng
不能用也。”[②] 孔子行。
没有什么作为了。”于是孔子离开了齐国。

①季、孟之间：次于季氏，高于孟氏。②吾老矣，不能用也：当时，鲁国国政被三家把持，季氏最有权，孟氏为下卿，没实权。齐景公被臣下所制，自己不能做主，他虽然想用孔子，但是力不能及。推说自己老了，实际上是不得已的托词。

qí rén kuì nǚ yuè jì huán zǐ shòu zhī sān rì bù cháo
18.4 齐人归[①]女乐，季桓子[②]受之，三日不朝。
齐国人赠送歌姬舞女给鲁国，季桓子接受了，三天不上朝。
kǒng zǐ xíng
孔子行。
于是孔子就离开了鲁国。

①归：同“馈”，赠送。②季桓子：即季孙斯，鲁国定公至哀公初年时的执政上卿。

chǔ kuáng jiē yú gē ér guò kǒng zǐ yuē fèng xī fèng xī
18.5 楚狂接舆[①]歌而过孔子曰：“凤兮凤兮[②]
楚国的狂人接舆唱着歌从孔子的车旁走过：“凤凰啊，凤凰啊，
hé dé zhī shuāi wǎng zhě bù kě jiàn lái zhě yóu kě zhuī
何德之衰？往者不可谏，来者犹可追。
你为什么这么倒霉呢？过去的已经无可挽回，未来的还来得及改正。
yǐ ér yǐ ér jīn zhī cóng zhèng zhě dài ér kǒng zǐ xià
已而已而！今之从政者殆[③]而！”孔子下，
算了吧，算了吧！今天的执政者很危险啦！”孔子下车，
yù yǔ zhī yán qū ér bì zhī bù dé yǔ zhī yán
欲与之言。趋而辟[④]之，不得与之言。
想同他谈一谈，他却赶快避开，孔子没能和他交谈。

①接舆：一说楚国的狂人接孔子之车；一说楚国叫接舆的狂人；一说楚国

狂人姓接名舆。②凤兮凤兮：接舆将孔子比作凤凰。③殆：危险。④辟：同“避”。

cháng jǔ jié nì ǒu ér gēng kǒng zǐ guò zhī shǐ zǐ lù wèn jīn yān

18.6 长沮、桀溺耦而耕。孔子过之，使子路问津[1]焉。

长沮、桀溺在一起耕种，孔子路过，让子路去询问渡口在哪里。

cháng jǔ yuē fú zhí yú zhě wéi shéi zǐ lù yuē wéi kǒng qiū

长沮曰：“夫执舆[2]者为谁？”子路曰：“为孔丘。”

长沮问子路：“那个拿着缰绳的人是谁？”子路说：“是孔丘。”

yuē shì lǔ kǒng qiū yú yuē shì yě yuē

曰：“是鲁孔丘与？”曰：“是也。”曰：

长沮说：“是鲁国的孔丘吗？”子路说：“是的。”长沮便说：

shì zhī jīn yǐ wèn yú jié nì jié nì yuē zǐ wéi shéi

“是知津矣。”问于桀溺。桀溺曰：“子为谁？”

“那他知道渡口嘛。”子路再问桀溺。桀溺说：“您是谁？”

yuē wéi zhòng yóu yuē shì kǒng qiū zhī tú yú

曰：“为仲由。”曰：“是孔丘之徒与？”

子路说：“我是仲由。”桀溺说：“是鲁国孔丘的门徒吗？”

duì yuē rán yuē tāo tāo zhě tiān xià jiē shì yě ér shéi yǐ

对曰：“然。”曰：“滔滔者天下皆是也，而谁以

子路答道：“对。”桀溺说：“滔滔洪水，天下泛滥，谁能去

yì zhī qiě ér yǔ qí cóng bì rén zhī shì yě qǐ ruò cóng bì

易之？且而[3]与其从辟人之士也，岂若从辟

改变它呢？况且，你与其跟着孔丘那种躲避人的人，何不跟着我

shì zhī shì zāi yōu ér bú chuò zǐ lù xíng yǐ

世之士哉？”耰[4]而不辍。子路行以

们这些躲避社会的人呢？”说着继续耕作不停。子路返回把

gào fū zǐ wǔ rán yuē niǎo shòu bù kě yǔ tóng qún

告。夫子怃然[5]曰：“鸟兽不可与同群，

他的话告诉了孔子。孔子惆怅地说：“人是不能与飞禽走兽合群的，

wú fēi sī rén zhī tú yǔ ér shéi yǔ tiān xià yǒu dào

吾非斯人之徒与而谁与？天下有道，

我不同社会人交往还与谁交往呢？如果天下走正道，

qiū bù yǔ yì yě
丘不与易也。”
我就不会与你们来寻求改革了。”

①问津：询问渡口。②执舆：即执辔，拉马的缰绳。③而：同“尔”，你。④耰：用土覆盖种子。⑤怃然：怅然，失意的样子。

zǐ lù cóng ér hòu yù zhàng rén yǐ zhàng
18.7 子路从而后，遇丈人，以杖
子路跟随孔子出行，一次落在后面，遇到一位用拐杖挑着
hè diào zǐ lù wèn yuē zǐ jiàn fū zǐ hū zhàng rén yuē
荷蓧①。子路问曰：“子见夫子乎？”丈人曰：
除草工具的老人。子路问道：“您看见我的老师了吗？”老人说：
sì tǐ bù qín wǔ gǔ bù fēn shú wéi fū zǐ
“四体不勤，五谷不分，孰为夫子？”
“我四肢不停劳作，分辨五谷还顾不上，怎知谁是你的老师？”
zhí qí zhàng ér yún zǐ lù gǒng ér lì zhǐ zǐ
植②其杖而芸③。子路拱而立。止子
说着插立拐杖开始除草。子路拱手恭敬地站在一旁。他便留子路
lù sù shā jī wéi shǔ ér sì zhī jiàn qí èr zǐ yān míng rì
路宿，杀鸡为黍而食之。见其二子焉。明日，
到家住宿，杀鸡做小米饭给他吃，还让两个儿子见了子路。第二天，
zǐ lù xíng yǐ gào zǐ yuē yǐn zhě yě shǐ zǐ lù
子路行以告。子曰：“隐者也。”使子路
子路赶上孔子，报告了这件事。孔子说：“这是个隐士啊。”叫子路
fǎn jiàn zhī zhì zé xíng yǐ zǐ lù yuē bú shì
反见之。至，则行矣。子路曰：“不仕
返回去再看看他。子路到了那里，老人已出门了。子路说：“不做官
wú yì zhǎng yòu zhī jié bù kě fèi yě jūn chén zhī yì rú zhī
无义。长幼之节，不可废也；君臣之义，如之
是不符合道义的。长幼关系是不可废弃的；君臣间的大义又
hé qí fèi zhī yù jié qí shēn ér luàn dà lún
何其废之？欲洁其身，而乱大伦。
怎能废弃呢？他只想隐居自清，却不知道这破坏了社会伦理关系。

jūn zǐ zhī shì yě xíng qí yì yě dào zhī bù xíng yǐ zhī zhī yǐ
君子之仕也，行其义也。道之不行，已知之矣。”
君子做官，是为了履行社会义务。道义难推行，君子早已清楚吧。”

①蓧：古代除田中草所用的工具。②植：立。③芸：同“耘”，除草。

yì mín bó yí shū qí yú zhòng yí yì zhū zhāng liǔ xià huì
18.8 逸①民：伯夷、叔齐、虞仲、夷逸、朱张、柳下惠、
古今隐逸的人有：伯夷、叔齐、虞仲、夷逸、朱张、柳下惠、
shào lián zǐ yuē bú jiàng qí zhì bù rǔ qí shēn bó yí
少连。子曰：“不降其志，不辱其身，伯夷、
少连。孔子说：“不放弃自己的志向，不屈辱自己的身份，是伯夷
shū qí yú wèi liǔ xià huì shào lián jiàng zhì rǔ shēn yǐ
叔齐与！”谓柳下惠、少连降志辱②身矣，
叔齐啊！人说柳下惠、少连降低了志向，屈辱了身份，
yán zhòng lún xíng zhòng lǜ qí sī ér yǐ yǐ wèi yú zhòng
言中③伦，行中虑④，其斯而已矣。谓虞仲、
但言谈合乎伦理，行为经过思虑，大概如此罢了。又说虞仲、
yí yì yǐn jū fàng yán shēn zhòng qīng fèi zhòng quán
夷逸，隐居放⑤言，身中清，废中权。
夷逸避世隐居，不谈时事，身心契合清净，弃官合乎权宜。
wǒ zé yì yú shì wú kě wú bù kě
我则异于是，无可无不可。”
我却与这些人不同，没有什么可以还是不可以的。”

①逸：同“佚”，散失、遗弃。指不被当时政权接受或不认同现政权的人，即隐逸的人。②辱：辱没。③中：符合、契合。④虑：理智。⑤放：放置。放言：不再谈论世事。

tài shī zhì shì qí yà fàn gān shì chǔ sān fàn liáo
18.9 大师挚①适齐，亚饭干适楚，三饭缭
太师挚到齐国去了，亚饭乐师干到楚国去了，三饭乐师缭
shì cài sì fàn quē shì qín gǔ fāng shū rù yú hé
适蔡，四饭缺适秦②，鼓方叔③入于河，
到蔡国去了，四饭乐师缺到秦国去了，打鼓的方叔到了黄河边，

bō táo wǔ rù yú hàn shào shī yáng jī qìng xiāng rù yú hǎi
播鼗[4]武入于汉，少师[5]阳、击磬襄[6]入于海。

摇敲小鼓的武到了汉水边，少师阳和击磬的襄到了海滨。

①大师挚：大同“太”。太师是鲁国乐官之长，“挚”是名字。②亚饭：第二次吃饭时奏乐的乐师。天子、诸侯每顿饭听奏不同的音乐，由不同的乐师负责。“三饭”、“四饭”，是负责第三次、第四次吃饭时奏乐的官名。干、缭、缺是人名。③方叔：击鼓的乐师名方叔。④播：摇。鼗：小鼓。⑤少师：乐官名，副乐师。⑥襄：击磬的乐师，名襄。

zhōu gōng wèi lǔ gōng jūn zǐ bù shī qí qīn bù shǐ dà chén
18.10 周公[1]谓鲁公[2]曰：“君子不施[3]其亲，不使大臣

周公对鲁公说：“君子不疏远他的亲属，不使大臣们

yuàn hū bù yǐ gù jiù wú dà gù zé bú qì yě
怨乎不以[4]。故旧[5]无大故[6]，则不弃也。

抱怨没有重用他们。旧友老臣没有大的过失，就不要抛弃他们，

wú qiú bèi yú yì rén
无求[7]备于一人！”

不要对人求全责备！”

①周公：周公旦，孔子心目中的圣人。②鲁公：指周公的儿子伯禽，封于鲁。③施：同“弛”，怠慢、疏远。④以：用。⑤故旧：故人、旧亲。⑥大故：恶逆，指大的错误。⑦求：责。

zhōu yǒu bā shì bó dá bó shì bó tū zhòng hū shū yè
18.11 周有八士：伯达、伯适、伯突、仲忽、叔夜、

周代有八位著名的读书人：伯达、伯适、伯突、仲忽、叔夜、

shū xià jì suí jì guā
叔夏、季随、季騧。

叔夏、季随、季騧。

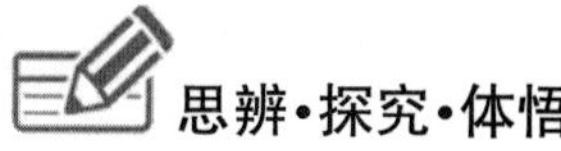

思辨·探究·体悟

1. 此篇主要记录了孔子周游列国的部分情景，与几位隐士形成了对比。从他们的对话和孔子对相关人物的评价，可以分析出孔子的性格和追求。请尝试做一下这方面的探究。

2. 有的人说：“人会长大三次。第一次是在发现自己不是世界中心的时候。第二次是在发现即使再怎么努力，终究还是有些事令人无能为力的时候。第三次是在明知道有些事可能会没有收获，但还是会尽力争取。”在“楚狂接舆”（18.5）章中，楚狂接舆以凤歌嘲讽孔子不能隐，面对这样的嘲讽，孔子是怎样做的？孔子的行为与上面人的观点是否有所契合？你如何评价孔子的行为？

3. 桀溺说的“辟人之士”和“辟世之士”有何区别？孔子对长沮、桀溺的行为持什么态度？子路遇丈人之后，孔子派子路回头拜见那位老人家。你能从子路的话语中推知孔子这样做的原因吗？

4. 你了解伯夷、叔齐的典故吗？请结合史书相关介绍，和身边的朋友、亲人分享一下伯夷、叔齐的故事以及寻找与其相关的民俗节日。

5. 孔子周游到楚国，播下了“问津”文化的种子。楚人为了纪念他，命名孔子路过的河为“孔子河”，还在新洲建造了“问津书院”。请搜集这方面的资料，写一篇小考，并编制一段视频。

6. 建议到当地某文化景点考察一下，寻找所承载的体现了儒家文化思想的信息资料，撰写一篇文化游记。

7. 偿试模仿孔子及其学生到民间去，宣讲儒学中的生态文明思想。

19. 子张篇

zǐ zhāng yuē shì jiàn wēi zhì mìng jiàn dé sī yì jì sī

19.1 子张曰："士见危致①命，见得思义，祭思

子张说："读书人遇危难敢献生命，得利时想到道义，祭祀

jìng sāng sī āi qí kě yǐ yǐ

敬，丧思哀，其可已矣。"

时态度恭敬，居丧时心中悲哀。做到这样就可以了。"

①致：拿出，献出。

zǐ zhāng yuē zhí dé bù hóng xìn dào bù dǔ

19.2 子张曰："执德不弘①，信道不笃②，

子张说："执着仁德却不能发扬光大，信仰道义却不能坚定执着，

yān néng wéi yǒu yān néng wéi wú

焉能为有？焉能为亡③？"

这能算有作为还是无作为？"

①弘：弘扬，光大。②笃：坚定，执着。③亡，通"无"。

zǐ xià zhī mén rén wèn jiāo yú zǐ zhāng zǐ zhāng yuē

19.3 子夏之门人问交①于子张。子张曰：

子夏的学生向子张请教怎么交朋友。子张问这个学生：

zǐ xià yún hé duì yuē zǐ xià yuē kě zhě yǔ zhī

"子夏云何？"对曰："子夏曰：'可者与之，

"子夏说了些什么？"学生回答说："子夏说：'可以交的就与他交往，

qí bù kě jù zī zǐ zhāng yuē yì hū wú suǒ wén jūn zǐ

其不可拒之，'"子张曰："异乎吾所闻：君子

不可以交的就拒绝他。'"子张说："我听到的不同：君子

zūn xián ér róng zhòng jiā shàn ér jīn bù néng wǒ zhī

尊贤而容众，嘉②善而矜③不能。我之

尊敬贤人，容纳普通人；赞美好人，同情能力低的人。我若是一个

dà xián yú yú rén hé suǒ bù róng wǒ zhī bù xián yú rén jiāng
大贤与，于人何所不容？我之不贤与，人将
大贤人，对于别人有什么不能容纳的呢？我若不贤明，人家将会
jù wǒ rú zhī hé qí jù rén yě
拒我，如之何其拒人也？"
拒绝和我交往，又怎么谈得上去拒绝他人呢？"

①交：交友之道。②嘉：夸奖，赞美。③矜：怜惜，同情。

zǐ xià yuē suī xiǎo dào bì yǒu kě guān zhě yān zhì yuǎn
19.4 子夏曰："虽小道[①]，必有可观者焉；致远[②]
子夏说："即使是小的技艺，也定有值得借鉴的地方；但它对实现
kǒng nì shì yǐ jūn zǐ bù wéi yě
恐泥[③]，是以君子不为也。"
远大理想恐怕有所制约，因此胸怀远大的君子是不拘泥于小技艺的。"

①小道：小技艺。②致远：实现远大志向。③泥：陷入，妨碍。

zǐ xià yuē rì zhī qí suǒ wú yuè wú wàng qí
19.5 子夏曰："日知其所亡[①]，月无忘其
子夏说："每天认知一些不懂的新知识，每月不忘温习
suǒ néng kě wèi hào xué yě yǐ yǐ
所能[②]，可谓好学也已矣。"
学过的旧知识，可以说是好学了。"

①所亡：所不知道的东西。亡，即"无"。②所能：所知的东西。

zǐ xià yuē bó xué ér dǔ zhì qiē wèn ér jìn sī
19.6 子夏曰："博学而笃[①]志，切问[②]而近思[③]，
子夏说："广博学习，坚守志向，恳切询问，贴心思悟，
rén zài qí zhōng yǐ
仁在其中矣。"
仁德就在其中了。"

①笃：深厚，忠实。②切问：恳切咨询、探究。③近思：切身用心体悟，即联系自身，联系现实思考。

zǐ xià yuē bǎi gōng jū sì yǐ chéng qí shì jūn zǐ xué yǐ

19.7 子夏曰：“百工①居肆②以成其事，君子学以

子夏说：“各种工匠在作坊里成就自己的事业，君子则通过

zhì qí dào

致③其道。”

学问来实践自己的理想。”

①百工：各行各业的工匠。②肆：古代制造物品的场所，如作坊。③致：获得，达到。

zǐ xià yuē xiǎo rén zhī guò yě bì wén

19.8 子夏曰：“小人之过也必文。”

子夏说：“小人犯了过错总是自我掩饰。”

zǐ xià yuē jūn zǐ yǒu sān biàn wàng zhī yǎn rán

19.9 子夏曰：“君子有三变：望之俨然①，

子夏说：“君子给人以三种不同的形象：远望他觉得凛然庄重；

jí zhī yě wēn tīng qí yán yě lì

即②之也温，听其言也厉。”

靠近他又感到温和可亲；听他说话却又感到严厉可敬。”

①俨然：恭敬庄重的样子。②即：靠近。

zǐ xià yuē jūn zǐ xìn ér hòu láo qí mín

19.10 子夏曰：“君子信而后劳①其民，

子夏说：“君子取得信任后，再去驱使臣民劳作，

wèi xìn zé yǐ wéi lì jǐ yě xìn ér hòu jiàn

未信则以为厉②己也；信而后谏，

否则，百姓就会认为遭受了虐待。君子取得信任后，再去规劝对方，

wèi xìn zé yǐ wéi bàng jǐ yě

未信则以为谤己也。”

否则，就会被认为是毁谤自己。”

①劳：指役使人民。②厉：虐待，折磨。

zǐ xià yuē dà dé bú yù xián xiǎo dé

19.11 子夏曰：“大德不踰闲[①]，小德

子夏说：“在道德原则方面不能越过底线，在非原则问题上

chū rù kě yě

出入可也。”

可以允许不同的判断。”

①踰：超越。闲：木栏；这里指界限。

zǐ yóu yuē zǐ xià zhī mén rén xiǎo zǐ dāng sǎ sǎo yìng duì

19.12 子游曰：“子夏之门人小子，当洒扫、应对、

子游说：“子夏的学生们，完成洒水扫地、迎送宾客和应对

jìn tuì zé kě yǐ yì mò yě běn zhī zé wú

进退[①]，则可矣，抑[②]末也。本之则无，

杂役的事情，是可以了，不过这只是末节。根本的东西却没有学到，

rú zhī hé zǐ xià wén zhī yuē yī yán yóu guò yǐ jūn zǐ

如之何？”子夏闻之，曰：“噫！言游过矣！君子

这怎么行？”子夏听到后说：“咳！子游的话不对！君子的

zhī dào shú xiān chuán yān shú hòu juàn yān pì zhū cǎo mù

之道，孰先传焉？孰后倦焉[③]？譬诸草木，

学问，哪些该先传授？哪些该后教诲呢？好比对待树木花草，

qū yǐ bié yǐ jūn zǐ zhī dào yān kě wū yě

区以别矣。君子之道，焉可诬也？

应加以区别，因材施教。君子的学问怎么可以曲解遗漏呢？

yǒu shǐ yǒu zú zhě qí wéi shèng rén hū

有始有卒者，其惟圣人乎！”

本末兼顾首位贯通的传授，大概只有圣人才能做到吧！”

①当：承当、承担。进退：指出出进进随喊随到做点小事。②抑：不过。连词，表示转折关系。③孰后倦焉：意为不因为把“本”摆在后面而轻倦。

zǐ xià yuē shì ér yōu zé xué xué ér yōu zé shì

19.13 子夏曰：“仕而优则学，学而优则仕。”

子夏说：“从政达到优等就要多学习，学习达到优等就要去从政。”

19.14 子游曰："丧致乎哀而止。"

zǐ yóu yuē sāng zhì hū āi ér zhǐ

子游说："服丧只要表达了悲哀真情就可以了。"

19.15 子游曰："吾友张也为难能也，然而未仁。"

zǐ yóu yuē wú yǒu zhāng yě wéi nán néng yě rán ér wèi rén

子游说："我的朋友子张做人做事已是难能可贵的了，然而还没有达到仁的境界。"

19.16 曾子曰："堂堂[①]乎张也，难与并为仁矣。"

zēng zǐ yuē táng táng hū zhāng yě nán yǔ bìng wéi rén yǐ

曾子说："堂皇盛大的子张，难以和他一起实践仁呐。"

①堂堂：外表堂皇气派。指多求形式，内修不够。

19.17 曾子曰："吾闻诸夫子，人未有自致[①]者也，必也亲丧乎。"

zēng zǐ yuē wú wén zhū fū zǐ rén wèi yǒu zì zhì zhě yě bì yě qīn sāng hū

曾子说："我听老师说过，人自己往往不能精细体察内心的情感，总是在丧失嫡亲时才突然醒悟。"

①致：细致，精密。

19.18 曾子曰："吾闻诸夫子，孟庄子[①]之孝也，其他可能也；其不改父之臣与父之政，是难能也。"

zēng zǐ yuē wú wén zhū fū zǐ mèng zhuāng zǐ zhī xiào yě qí tā kě néng yě qí bù gǎi fù zhī chén yǔ fù zhī zhèng shì nán néng yě

曾子说："我听老师说过，孟庄子的孝，其他方面别人都可以做到，但他不更改父亲的旧臣子和政治策略，这是别人很难做到的。"

①孟庄子：鲁国大夫，姓姬名速，氏为孟，谥号“庄”。其父是仲孙蔑，即孟献子。

mèng shì shǐ yáng fū wéi shì shī wèn yú zēng zǐ zēng zǐ yuē
19.19 孟氏使阳肤为士师[①]，问于曾子。曾子曰：
孟氏任命阳肤做司法官，阳肤征求曾子的意见。曾子说：
shàng shī qí dào mín sàn jiǔ yǐ rú dé qí qíng
“上失其道，民散久矣。如得其情，
“上层贵族失去道义，百姓涣散很久了。你如果能得知犯罪实情，
zé āi jīn ér wù xǐ
则哀矜[②]而勿喜。”
应当哀怜犯事者，而不要自喜明察。”

①孟氏：鲁国大夫孟敬子，姓姬名捷，氏为孟，谥号“敬”。阳肤：曾子的学生。士师：司法官。②哀矜：怜悯，同情。

zǐ gòng yuē zhòu zhī bú shàn bù rú shì zhī shèn yě
19.20 子贡曰：“纣[①]之不善，不如是之甚也。
子贡说：“纣王的暴虐，不像传说的那样厉害。
shì yǐ jūn zǐ wù jū xià liú tiān xià zhī è
是以君子恶居下流[②]，天下之恶
因此君子憎恨沦落到下贱遭唾的境地，以致天下所有罪恶
jiē guī yān
皆归焉。”
都会堆上身来。”

①纣：商代暴君，名辛，谥号“纣”。②下流：地形低洼处，比喻人品低下的行列。

zǐ gòng yuē jūn zǐ zhī guò yě rú rì yuè zhī shí yān
19.21 子贡曰：“君子之过也，如日月之食焉。
子贡说：“君子的过错，好比日食月食一般。只要犯错，
guò yě rén jiē jiàn zhī gēng yě rén jiē yǎng zhī
过也，人皆见之；更也，人皆仰之。”
人人都看得见；如果改正，人们都仰望着他。”

wèi gōng sūn cháo wèn yú zǐ gòng yuē zhòng ní yān xué

19.22 卫公孙朝①问于子贡曰：“仲尼焉学？”

卫国的公孙朝问子贡说：“仲尼的学问是从哪里学来的？”

zǐ gòng yuē wén wǔ zhī dào wèi zhuì yú dì zài rén

子贡曰：“文武之道未坠于地②，在人。

子贡说：“周文王武王的道德礼制并没有失传，还留在人间。

xián zhě shí qí dà zhě bù xián zhě shí qí xiǎo zhě mò bù yǒu wén wǔ zhī

贤者识其大者，不贤者识其小者，莫不有文武之

贤能的人可以认知它的根本，不贤的人只了解它的末节，文王武王的

dào yān fū zǐ yān bù xué ér yì hé cháng shī zhī yǒu

道焉。夫子焉不学？而亦何常师之有？”

道德无处不在啊。我的老师何处不能学？又何必要有固定的老师呢？”

①公孙朝：卫国的大夫公孙朝。②坠于地：落到地上。这里指失传。

shū sūn wǔ shū yǔ dà fū yú cháo yuē zǐ gòng xián yú zhòng ní

19.23 叔孙武叔①语大夫于朝曰：“子贡贤于仲尼。”

叔孙武叔在朝廷上对大夫们说：“子贡比仲尼更贤能。”

zǐ fú jǐng bó yǐ gào zǐ gòng zǐ gòng yuē pì zhī gōng qiáng

子服景伯②以告子贡。子贡曰：“譬之宫墙③，

子服景伯把这一番话告诉了子贡。子贡说：“拿围墙来作比喻，

cì zhī qiáng yě jí jiān kuī jiàn shì jiā zhī hǎo fū zǐ zhī qiáng shù rèn

赐之墙也及肩，窥见室家之好。夫子之墙数仞④，

我家的围墙只有齐肩高，能够看见里面的好。老师家的围墙却有几仞高，

bù dé qí mén ér rù bú jiàn zōng miào zhī lèi bǎi guān zhī fù

不得其门而入，不见宗庙之类，百官⑤之富。

如果找不到门进去，你就看不见像宗庙的堂皇和众屋的富丽。

dé qí mén zhě huò guǎ yǐ fū zǐ zhī yún bú yì yí hū

得其门者或寡矣。夫子之云，不亦宜乎！”

能够找到门进去的人并不多。叔孙武叔那么说，不也是很自然的吗？”

①叔孙武叔：鲁国大夫，姓姬名州仇，三桓之一。②子服景伯：名何，鲁国大夫。③宫墙：宫也是墙。围墙，不是房屋的墙。④仞：古时七尺为一仞，一说八尺为一仞，一说五尺六寸为一仞。⑤官：这里指房舍。

shū sūn wǔ shū huǐ zhòng ní zǐ gòng yuē wú yǐ wéi yě

19.24 叔孙武叔毁仲尼。子贡曰："无以为①也！

叔孙武叔诽谤仲尼。子贡说："这么做毫无意义啊！

zhòng ní bù kě huǐ yě tā rén zhī xián zhě qiū líng yě yóu kě yú yě

仲尼不可毁也。他人之贤者，丘陵也，犹可逾②也；

仲尼是毁谤不了的。别人的贤德好比丘陵，还可超越过去，

zhòng ní rì yuè yě wú dé ér yú yān rén suī yù zì jué

仲尼，日月也，无得而逾焉。人虽欲自绝，

仲尼的贤德好比太阳和月亮，是无法超越的。有人虽然要自绝于日月，

qí hé shāng yú rì yuè hū duō jiàn qí bù zhī liàng yě

其何伤于日月乎？多③见其不知量也。"

但对日月又有什么损害呢？只能表明他不自量力而已。"

①无以为：不用这么做。以：此，这么。②逾：超过，超越。③多：副词，仅，只。

chén zǐ qín wèi zǐ gòng yuē zǐ wéi gōng yě zhòng ní qǐ

19.25 陈子禽①谓子贡曰："子为恭也，仲尼岂

陈子禽对子贡说："您太谦恭了，仲尼怎么能比您更

xián yú zǐ hū zǐ gòng yuē jūn zǐ yì yán yǐ wéi zhì yì yán yǐ

贤于子乎？"子贡曰："君子一言以为知②，一言以

贤良呢？"子贡说："君子的一句话可以表现他的智慧，一句话也

wéi bú zhì yán bù kě bú shèn yě fū zǐ zhī bù kě jí yě

为不知，言不可不慎也。夫子之不可及也，

可以表现出愚钝，所以说话不可不慎重。先生的高不可企及啊，

yóu tiān zhī bú kě jiē ér shēng yě fū zǐ zhī dé bāng jiā zhě suǒ wèi

犹天之不可阶③而升也。夫子之得邦家者④，所谓

像天不能顺着梯子爬上去一样。先生如果得国家管理之职，所追求

lì zhī sī lì dào zhī sī xíng suí zhī sī lái dòng zhī sī hé

立之斯立，道⑤之斯行，绥之斯来，动之斯和。

的理想立礼礼便立，引导人人随行，安抚人人归顺，鼓动人人协和。

qí shēng yě róng qí sǐ yě āi rú zhī hé qí kě jí yě

其生也荣，其死也哀，如之何其可及也？"

他活着是份荣耀，死将令人哀伤。我怎么能赶得上他呢？"

①陈子禽：姓陈，名亢，字子禽。②知：同“智”。③阶：阶梯。这里活用动词，指沿阶梯往上爬。④得邦家者：指当上诸侯或卿大夫。⑤道：通“导”，引导。

思辨·探究·体悟

1. 此篇主要记录孔子著名五弟子的言论。涉及“士”的标准和道德、学习的问题。请评述他们的观点。

2. 面对西方的科学主义的挑战，虽然儒家文化暴露出很多的缺陷，但具有强烈的道德理性，有涵盖性很大的人文思想，请细品此篇，尝试分析其中所体现的人文精神价值。

3. “子夏曰：虽小道，必有可观者焉”（19.4）中的“小道”是指什么？如何看待子夏对“小道”的基本态度？

4. 透过现象可以看到本质，子夏说君子有三变（19.9），“望之俨然，即之也温，听其言也厉”，我们可以从这些现象看到子夏所谓的君子具有怎样的人格特征？

5. 《昭明文选》曾载：“文人相轻，自古而然。” 19.12 章中子游讥讽子夏门人只识洒扫应对进退之礼仪，而对正心诚意之大学则无有，子夏积极给以回应，你怎么看待子夏和子游之间的这次纷争？

6.在当今社会，应当如何理解“仕而优则学，学而优则仕”的思想？

7. 19.17 章传统标点为：“吾闻诸夫子：人未有自致者也，必也亲丧乎！”一般注释“自致”都认为是“竭尽自己的心力”，或是“主动做得最好”等，所以几乎是从人主动自愿的角度解读此句：“我听老师说过，平常时候，人不可能来自动地充分发挥感情，（如果有）一定是在父母死亡的时候吧。”（杨伯峻译）你认为这种理解有道理吗？

8. 人非圣贤，孰能无过，然而对待过错君子和小人的做法不同。安德义的《论语解读》（中华书局 2007 年 7 月）第 137 页，从《论语》中概括出对待错误的六种情况：第一种掩饰错误。19.8 章子夏曰：“小人之过也必文。”第二种坚持错误。15.30 章子曰：“过而不改，是谓过矣！”第三种自知错误。朱熹说：“过而能自知鲜矣。”第四种自改错误。1.8 章子曰：“君子……过，则勿惮改。”第五种自讼错误。5.27 章子曰：“已矣乎，吾未见能见其过而内自讼者也。”朱熹说：“能内自讼者，则其悔悟深切而能改必矣。”第六种闻过则喜。4.7 章子曰：“人之过也，各于其党。观过，斯知仁矣。”7.31 章子曰：“丘也幸，苟有过，人必知之。”请联系自身谈一谈对孔子“观过知仁”的体悟。

20. 尧曰篇

yáo yuē zī ěr shùn tiān zhī lì shǔ zài ěr gōng
20.1 尧曰："咨①！尔舜！天之历数在尔躬，
尧说："啧啧！你这位舜！上天的大命已经落在你的身上了。
yǔn zhí qí zhōng sì hǎi kùn qióng tiān lù
允执②其中。四海困穷，天禄
诚实地坚守那中正之道吧！假如天下陷于穷困，上天所赐的禄位
yǒng zhōng shùn yì yǐ mìng yǔ yuē yú xiǎo zǐ lǚ
永终。"舜亦以命禹。曰："予小子履③
也会永远终止。"舜也这样告诫过禹。商汤说："我——您的儿子履谨
gǎn yòng xuán mǔ gǎn zhāo gào yú huáng huáng hòu dì yǒu zuì
敢用玄牡④，敢昭告于皇皇后帝：有罪
用黑公牛来祭祀，诚向伟大的天帝祷告：对罪人我
bù gǎn shè dì chén bú bì jiǎn zài dì xīn zhèn gōng yǒu zuì
不敢赦。帝臣不蔽，简⑤在帝心。朕躬有罪，
不敢赦免，帝赐良臣的美德我也不敢遮蔽，请天帝明察。我有罪过，
wú yǐ wàn fāng wàn fāng yǒu zuì zuì zài zhèn gōng zhōu yǒu dà
无以万方；万方有罪，罪在朕躬。"周有大
不要牵连各方百姓；若各方有罪，都归我一个人担当。"周武王大
lài shàn rén shì fù suī yǒu zhōu qīn bù rú rén rén
赉⑥，善人是富。"虽有周亲，不如仁人。
加封侯赏赐，使好人获得富足。他说："我虽有宗亲，不如有仁德之人。
bǎi xìng yǒu guò zài yú yì rén jǐn quán liàng shěn fǎ dù
百姓有过，在予一人。"谨权量⑦，审法度⑧，
百姓有过错，都归咎我一人。"于是，严谨规范度量衡，审核法令制度，
xiū fèi guān sì fāng zhī zhèng xíng yān xīng miè guó jì jué
修废官，四方之政行焉。兴灭国，继绝
修整管理机构，保障全国政令通行。复兴灭了的侯国，接续断了

shì jǔ yì mín tiān xià zhī mín guī xīn yān suǒ

世，举 逸 民，天 下 之 民 归 心 焉。所

的世族，举用隐逸的人才，天下百姓都诚心归顺。历史证明值得

zhòng mín shí sāng jì kuān zé dé zhòng xìn zé

重：民、食、丧、祭。宽 则 得 众，信 则

重视的是：人民、粮食、丧礼、祭祀。宽厚就能获得民众，诚信

mín rèn yān mǐn zé yǒu gōng gōng zé yuè

民 任 焉。敏 则 有 功，公 则 说。

就能得到任用，勤敏就能取得成绩，公正就会人心悦服。

①咨：即“啧”，感叹词，表示赞誉。②允：真诚，诚信。执：坚持。③予小子：是上古帝王自称之辞，称自己是天帝的儿子。履：是商汤的名字。④玄牡：玄，黑色。牡，公牛。⑤简：阅，这里是心知肚明的意思。⑥赉：赏赐，赠与。⑦权量：权，秤锤。指量轻重的标准。量，斗斛。指量容积的标准。⑧法度：指量长度的标准，引为奖惩规则。

zǐ zhāng wèn kǒng zǐ yuē hé rú sī kě yǐ cóng zhèng yǐ

20.2 子 张 问 孔子 曰：“何如斯可以从 政 矣？”

子张请教孔子说：“怎样做才可以治理好政事呢？”

zǐ yuē zūn wǔ měi bǐng sì è sī kě yǐ cóng zhèng yǐ

子曰：“尊五美，屏四恶，斯可以从 政 矣。”

孔子说：“尊崇五种美德，摒除四种恶行，这就可以治理政事了。”

zǐ zhāng yuē hé wèi wǔ měi zǐ yuē jūn zǐ huì ér bú fèi

子 张 曰：“何 谓 五 美？”子 曰：“君子惠而不费，

子张问：“是哪五种美德？”孔子说：“君子施恩惠而不浪费；

láo ér bú yuàn yù ér bù tān tài ér bù jiāo wēi ér

劳 而 不 怨，欲 而 不 贪，泰 而 不 骄，威 而

勉励劳作而不使人怨恨；怀愿景而不贪婪；庄重而不骄横；威严

bù měng zǐ zhāng yuē hé wèi huì ér bú fèi zǐ yuē yīn

不 猛。”子 张 曰：“何谓惠而不费？”子曰：“因

而不凶猛。”子张问：“怎样叫施恩惠而不浪费呢？”孔子说：“顺

mín zhī suǒ lì ér lì zhī sī bú yì huì ér bú fèi hū

民 之 所 利 而 利 之，斯 不 亦 惠 而 不 费 乎？

应百姓的需要提供可给予的利益，这不就是施恩惠而不浪费吗？

zé kě láo ér láo zhī yòu shéi yuàn yù rén ér
择可劳而劳之，又谁怨？欲仁而
选择劳而可获的事物使其劳，又有谁会怨恨呢？心怀仁德愿景
dé rén yòu yān tān jūn zǐ wú zhòng guǎ wú dà xiǎo wú gǎn màn
得仁，又焉贪？君子无众寡，无大小，无敢慢，
而同获仁爱，还贪什么呢？无论人多人少，大事小事，君子都不怠慢，
sī bú yì tài ér bù jiāo hū jūn zǐ zhèng qí yī guān zūn qí zhān shì yǎn rán
斯不亦泰而不骄乎？君子正其衣冠，尊其瞻视，俨然
这不就是庄重而不骄横吗？君子衣帽整齐，目光端正，神态庄重，
rén wàng ér wèi zhī sī bú yì wēi ér bù měng hū zǐ zhāng yuē hé wèi
人望而畏之，斯不亦威而不猛乎？”子张曰：“何谓
使人见了就生敬畏之心，这不就是威严而不凶猛吗？”子张问：“什么是
sì è zǐ yuē bú jiào ér shā wèi zhī nüè bú jiè shì
四恶？”子曰：“不教而杀谓之虐；不戒视
四种恶行呢？”孔子说：“不教化却好杀戮叫残暴；不告诫预备
chéng wèi zhī bào màn lìng zhì qī wèi zhī zéi yóu zhī yǔ rén yě
成谓之暴；慢令致期谓之贼；犹之与人也，
却强要成果叫凶暴；政令拖沓却限期完成叫祸害；犹豫给人与否，
chū nà zhī lìn wèi zhī yǒu sī
出纳之吝谓之有司①。”
还出手吝啬，叫小官吏做派。”

①有司：官吏。这里主要指专司其职的小官吏，表现得小家子气。

kǒng zǐ yuē bù zhī mìng wú yǐ wéi jūn zǐ yě bù zhī lǐ
20.3 孔子曰：“不知命，无以为君子也；不知礼，
孔子说：“不懂得敬畏天命，就不可能成为君子；不明白礼义，
wú yǐ lì yě bù zhī yán wú yǐ zhī rén yě
无以立也；不知言，无以知人也。”
就无从立身处世；不知晓语言艺术，就无法理解人。”

思辨•探究•体悟

1. 孔子主张治理政务要“尊五美”“屏四恶”，是哪“五美”？哪“四恶”？它们对现实有何指导意义吗？

2.《论语》末篇再谈“不知命，无以为君子也；不知礼无以立也；不知言，无以知人也”(20.3)，重申“命”、“礼”、“言”，可见谆谆教诲之苦心，请谈一谈儒家为何如此关注此三者？

3. 与《论语》有关的成语有哪些？请找出来，比较《论语》原文，分辨该成语的原意和演变的意义。

4. 请你根据《论语》全文对孔子的描述，并选读一本孔子评传或传记，做一次“我心中的孔子”的演讲，谈一谈你所理解的孔子。

5. 通读《论语》后，请查阅更多的相关资料讨论：孔子创立的学说为什么叫儒学？又为什么叫儒家、儒教？它们三者之间什么关系？

6. 商界流行“儒商”之说，“儒商”的本质特征是什么？怎样的商人才称得上“儒商”？

7. 儒家的核心价值是什么？这种价值有何现代意义？

8. 请从每一篇中抄录 10 句对你启发最大的名句，熟练背诵，用心体悟。有意识地在写作和演讲之中运用。

尧曰篇

附　录

对《论语》部分歧义句的新解与释译

公元前二世纪始，对《论语》的阐释就未停息过，先后出现了郑玄、何晏、皇侃、朱熹等大家，自八百年前的朱熹集注《论语》后，名儒著述训诂义理，多有新识，然歧义迭出。为了更恰当理解儒家思想，本文清理出一部分存在歧义较多的章句，比对若干种不同的译注本，进行分析和选择，提出新的解读和翻译理由，以就教于大方之家。

1.1 子曰："学而时习之，不亦说乎？有朋自远方来，不亦乐乎？人不知而不愠，不亦君子乎？"

对这段当代多数人这样翻译："学习中时时加以温习,不是很愉快吗？有朋友从远方来,不是很快乐吗？别人虽不了解我,但我不怨恨,这不是正人君子吗？"[1](p.8)查阅网上的翻译，调查中学教材及其老师和大专院校学生，90%以上的人也都是这样理解的。

其中关键是"习"、"知"的解释。甲骨文"习"上面是"羽"字，下边是个"白"字,《说文》释："数飞也。"《礼·月令》释："鹰乃学习。"本意是指小鸟翅膀长成了，就使其在白天练习飞翔。所以"习"字是练习、实践的意思。程树德的《论语集释》注："习，鸟数飞也。学之不已，如鸟数飞也。既学而又时时习之，则所学者熟而中心喜悦，其进自不能已矣。”[2](p.3)杨伯峻的《论语译注》、李泽厚的《论语今读》、钱穆的《论语新解》等大家都持这个意见，只有少数学者认为“习”是温习的意思。我们认为，从文字学角度看，习的本意就是实践、练习，这一点孔子在选择用词上是很清楚的，所以在《为政》篇中说：“温故而知新，可以为师矣。”用“温”表示温习、复习，绝不混淆。孔子一向注重实践学习，本身也身体力行。在《子路篇 13.5》孔子强调：“诵《诗》三百，授之以政，不达；使于四方，不能专对；虽多，亦奚以为？”（诵诗虽多而不能应对实践，又有什么用呢？）在《阳货篇 17.2》也说：“性相近也，习相远也。”都是强调实践习用的价值。试想：一个学习者总是温习，会快乐吗？一定是学习了知识又适时通过练习会用了，才会获得成就感的快乐。练习需要反复，所以钱穆译为“反复习之”，也是指反复练习的意思，绝不是温习、复习（重复学习学过的东西）的意思。

再说“知”，一般解释为了解、知道。试想：素不相识的人不了解你，就是作为普通人的你会怨恨吗？以一个普通人都不会生怨的事情来推赞君子的风度合理吗？所以，这里的“知”应该是“理解”的意思。理解的前提是经过有意识的努力沟通希望获得对方的认可，做了努力还不被理解，普通人就容易生气埋怨，而不动气不怨恨就是君子的作风了。

关于“有朋自远方来”，通常翻译为“有朋友从远方来”。来做什么？每天都可能有同学、朋友、乡亲到你的生活区来，如果不是来访问你看望你，你可能都不一定知道，会产生情绪反应吗？所以我们认为理解为“来访”更贴切些。表明孔子不但喜欢交友，而且更加珍爱真正的友谊。《论语》中谈到如何交友的地方很多，认为“益者三友，损者三友。友直，友谅，友多闻，益矣”。（季氏篇 16.4）主张“与朋友交，言而有信。”（学而篇 1.7）甚至强调“无友不如己者。”（学而篇 1.8）对不好的朋友“忠告而善道之，不可则止，毋自辱焉。”（颜渊篇 12.23）在孔子眼里，不是什么人都可以做朋友的，与己无关的人的来去未必会使我们快乐。所以有的人认为这里的“友”指志同道合的朋友来访，是有道理的。这样一来，全文译为：“学习了知识时常练习而会用，不是很愉悦的吗？有朋友从远方来访，不是很快乐的吗？别人不理解我却不埋怨，不正是君子的风度吗？”可能更准确。

2.11 子曰：“温故而知新，可以为师矣。”

其中的“而”字可以表示“因果、递进、并列”三种关系。

杨伯峻译：“在温习旧知识时，能有新体会、新发现，就可以做老师了。”[3](p.17)傅佩荣译：“熟读自己所学的知识，并由其中领悟新的道理，这样才可以担任老师啊。”[4](p.19)金知明《论语精读》、郑张欢《论语今译》等的翻译，基本上是基于温习以往已有知识进而获取新知的递进的认知关系。

李泽厚译：“温习过去，以知道未来，这样便可以做老师了。”[5](p.60)杨朝明译：“温习从前的知识或经历，能够使自己的智慧得到提高、长进，这样的人可以做老师了。”[6](p.28)这类翻译更是基于目的因果关系，强调温习旧知识的目的是知道未来、提高新知。

黄侃《论语集解义疏》引何晏注：“温，寻也。寻绎故者，又知新者，可以为师也。”高尚榘的《论语歧解辑录》案：“为师者，既要温故，不忘过去，还要注重学习新的知识，接受新事物，以跟上时代的发展。”[7] (p.58)是立足于并列关系解读的。我们认为这种认识比较符合孔子的学习观。孔子一生好学会学，不仅从书本学习，从前人的经验学习，还善于从实践中学习；不仅能够通过整理前人的著作资料推陈出新，还能够通过实践学习总结出新发现。他是真正的良师楷模。现代社会更需要学者探究新领域，甚至是前人没有研究过的领域，可能根本没有现成的书本知识，也就谈不上“由其（温故）中领悟新的道理”。所以有远见和智慧的孔子的意思应该是告诫学生：“既懂得温习以往的知识，又会探究新领域，可视作治学的楷模了。”这样翻译恐怕才符合善于学习和懂得教育的孔夫子的本意，也才更加符合正确的与时俱进的学习观。

5.6 子使漆雕开仕。对曰：“吾斯之未能信。”子说。

常见版本都将“子说”译为“孔子听了很高兴”。我们认为孔子是个感情色彩丰富而与学生对话生动活泼的人，这里理解为描写听了学生表达合理的话后“孔子露出满意的笑容”，可能更能够表现孔子的性格和生活的情趣。如同《公冶长篇 5.7》中“子路闻之喜”之“喜”一样，翻译成“子路听了喜形于色”可能比“子路听到后很高兴”更符合当时的情境。所以，对 5.6 这样翻译可能更好些：“孔子让漆雕开去做官。漆雕开回答说：‘我对做官这件事还没有信心。’孔子满意地笑了。”

7.36 子曰：“君子坦荡荡，小人长戚戚。”

杨伯峻译：“君子心地平坦宽广，小人却经常局促忧愁。”陈晓芬、徐儒宗的《论语 大学 中庸》译文与之完全一样。傅佩荣译："君子心胸光明开朗，小人经常愁眉苦脸。"钱穆译："君子的心胸气貌常是平坦宽大，小人的心胸气貌常是迫促忧戚。"[8] (p.184)李泽厚译："君子心怀宽广，小人老是烦恼。"安德义译："君子坦荡宽广，小人忧心忡忡。"[9] (p.216)网上的翻译普遍是："君子心胸宽广，小人经常忧愁。"可见这种解说普及率之高。但是，我们只需问一句：杜甫总是"穷年忧黎元，叹息肠内热"，常常忧愁迫促的，他是小人吗？显然，这样翻译是不准确的。

段玉裁的《说文解字注》："戚，斧也。戚之引申之义为促迫。而古书用戚者，俗多改为蹙。小雅。戚戚靡所逞。笺云。戚戚，缩小之貌。其义本相通。戚训促迫。"又为"斧"做注时说："凡以斧斫物，亦曰斧。《古诗·苦寒歌》担囊行取薪，斧冰持作糜。《注》天寒水冻，故斫冰作粥也。"可见有斫取获得的意思。明人林希元说："君子心无所累，故坦荡荡，无忧虑也。小人患得患失之心无时而已，故长戚戚，不得宽平矣。"[10] (p.403)乔一凡也说："坦荡荡，思虑达观也。长戚戚，每患不足也。"[11] (p.120)杨润根从"戚"字甲骨文本意的角度进而解释："戚：处在大斧（'戊'）之下的一棵小树（'卡'），它的生命危在旦夕，因而感到恐惧不安。"[12] (p.195)综合这些解释，可以推断这里的"戚"是指小人总喜欢获得便宜又怕遭祸吃亏，所以常常患得患失而深感迫促不安。因此，对这句话可以对译作："君子坦荡从容，小人常患得患失。"

8.9 子曰："民可使，由之；不可使，知之。"

一般版本是这样断句："民可使由之，不可使知之。"杨伯峻译："老百姓，可以使他们照着我们的道路走去，不可以使他们知道那是为什么。"李泽厚译："可以要百姓跟着走，不一定要百姓知道这是为什么。”多数学者都是持这种译解观点，表达的是愚民思想，显然与主张“有教无类”而又倾心办教育的孔子的其他言行不相符，杨树达在《论语疏证》中就说：“此语似有轻视教育之病。若能尽心教育，民无不可知也。”[13] (p.195)

这里恐怕是断句不当所致。如果用分句断意，则可以译读为：“老百姓可使用时，就由他们自食其力；不能使用时，就教他们知道怎么做。”在农业社会，普通老百姓只要有土地耕种，一般都懂得怎么生存，可以听由他们自我发展；而在社会文明建设方面，统治者应该有所作为，加强教化。所以，在《为政篇 2.3》“子曰：‘道之以政，齐之以刑，民免而无耻；道之以德，齐之以礼，有耻且格。’”这里明确主张“为政以德”，提倡“以礼治国”，重视教化，要求教导百姓“有耻且格”，显然是要求使民“知之”的。在《颜渊篇 12.7》中，孔子回答子贡问政，也强调教化民众是第一位的，认为“民无信不立”。在 12.19 则中也认为“君子之德风，小人之德草。草上之风，必偃。”（领导者的德行好比风，老百姓的德行好比草。草受风吹，必随风倒），孔子用这个比喻说明老百姓需要领导者率先垂范，给予他们影响和教化。甚至在《阳货篇 17.4》重申“君子学道则爱人，小人学道则易使也”的观点。类似这样的思想表达在《论语》中还有多处，都说明孔子并非主张愚民政策，反而主张教化百姓，使民知之。

8.17 子曰：“学，如不及，犹恐失之。”

杨伯峻译：“做学问好像（追逐什么似的）生怕赶不上；（赶上了）还生怕丢掉了。”钱穆译：“求学如像来不及般，还是怕失去了。”李泽厚译：“学习好像生怕赶不上，又怕丢失了。”高尚榘案："学习好像来不及似的，还恐怕失去了。"陈晓芬、徐儒宗译："学习时总觉得像赶不上，学得了还总怕再丢失。"傅佩荣译："学习时要像赶不上什么一样，赶上了还担心会失去啊。"大多数译注者几乎取这样近似的观点。这种理解，不过是对一种积极的学习状态或心理的描述，就像描述某种积极上进的作风，是勉励学生还是夸赞谁？似乎不清楚。如果只是描述一下，意义何在？傅佩荣似乎觉得不完满，就加了个"要"字，大概意思是说孔子提倡这种犹恐不及的学习态度。就像老师提醒赛跑的学生，"你要好像怕来不及似的跑哇"，说得没错，但有多大激励价值呢？甚至还加一句"要保持赶上了还怕失败的心理"，话似乎没错，但有多少启示性呢？通篇《论语》没有记录过孔夫子给学生说过这样的废话。恐怕是翻译有误。

何晏解释说："学自外入，至熟乃可长久。如不及，犹恐失之耳。"[14](p.33)这个理解很有启发。我们认为，孔子说这句话是对学习经验的总结，更是对学生如何学习的指导，意思是说："学习，如果达不到一定程度，恐怕学过的东西还会丢失。"告诫青年学子对各种知识要力求深入领悟，达到一定程度才能巩固和提升，如果浅尝辄止，恐怕会边学边忘，前功尽弃！这样理解才能够体现出这句话的警醒价值。就不是泛泛描述的废话了。

9.19 子曰："譬如为山，未成一篑，止，吾止也。譬如平地，虽覆一篑，进，吾往也。"

这本来似乎不是很难理解的句子，但是许多版本的译释却有微妙的歧义。

杨伯峻译："好比堆土成山，只要再加一筐土便成山了，如果懒得做下去，这是我自己停止的。又好比在平地上堆土成山，纵是刚刚倒下一筐土，如果决心努力前进，还是要自己坚持呵！”傅佩荣、钱穆等的翻译大都与之相似，都比较强调“我自己向前进的”的主观努力。赵又春甚至认为“吾止”是“我认定他是中道而废”，“吾往”是“我认定他是继往开来”。[15] (p.158)董子竹进而推断“这山就应少这一篑土，我也不倒土了，这平地应多一篑，我就去倒，和毅力无关，只是当时我觉得是对的。”[16] (p.266)完全误导成了对主观臆断的肯定了。而李泽厚则译作：“如果继续，我也就干下来了。”仿佛是对一个过程的描述，强调只要继续，就会有进步的结果。口吻似乎比较勉强。

我们认为孔子是以堆土成山和填平洼地来比喻事情的成败，由于半途而废结果功亏一篑，也会因为坚持不懈而迈向成功。说明事情的成败关键在于坚持的恒心和切实的行动。这里以“未成一篑”而“止”与“虽覆一篑”而“进”的鲜明对比，以成败的结果突出说明坚持行动的作用，而不是在那里坐而论道。这就是孔子的风格，总是善于从实践和活生生的事务中总结出深刻的道理，给学生以启示。这里用“吾”实际上指所有想成功的你我他，以第一人称叙说，既有现身说法的意义，又启示每一个想成功的个体，从自身需求出发体悟个中道理，从而产生警醒的作用。所以，我们认为应该这样翻译更能够体现孔子的语言风格：“譬如造山，只差一筐土未成功，如果停止，我的目标就终止了。譬如平整土地，虽然只倒下一筐土，如果继续，我就向前迈进了！”

10.27 色斯举矣，翔而后集。曰："山梁雌雉，时哉时哉！"子路共之，三嗅而作。

白平《〈论语〉详解》认为"这段文字的语境背景很模糊，人们的说法非常纷乱，今天已经无法对它做出准确而可信的解释了，这里只能略去翻译文字。"[17] (p.225)高尚榘的《论语歧解辑录》选录了几十条歧解，的确非常纷乱，十分费解。尽管如此，对前两句的解释大体都认为是鸟儿受到惊扰而飞动后又聚集在了一起，由此引发孔子感慨鸟儿都懂得随机而动，择时而栖。所以，杨伯峻译：（孔子在山谷中行走，看见一群野鸡）孔子的脸色一动，野鸡便飞向天空，盘旋一阵，又都停在一处。孔子道："这些山梁上雌雉，得其时呀，得其时呀。"子路向它们拱一拱手，它们又振一振翅膀飞去了。

钱穆解："只见人们有少许颜色不善，便一举身飞了。在空中回翔再四，瞻视详审，才再飞下安集。先生说：'不见山梁上那雌雉吗！它也懂得适宜呀！懂得适宜呀！'子路听了，起敬拱手，那雌雉转睛三惊视，张翅飞去了。"[18] (p.254)

感叹鸟儿能时得其宜，是自我领悟要像鸟那样当动则动、随遇而安呢？还是启发子路要像鸟儿那样适可而止呢？完全可以见仁见智。问题是最后所写"子路共之，三嗅而作"是怎么反应的。概括起来大概有 4 种解释：1. 大多都认为是子路向鸟儿拱手示意，鸟儿叫着或拍翅飞走了。2. 子路冲着野鸡吆喝，野鸡多次警惕地注视，而后双双扑棱而起。[19] (p.253) 3. 认为是子路扑杀野鸡为肴献给孔子，孔子闻了三闻，站起来走了。[20] (p.98) 4. 认为是子路跟孔子学习创作关于野鸡的歌词。"子路随着试了试嗓子，也唱将起来。”[21]

《唐石经》中将“嗅”作“戛”，谓雉鸣也。[22](p.122)有鸣叫的意思。据此，我们认为这里是写子路领悟了老师启示他该什么时间做什么的道理，欣喜地叫喊起来。所以，可以翻译成：一群野鸡受惊展翅飞起来，飞翔了一阵又落在树上。孔子说：“这些山梁上的母野鸡，得其时呀！得其时呀！”子路似有所悟向它们拱手致意，连喊三声作为回应。

11.4 子曰：“回也，非助我者也，于吾言无所不说。”

朱熹解释：“助我，若子夏之起予，因疑问而有以相长也。颜子于圣人之言，默识心通，无所疑问。故夫子云然，其辞若有憾焉，其实乃深喜之。”[23](p.124)杨伯峻翻译：“孔子说：‘颜回不是对我有所帮助的人，他对我的话没有不喜欢的。’”当代学者孙钦善认为：“此句可参见2.9‘吾与回言终日，不违，如愚’。本章对颜回从不质疑问难，以启发增益自己，感到遗憾。”[24](p.133)高尚榘的《论语歧解辑录》表示“当以朱熹、孙钦善说为优”。学界基本上是持这种观点。其实我们稍微分析一下就会发现这种理解前后矛盾。其一，杨先生的译文本身就有悖逻辑，因为颜回对老师的话没有不喜欢的，就说明是对老师没有什么帮助的人吗？这符合逻辑吗？其二，说孔子“若有憾焉”，还用“吾与回言终日，不违，如愚”来证明，却没有全面理解2.9章的全文意义。孔子接着评价颜回说：“退儿省其私，亦足以发，回也不愚。”意思说：“事后考察颜回私下的言行，却能充分发挥所闻所学，可见颜回并不愚蠢。”明明是赞美颜回不张扬善领会，大智若愚，哪里有“遗憾”之感？

我们认为，这句话的“助”字，应该理解为“借助”的意思。

《孟子·滕文公》:“助者，籍也。”赵岐注：籍者，借也，犹人相借力助之也。孙爽疏：助者借也。“说”字是释然、明白的意思。《说文》:“说，释也。”《墨子·经上》:“说所以明也。”《墨子·公输》:“子墨子起，再拜曰：‘请说之。吾在北方闻子为梯，将以攻宋。宋何罪之有？’”《国语·越语》:“勾践说于国人。”注：“解也。”其中的“说”字都是解释明白的意思。基于此解，可以翻译这段话为：孔子说：“颜回啊，不需要借助我的解释，对我的话没有不明白的。”正好与2.9章相呼应，说明孔子对颜回善深思领悟的学风和智慧十分欣赏。如果结合7.8章子曰：“不愤不启，不悱不发。举一隅不以三隅反，则不复也”来看，就更能够说明孔子是十分重视培养和欣赏学生举一反三的学习智慧了。

15.8 子曰：“可与言而不与之言，失人；不可与言而与之言，失言。知者不失人，亦不失言。”

杨伯峻译：“可以同他谈，却不同他谈，这是错过人才；不可以同他谈，却同他谈，这是浪费言语。聪明人既不错过人才，也不浪费言语。”傅佩荣译：“可以同他谈话却不去同他谈话，这样就错过了人才；不可以同他谈话却去同他谈话，这样就浪费了言辞。明智的人既不错过人才，也不浪费言辞。”钱穆译：“可和他言，而我不言，则失了人。不可和他言，我和他言了，则失了言。惟有知者，能不失人，亦不失言。”李泽厚译：“可以与他交谈而不交谈，错过了人才；不可交谈而与他谈，浪费了语言。聪明人不错过人才，也不浪费语言。”

以上翻译都大同小异，共同特点都是从政治学和人才学角度看问题，走向极端就产生了认为“可与言，就是可以与他谈论学问道德，遇到可以与言学问道德的人，而不与他谈论，便不能在德学上与他互相切磋当面错过一个可以交谈的人，这叫失人。……”[25] (p.301)更有甚者，解说成：“遇见可以直言的国君而不直言进谏，那么就是知人不当，遇见不可直言的国君而仍然直言进谏，就是言语不当。”[26] (p.482)似乎不与政治德行结合就不足以显示孔子的水平，这样理解恐怕太局限了。

我们认为，这段话其实与孔子多次教导学生如何交友的话相辅相成，是一段最好的交友沟通方法指导。现代沟通学概括的最基本的交际原则就是因地制宜、因人而异。这里在两千多年前孔子就成功的做出了总结，适用于所有类型的交际状态，是通用性的策略阐述，绝不仅仅局限于政治道德领域的交际。所以应该理解为：“该说的话却不与对方说，就会失去朋友；不该说的话却与人说，就是枉言乱语。聪明人既不会放弃合适的交流机会，也不会枉言乱语。”

17.25 子曰：“唯女子与小人为难养也，近之则不孙，远之则怨。”

这则话语历来争议最大。焦点是如何理解“女子”和“小人”。一般认为这里的“女子”就是指女人，尽管不少注家努力解释为“婢妾”、“竖子，谓仆吏之类”。[27] (p.273)“此小人亦谓仆隶下人也。”[28] (p.182)都无法回避孔子轻视妇女的诟病。当代的高尚榘的《论语歧解辑录》辑者案还特别举出《泰伯篇》的“武王曰：‘予有乱臣十人。’孔子曰：‘有妇人焉，九人而已’”两处“铁证”，认为：“孔子把品格低下的小人与缺乏修养的女人放在一起评论，谓其不好对待，是合乎情理的。”[29] (p.940)这代表了相当一部分学者的意见。

在《泰伯篇》中孔子的确说过周武王所夸赞的“十个治国良臣中有一个妇女，实际上只能算九人而已”，但接着说的是“周朝得了天下的三分之二，据此依然事奉殷朝。”夸赞：“周之美德，真可以说是极高的啊”。这里的目的是赞美周武王得到人才辅佐建立了功勋。武王号称十位贤臣，正是谦虚表示自己无功，全凭贤臣辅佐，而或许孔子认为真正发挥辅佐武王作用较大的当是九位男性人才，改称“九人而已”，只是想反证周武王的卓越和谦虚，似乎并不能说是轻视妇女。所以也就不能视作所谓的歧视妇女的“铁证”了。

“女”在古汉语中经常与“汝”通，是“你、你们”的意思，这是古汉语常识。金池认为：“子：弟子，学生，名词。‘女子’不是一个词，而是两个词。不能把春秋时期孔子言论中的女子按照现代汉语的习惯理解为‘女人’。”“只有你们几个学生和小人一样是不好教育培养的。”[30] (p.536)我们认为有道理。“子”在先秦典籍中除了表示对人尊称外，也有指学生、弟子的。《公冶长篇 5.22》中孔子就以“吾党之小子”（我同乡的弟子）称呼他的学生，与“女子”义类似。《泰伯篇 8.3》中曾子也用“小子”指称自己的弟子。

原文的“小人”，应该是指小孩子。这种把儿童称为“小人”的情况其实很普遍，一直沿用到现代，如把儿童爱看的连环画称为“小人书”，某些方言也将儿童称为小人，如上海话中将小男孩就称呼为“小人（nīn）”《孔子家语 · 观周》：“孔子既读斯文也，顾谓弟子曰：小人识之，此言实而中，情而信。”孔子甚至直接将他的弟子称作“小人”，意谓小家伙、小东西。这样一来整段话可以这样翻译：“只有你们几个小子和小孩子一样难教养呀！讲浅近点就不谦逊了，讲深远点就抱怨。”表现出孔子批评学生时亲切爱嗔的神态和口吻，很有个性。

19.17 曾子曰："吾闻诸夫子，人未有自致者也，必也亲丧乎。"

一般注释"自致"都认为是"竭尽自己的心力"，或是"主动做得最好"等，所以几乎是从人主动自愿的角度解读此句。杨伯峻的翻译具有代表性："我听老师说过，平常时候，人不可能来自动地充分发挥感情，（如果有）一定是在父母死亡的时候吧。"金知明甚至译作："人是不会做得最努力的，一定要他主动做得最好，只有等他父母死了！"[31] (p.316)实在令人费解。其实，这恐怕从心理学角度解读更有意味。致，有细致、精密的意思。朱熹在《集注》中对"致"解释说："尽其极也，盖人之真情所不能自已者。"[32] (p.191)认为人们对自己的真情往往不能细致有效地把握，用现代心理学解释就是人们常常有一种心理自闭的阈值，所谓"不识庐山真面目，只缘身在此山中"，很容易陷于自我盲区，不能够体悟自我内心的需要和深层次心理情感，只有到某种特殊的时刻，或者受到意外的刺激才会恍然大悟，有的时候可能已经悔之晚矣。这里，曾子回忆孔子曾经说过的话，或许就是老师对学生进行的心理分析，提醒学生要珍视父母亲情，及时尽孝，不要等到出现意外再后悔。所以他特别告诫说："人自己往往不能精细体察内心的情感，总是在丧失嫡亲时才突然醒悟。"

参考文献

[1] 陈晓芬，徐儒宗. 论语 大学 中庸 [M]. 上海：中华书局中华经典名著全本全注全译丛，2011.

[2] 程树德. 论语集释 [M]. 上海：中华书局， 1990 年 8 月.卷一学而上，三.

[3] 杨伯峻. 论语译注 [M]. 上海：中华书局，1980. 以下引用只取作者名.

[4] 傅佩荣. 论语三百讲 [M]. 台北：联经出版公司，2011. 以下引用只取作者名.

[5] 李泽厚. 论语今读 [M]. 北京：三联书店，2004. 以下引用只取作者名.

[6] 杨朝明. 论语诠解 [M]. 济南：山东友谊出版社，2013. 以下引用只取作者名.

[7] [29] 高尚榘. 论语歧解辑录 [M]. 上海：中华书局, 2011.

[8] 钱穆. 论语新解 [M]. 北京：九州岛出版社，2011. 以下引用只取作者名.

[9] 安德义. 论语解读 [M]. 上海：中华书局，2007.以下引用只取作者名.

[10] 林希元. 四书存疑[M]. 转引自高尚榘《论语歧解辑录》中华书局，2011.

[11] 乔一凡. 论语通义 [M]. 台北：台湾中华书局，1983.

[12] 杨润根. 发现论语 [M]. 北京：华夏出版社，2007.

[13] 杨树达. 论语疏证 [M]. 上海：上海古籍出版社，2013.

[14] [梁] 皇侃. 论语集解义疏卷四 [M]. 上海：上海古文流通处，1921.

[15] 赵又春. 论语我读 [M]. 长沙：岳麓书社，2013.

[16] 董子竹.《论语》正裁 [M]. 武汉：长江文艺出版社，2012.

[17] 白平.《论语》详解 [M]. 北京：外语教学与研究出版社，2010.

[18] 钱穆. 论语新解 [M]. 北京：九州岛出版社，2011.

[19] 蒋沛昌. 论语今释 [M]. 济南：齐鲁书社，2007.

[20] 杨朝明. 论语诠解 [M]. 济南：山东友谊出版社，2013.

[21] 周干溁. 论语三题 [J]. 天津师范大学学报，1986.第 1 期.

[22][23][28][32][宋]朱熹. 四书章句集注[M]. 上海：中华书局，2011.
[24]孙钦善. 论语本解[M]. 上海：生活·读书·新知三联书店，2009.
[25]李炳南. 论语讲要[M]. 武汉：长江文艺出版社，2011.
[26]李君明. 论语引读[M]. 哈尔滨：黑龙江人民出版社，2008.
[27]康有为. 论语注[M]. 上海：中华书局，1983.
[30]林茂荪. 论语新译[M]. 北京：外文出版社，2010.
[31]金知明. 论语精读[M]. 上海：学林出版社，2007.

后　记

多年来，有一批热爱传播中华优秀文化的企业家，不但积极用《弟子规》这样通俗的典籍教导员工，建设企业文化，还义务举办中华经典讲读会；我有幸参加了这样的讲读会，不但受到了灵魂的洗礼，而且还认识了若干优秀企业家。这些企业家对中华文化经典虔诚恭敬、自觉修习、努力从中获得人生智慧和事业发展的生动故事深深打动了我，使我懂得了用心体悟和力行经典要义的道理。

为了向更多的学生分享心得，我开设了“中华经典导读”课程。武汉广大彩钢责任有限公司董事长吴耀东先生和武汉新科培训学校的祝亮平校长听说我上这门课，几次邀请我到他们公司交流讲座，吴总还希望我编写一部《论语》注音对译普及读本。为了做好这件事，我带了几位学生采访吴先生和部分员工，深入了解他们的需求，还特意组织2010级对外汉语专业班的学生在“中华经典导读”课程中对《论语》进行探究性研读学习，安排每一位学生分别负责一段《论语》文本，要求精选三部以上的《论语》译注本，对照研读，汲取合理部分，力求有新感悟，做出言之成理的翻译，再拿到课堂进行讨论。之后，我花了一年时间，参考了20余部研究专著整理出对译与简释，又在2012、2013级应用语言学专业研究生的“中华文学文化专题”课中进行讨论，精雕细琢，反复推敲，终于完成了这部比较满意的新解新译本。其中溶入了以上学生的智慧和心血，有几位学生用心更勤，他们是韩铁刚、舒露萍、姜薇、詹璐璐、李佳丽、但炼、王一冰、涂芬、汤盼等。为了出版这部书，企业家吴耀东先生、詹永樵先生慷慨资助，魏国旺先生付出了大量的劳动，书中也借鉴了一些专家的智慧和成果，虽都尽可能注明了，依然有必要再次表示衷心的感谢！

2013 年我再次受邀到哈萨克斯坦阿拜国立师范大学讲学，在该校一次学术会议上，一位知名教授表示想写关于孔子与哈萨克著名学者阿拜比较的著作，但苦于缺乏孔子翔实的资料。我们查遍哈萨克斯坦国家图书馆和社会科学院图书馆，发现居然没有一部完整的《论语》汉哈对照译本，只找到唯一一本从俄文版转译的《论语》哈文版。对此几位哈文专家费了很大的劲才读懂一部分，结果译出来一看发现与原文意思有差距，有的甚至存在明显错误。经进一步了解，就是苏联、俄罗斯都没有现代可靠的《论语》原文译本，现在所见的俄文版《论语》基本上是从德文、日文或英文版转译的。回到乌鲁木齐，我马上又调查了解新疆翻译《论语》的情况。令人吃惊的是，直到 2012 年下半年新疆才出版了第一版维吾尔文《论语》译本（买买提沙力译），居然也没有一部哈萨克文译本！我还有意识地调查了部分国内外教汉语的教师和在新疆教授少数民族学生学汉语的教师，发现大多数教师对《论语》不熟悉，甚至对孔子的一些名句也常有误解。这使我忧喜交加！忧的是我中华五千年文明祖国，优秀经典文化的当代传承和传播却如此薄弱！喜的是这个缺憾被意识到了，亡羊补牢未为晚矣，我们理应勇担翻译和传播的责任。我一方面积极促成先出版这部对译普及本，希望对青年学生提升经典修养有所助益，为提高国家公民的传统文化素养做点贡献；另一方面积极寻找与国外专家合作翻译的机会，希望每一位孔子学院的教师甚至每一位出国的文化工作者都随身带一本目的国语言翻译的《论语》，以便进行汉外对照熟读，为中华经典传播做点贡献。

我将这个理想告诉了郭齐勇先生，得到了他的热情鼓励，并特意将他的大作赐为序，深刻表达了做这项经典普及工作的宗旨和意义，将鼓舞我坚持走下去。

周金声

2014 年 7 月 10 日